浙江省哲学社会科学规划后期资助项目成果
教育部人文社会科学重点研究基地资助项目
教育部人文社会科学研究青年基金项目中期成果

静苑语言学丛书
JINGYUANYUYANXUECONGSHU

敦煌变文单音动词
词义演变研究

DUNHUANG BIANWEN DANYIN DONGCI CIYI YANBIAN YANJIU

李　倩/著

中国社会科学出版社

图书在版编目(CIP)数据

敦煌变文单音动词词义演变研究/李倩著.—北京：
中国社会科学出版社，2015.9
ISBN 978-7-5161-6780-9

Ⅰ.①敦… Ⅱ.①李… Ⅲ.①敦煌学—变文—
单音词—动词—词义—研究 Ⅳ.①H134

中国版本图书馆 CIP 数据核字(2015)第 182348 号

出 版 人	赵剑英
责任编辑	凌金良
责任校对	胡国秀
责任印制	张雪娇

出 版	中国社会科学出版社
社 址	北京鼓楼西大街甲 158 号
邮 编	100720
网 址	http://www.csspw.cn
发 行 部	010-84083685
门 市 部	010-84029450
经 销	新华书店及其他书店

印刷装订	北京金瀑印刷有限公司
版 次	2015 年 9 月第 1 版
印 次	2015 年 9 月第 1 次印刷

开 本	880×1230 1/32
印 张	9
插 页	2
字 数	210 千字
定 价	38.00 元

前　　言

　　学术研究本身即是一种"因缘际会"。

　　记得大学二年级给我留下印象最深刻的一本书是《文字形义学概论》，高亨著，出版于1963年，繁体竖排，大概是当时没找到更合适的新著，其实也不知道应该从哪些书读起，于是这本书被我把玩了三个多月，还做了不少笔记。这本书给我的阅读印象至今还十分清晰，读起来很流畅，我第一次体会到汉字、汉语的博大精深，并由此我开始能够触摸那一直无法理解、感觉古奥的《说文解字》，虽然仍然无法积累下足够的能力，帮我耐下心来真正阅读《说文解字》，但在我的内心深处，留下了一个模糊的影子，即感受到不明白汉字，就难以真正把握汉语的根基。当然，这时候我并没有什么学术研究的概念，也不知道我将来会从事的工作。大三、大四年级，曾选修了《训诂学》《音韵学》《〈说文解字〉导读》等课程。这些课程在当时的中文系里已经不大受欢迎，而我或许出于之前朦胧的兴趣，或许因为自己无聊的偏执——别人不感兴趣、已经不时髦的东西我偏要看一看，我坚持了自己的选择，现在想起来，似乎能够回忆起来的课程内容也不多了，但毕竟还是有一个好处，就是坚定了我考取汉语言文字学研究生的志愿。

　　硕士期间的学习和读书，是围绕导师熟悉的和所从事的方向展开的。恰巧导师正在关注语义与语法接界的问题，这个在现代汉语研究已有很多关注的问题，在古代汉语中却难以推进。我于是追随导师的研究步伐，从现代汉语和古代汉语两个研究领域入手，考察了这一问题的研究现状。其实，每一个初入学术研究门槛的学生，可能都是茫然无措的，我也一样，根本不知道研究的落脚点应该放在哪里，什么样的结论可能是有意义的，这其实是因为我们读书太少了，知道的太少了。后来，我的硕士论文即定在了通过几组同义词的考察分析词义对句法结构的影响，不能说完成的很好，但确实学到了很多，由此我也体会到学术研究只能依靠自己的理解，学术方向只能自己选择，没有相应的研究训练是难以完成既定研究目标的。

博士期间的学习使我再次踏入了一个全新的领域。之前大概知道甲骨文、金文，却从来没听到过"敦煌变文"。在跟随导师阅读敦煌原卷的过程中，第一次接受了文献学的训练，第一次开始阅读中古、近代汉语文献。敦煌手写卷子所能提供的不仅仅是学术上的训练，更因为其作为手写文物，让人感受到历史与现实的切近。根据博士毕业要求，要有核心论文成果，于是读博的同学都感到惶惶不可终日，我同样在寻找、发现自己研究的突破口。研究的方向应该能与所学密切，研究课题应该从经历的学术训练中受益。于是，我发现自己所熟悉的研究方法仍然局限在具体词语的考察，而幸亏敦煌变文真正是一种有代表性的中古、近代汉语语料，很容易能够从中找到值得研究的语词对象，而其中感受最深刻的则是词义变化。于是，最初以"惭""愧"两词的词义演变研究试手，继而确定了博士论文的选题。

语言研究中，词义研究是最重感性和内省的，但语言研究的进步却需要不断推进客观、系统的研究方法。基于自己的学习和研究经历，在本书中我努力做到文献理解的细致精确，训诂考证的确凿不移，考察方法的适宜匹配，虽不能尽善尽美，至少有这些意识先行，希望能够尽量避免不必要的错误。

本书是一次"因缘际会"的了结，未来也会有新的"因缘际会"。

词义演变是词汇史研究的重要课题，其中包括词语演变过程的具体考察和词义演变规律的认识两个组成部分。本书的研究，以现有的词义演变研究理论为指导，选取敦煌变文为语料，以其中单音节动词为考察对象，具体追溯它们的演变历程，试图通过对词义演变轨迹、引申逻辑的分析、排比和分类，揭示词义演变的动因、条件和规律；进而，通过考察词义演变对敦煌变文动词词汇系统形成的作用和影响，揭示变文动词词汇系统与前代词汇系统的区别和联系。

敦煌变文是汉语由中古向近代过渡的代表性文献，同时又是唐五代古白话语言的代表性文献。它的过渡性特点和口语性特点，使它成为词汇研究的理想语料。汉语由上古阶段发展到中古阶段，其词汇系统的面貌发生了很大的变化。新词的产生和新义的产生是其中最具代表性的两个方面，变文词汇在这两方面有着显著的表现。本书的研究试图从词义演变这一视角描写和分析变文词汇系统形成和出现的历史过程。

词义演变研究是词汇语义学的一个重要论题，是历时词汇研究必然涉及的重要方面，在现有理论研究认知的基础上，我们认为词义演变研究的实践应当朝向四个方面努力：（1）注意词义和词义变化描写的细致化、精确化；（2）注意词义演变序列的动态性把握；（3）重视词义演变规律、演变原因和演变条件的探讨；（4）重视词义演变的系统性研究。

基于以上认识，本书主要采用"类聚和比较相结合"、"历史考察和认知分析相结合"的方法，对变文词汇系统进行细致地考察和分析，全书分为词例分析和理论概括两个组成部分。

词例分析部分共分四节：

第一节主要以概念为视点，考察了"感谢类"、"病愈类"、"穿衣类"、"邀请类"、"欺骗类"、"责怪类"、"称赞类"、"遮蔽类"等九类概念在变文中的词汇表达形式，同时适当地补充了一些汉语史上出现的同类词汇表达形式，追溯其来源，根据它们的词义演变轨迹和引申逻辑进行排比和分类，以期发现词语表达形式与概念内容之间的对应联系。

第二节主要以词为视点，考察词语多义性发展的过程和模式，试图从中分析得到词的多义性发展的动因和影响词的多义性发展的诸种因素。

第三节主要以词的某一义位为视点，追溯这一义位形成过程，揭示这一义位形成的动因和条件等。

第四节综合运用词义演变描写和分析的方法，对变文词汇中"穿"的穿衣义和"填"的偿还义两个较为突出的演变事例进行详尽考察和分析，以期得到两词演变的发展轨迹和发展动因。

理论概括部分共分两节：

第一节考察了词义演变在变文词汇系统形成中的作用和影响。具体考察了三个方面的问题：一是词义演变与变文单音词的多义化和复合词的形成；二是词义演变与同义词群的共时变化；三是古白话词汇系统的形成与词义演变。

第二节概括了历史考察和认知分析过程中词义演变所表现的几个突出问题，以及影响词义演变方向的几个因素。

通过全文的考察，本书认为：

（一）变文词义来源以"类同引申"方式表现最为突出，许多新义的演变都是在已有词义演变模式的促动下发生和实现的。

（二）变文词义系统的使用处于上古和中古词义的混和状态，但已经发生了较大变化，体现了语言渐变性的特点。

（三）词义演变对复合词的形成有着重要的影响，为并列式复合词的形成提供了可选形式，为复合词的词义演变提供演变模式。

（四）变文词汇系统的过渡性特点和口语性特点，使其在汉语历时词义演变研究中具有重要的价值。

（五）通过历史分析，我们对"惭、愧"、"穿"、"屈"、"助"、"遮"、"留"等词演变过程和演变条件有了较为具体的了解和认识。

（六）结合认知语言学关于"意象图式"的理论，"追、逐、趁"、"消"、"填"等词的词义演变过程能够得到更为合理地分析和解释。

目　　录

第一章 绪论

词义演变是词汇史研究的重要课题，其中包括词语演变个案的具体考察和词义演变规律的认识两大组成部分。本书的研究，以现有的词义演变研究理论为指导，选取敦煌变文为语料，以其中单音节动词为考察对象，具体追溯它们的演变历程，试图通过对词义演变轨迹、引申逻辑的分析、排比和分类，揭示词义演变的动因、条件和规律等；进而，通过考察词义演变对敦煌变文动词词汇系统形成的作用和影响，揭示变文动词词汇系统与前代词汇系统的区别和联系。

以下，我们就研究方向的选取、研究的理论基础以及研究的方法和步骤等做出说明。

一 语料研究概况与研究方向和研究对象的选取
（一）语料研究概况

迄今为止，有关敦煌变文文献语言方面的研究已经初具规模，出现了一批卓有建树的研究成果。可以归纳为以下几个方面：

（1）有关文献校勘、整理的成果。如周绍良（1954），王重民等（1957），徐震堮（1958），蒋礼鸿（1962），项楚（1982），郭在贻（1983），潘重规（1984），蒋绍愚（1988），郭在贻、张涌泉、黄征（1988、1990），周绍良、白化文

（1989）、蒋冀骋（1993），俞晓红、詹绪左（2010、2011、2012）等。其中郭在贻、张涌泉、黄征《敦煌变文整理校勘中的几个问题》（1988）一文，还从理论上对敦煌变文的整理进行了指导，指出敦煌写本的校录要对其语言特点有足够的了解。这些研究为提供一部精赡、详审的变文定本做出了贡献，它们是开展变文语言文学研究的基础。

（2）有关文献词语考释的成果。以蒋礼鸿先生的《敦煌变文字义通释》为代表，其研究成果不断涌现，据陈秀兰（2000）不完全统计，考释变文词语的单篇论文就有50余篇，并且这方面的研究成果还在不断地逐年增加。如徐复（1961），陈治文（1982），项楚（1983.1984、1985、1988），江蓝生（1985）、袁宾（1985、1988），王锳（1988、1990），郭在贻、黄征、张涌泉（1989），刘瑞明（1990），董希谦、马国强（1991），张美兰（1992），张生汉（1996），时建国（2000），马国强（2001），姚美玲（2004），蒋宗福（2005）、曾良（2006）、杨小平（2010）张小艳（2011）、黄大祥（2011）等，以上仅以"变文词语、字义解释"为论题者为限，其他涉及变文词语考释的文章亦不在少数。这些研究使越来越多的词语得到精当的解释，为变文语言的系统研究和唐五代语言的断代研究等项目的开展创造了条件。另，贾娟的博士学位论文《敦煌变文俗语词论著解题》（2011）为敦煌变文词语研究做好了完善的索引工作。

（3）综合类的著作。其中又可以分为两类：一类是变文文献的综合性研究，如项楚先生的《敦煌变文选注》（1990），集合多年的研究成果，熔校勘、训释、考证于一炉，对变文研究起到了巨大的推进作用。并在此基础上于2006年出版了《敦煌变文选注（增订本）》两册，增加了17篇研究成果；黄征、张涌泉先生的《敦煌变文校注》（1997）通过汇集学界已有的多方面成果，判别是非，酌加己意，被誉为"迄今录文最可靠、内容最丰实的变文全辑本"。随着研究的深入，对《校注》一书存在的问题进行了新的考辨，如张秀清（2006）、刘传鸿（2006）、周掌胜（2007）、赵家栋（2008）、汪维辉（2010）等。一类是相关词典的编撰，如《敦煌文献语言词典》、《唐五代语言词典》，虽然这些词典不纯粹是为敦煌变文而编撰的，但其中基于变文文献的词语占有很大的份量，因而可以看作变文词语解释的汇集。我们认为这些成果的涌现标志着变文文献语言研究的成熟，为变文语言的纵深研究提供了可能。

（4）有关词汇史方面的研究。词汇史的研究往往需要文献研究的深入和完善，因而变文词汇史方面的研究展开得较晚。较早从词汇史角度对变文词汇进行研究的尚推祝敏彻、尚春生的《敦煌变文中几个行为动词——穿、走、行李、去》（1984），他们认识到变文中几个常用动词词义不同于上古汉语中的用法，因而结合词汇史研究成果，将这些动词的现代义起源上溯到变文语料中，考察了它们的使用状态。陈秀兰《敦煌变文词汇研究》（2000）较为全面地对变文词汇进行了研究，包括新词新义、构词构形语素、与汉文佛典和后世白话文学的关系几个方面。其他如程湘清（1992）、陈卫兰（1997）、陈秀兰（2001）、陈明娥（2001、2002b、2003）、傅义春（2004、2005、2007、2008）等。这些成果表明学界已经开始着眼于变文语言的词汇史性质的研究。①

---

① 本节写作参考了徐时仪《古白话词汇研究论稿》（2000），陈秀兰《敦煌变文词汇研究》（2000），陈明娥《20世纪的敦煌变文语言研究》（2002a）的相关论述。

从整体来看，有关变文语言词汇的研究虽然已经初具规模，但多集中在词语考释方面，有关变文词汇史性质的研究才刚刚展开，运用语言学理论对变文词汇进行分析和研究的论著也还不多。汉语词汇史的研究需要通过汉语词汇的系统性研究，掌握各个历史时期词汇系统的面貌以及词汇系统的来源和演变过程。基于这种认识，本书选取词义演变为视角，通过对具体词语词义演变过程的追溯、描写和分析，考察变文词汇系统的形成。

（二）研究方向的选取

结构主义系统观认为，一个具有系统性的结构具有整体性、转换性和自调性①。当代语言研究者逐渐接受词汇系统性的认识，词汇系统组成单位的变动，将会导致词汇系统的重新调整。词义演变正是导致词汇系统调整的一种重要方式。我们的研究试图表明，一方面词义是在什么条件和动因下脱离原有系统性的制约而发生演变的，另一方面又是如何进入其他子系统对词汇系统面貌实现改变的。

按照学界对汉语发展阶段上古、中古、近代、现代的通常性划分②，敦煌变文是汉语由中古③向近代过渡的代表性文献，同时又是唐五代古白话语言的代表性文献。它的过渡性特点和口语性特点，使其成为多项语言研究的理想语料，同时也成为词汇研究的最佳"探矿点"，例如新词新义研究、俗语词研究

---

① 　［英］特伦斯·霍克斯：《结构主义和符号学》，瞿铁鹏译、刘峰校，上海译文出版社1997年版，第6—8页。

② 　参见向熹《简明汉语史》，高等教育出版社1993年版，第41—44页。

③ 　王云路《百年中古汉语词汇研究述略》："'中古汉语'实际上是先秦文言文向唐宋白话文过渡的阶段，但又与前后两个时期的语言有明显区别。"《浙江大学学报》2001年第4期。

等。从中我们还可以看到，变文词汇系统是上古汉语、中古汉语发展演变的集大成者①，许多词语的使用义和使用特点需要追溯中古乃至上古词义演变发展的过程。所以徐时仪（2000）认为："变文作为市民文学的语言特色就在于含有许多在文言和白话交界线上的半文言半白话的词，反映了当时语言的实际演变面貌。"② 本书的研究就是要从词义演变这一视角追溯和描写这一过程的实现。

　　汉语由上古阶段发展到中古阶段，其词汇系统的面貌发生了很大的变化。新词的产生和新义的产生是其中最具代表性的两个方面。而变文词汇在这两方面有着显著的表现。但是以往研究者多将注意力集中在新词、新义的考释方面，我们的选题则试图将研究重点转向"新词是如何而生"、"新义是如何而现"的考察，特别是希望通过历时的分析和共时的描写，弄清词义演变产生新义的过程和条件以及词义演变对新词产生的影响。

　　词汇系统的形成可以进行多侧面、多角度地研究，例如对承古词时代的确定，对新造词造词法的考察，对方言俗语词、外来词影响的分析等等，词义演变及其所带来的多义化是其中一个重要的研究角度。这些研究从根本来说都是为了弄清一定时期语言性质、特点和面貌。我们选取词义演变的视角同样是为了考察变文语言的面貌和特点，乃至变文语言所反映的唐五

────────────

　　① ［苏］雅洪托夫《七至十三世纪的汉语书面语和口语》（1969）一文根据变文和话本等有关材料的分析，认为"理论上可以假定，唐代口语正好是上古汉语和近代汉语成分的均衡混合，处于周代的上古汉语和以话本为代表的中古汉语的中间状态。"见雅洪托夫著：《汉语史论集》，北京大学出版社1986年版，第100页。

　　② 徐时仪：《古白话词汇研究论稿》，上海教育出版社2000年版，第52—53页。

代白话语言的面貌和特点。

（三）研究对象的选取

本书的研究对象以单音词为考察单位，以词义为考察核心，以动词为考察类。[①] 我们的考察范围是有限的，达不到对整个系统的完整理解，但是在有限的范围内进行细致、周密地考察将会产生对子系统的精确认识。通过细致地考察、得到精确的认识，这是我们的研究愿望。

单音词词义演变涉及以下三种情况：

（1）词义发生改变，产生出新义位的词语。这类词语都为多义词，有明显的演变特征，广泛应用于上古、中古文献当中，因而是词义演变研究的主体。但有些局限于较为特定的使用范围，特别由于变文词语的特殊性，有些词语很少见诸其他文献，我们也只能阙而不论。

（2）没有新义位的产生，只是义位在其聚合关系中的使用范围发生了变化，即义位的义域[②]发生了变化。

（3）义位组合特征发生了变化。这类词语在义位的概括性上并没有出现意义变化，但是在使用中会表现出与前代不同的用法，这种用法的不同实质来源于语义特征的变化。李佐丰（2003a）的研究认为，通过组合关系产生的语义框架中，可

---

① 我们认为，单音词的词义演变与复合词的词义演变存在许多不同的地方。长期以来，古汉语词义引申、演变研究成果主要集中在单音词方面（如王宁先生的词义引申理论，蒋绍愚先生的词义演变的义素分析，见后文），而复合词的的词义演变因为涉及词化过程，与单音词的词义演变研究方法有着很大的不同，其研究成果和积累也不够丰厚，因此，本论题以单音词为考察对象。

② 蒋绍愚《关于义域》（1991）："义位的义域，是一个义位的各个变体在语义场中所占的位置的总和。"又："关于词的历史变化，一般都着眼于其理性意义及褒贬色彩的变化。其实，仔细考察，除此以外还有义域的变化。"见《蒋绍愚自选集》，河南教育出版社1994年版，第91页。

以具体表现出一些词的语义特征，这些语义特征通常被认为是语法意义，但事实上通过在聚合关系中的比较可以看到，这些看来独立的语义特征应该被看作存在于"词义系统"中的语义对立，所以他指出"'古代词义的消失'，尤其是某些语义对立的消失，可说是词义系统的历史性的一个重要表现。"

以上三种情况语义变化的程度存在差异，因而研究的难度和使用的方法不完全相同，我们的研究以第一种情况为主，在可能的情况对第二种和第三种情况进行分析。

我们的研究建筑在前人成果的基础之上，对于我们选取的考察对象，学界的研究深度并不一致。（1）有些已经得到了较为深入的研究，例如"去"从离义变为往义，早已引起学者们的注意，从王力先生的《汉语史稿》（1958）① 到祝敏彻先生的《敦煌变文中的几个行为动词》、杨克定先生的《从〈世说新语〉、〈搜神记〉等书看魏晋时期动词"来"、"去"语义表达和功能的特点》（1988），再到王国栓《"去"从离义到往义的变化试析》（2003），胡敕瑞（2006）《"去"之"往/至"义的产生过程》，关于"去"的词义变化的讨论不断深入。对于这类词语我们一方面对前人的成果进行检验，一方面吸收到本论题的研究中来，充实我们的结论。（2）有些词语的词义引申路径已经得到了提示，但未进行充分的解释和论证。在蒋礼鸿等先生的词语考释论述中，常可看到"引申"这一术语的运用，表明这些词语的引申线索已经得到提示，只是还没有进行深入论证。例如，蒋礼鸿先生对"脱"的"欺骗"义的论证，指出"'脱'字《史记》及《汉书》南粤传都没有注，按文义应是篡窃的意思。变文的'下脱'，宋人说

---

① 王力：《汉语史稿》，商务印书馆1980年版，第546—548页。

的'骗脱',应是承《史记》'脱'字义略一转移而得。"① 我们的研究希望可以遵循这些线索得到词义演变过程的答案。当然,能够得出词义演变的细节过程并不是必然的,因为存在文献材料和其他因素的限制,有些词语也只能阙而不论或进行笼统描述。(3)我们认为仍然较多的词语需要我们从历时的分析中去描写它们的引申路径,理解其引申逻辑,因为传统词义演变研究内容和体例的限制,对词义演变的描写更多地还是较为笼统地"某引申某"式地解说。我们的研究将借助现代化的研究手段和现代语言学理论成果对这些词语进行细致地分析。

总之,我们希望能够在前人研究的基础上,进行新的开拓。

二 词义演变研究的理论基础和研究取向

词义演变研究是词汇语义学的一个重要论题,是历时词汇研究必然涉及的一个方面,因而这项研究的论著可谓洋洋大观,古代词汇研究的论著无不设专章、专节加以讨论,专题研究方面也已有专书问世②。本节试就词义演变研究的理论做一概观,以期从总体上把握当前研究的成就和趋向,寻求实践研究的正确指导方向。

(一) 词义演变研究的三个理论基础

近二十多年的词汇研究,既继承了自己的研究传统,又不

---

① 蒋礼鸿:《敦煌变文字义通释》(增补定本),上海古籍出版社1997年版,第185页。

② 通论著作如陆宗达、王宁(1983)、洪成玉(1985)、赵克勤(1987)、苏宝荣、宋永培(1987)、蒋绍愚(1989a)、周光庆(1989)、高守纲(1994)、孙雍长(1997)等皆有专章、专节加以讨论;专题研究如罗正坚(1996)、董为光(2004)。

断借鉴国外的先进理论，从而形成三种具有不同研究方向和研究方法的理论范式。

1. 训诂理论对词义引申的研究和总结

古代训诂学对词义演变用"引申"这一概念来概括，特别是清代学者，对引申的研究已经逐渐走向自觉，其中段玉裁、王念孙、朱骏声等学者的研究对词义引申的描写、对词义引申演变的原因都提出了自己的见解。他们的成果是现代训诂研究，乃至词汇研究的深厚基础。

在现代语言文字学的促动下，章太炎、黄侃等学者试图将传统训诂研究引向现代化的道路。他们的后辈学生在这条道路上迈出了坚实的一步。特别是陆宗达、王宁（1983），王宁（1996），较早总结了传统引申的研究成果，提出了较为系统的认识。他们指出：（1）引申是词义运动的基本形式，词义从一点（本义）出发，沿着它的特点所决定的方向，按照各民族的习惯，不断产生新义或派生新词，从而构成有系统的义列，这是词义引申的基本表现。（2）引申过程中，其义项延伸发展具有为民族习惯所制约的规律性。引申是以具体的词义特点为依据，具有规律性。（3）理性的引申、状所的引申、礼俗的引申是其规律性的三种表现形式。（4）引申的依据是词义的特点，词义被捕捉到的特点往往不止一个，被捕捉的特点越多，引申的方向越多。因而显示出引申的多向性和多重性。

继后的研究，有的学者从引申理论出发对词义引申方式和规律进行了增补和提出新说，例如高守纲（1981、1984）、邵文利（2003）。有的学者逐渐将词义引申研究纳入到了现代词义理论的范畴，把词义引申看作词义演变的最重要的运动方式，成为词义演变理论的一个重要组成部分。

　　这些研究者致力于对古代训诂材料中词义引申现象进行整理和分析，根据词由本义到引申义演变的过程特点，归纳出相应的类型，显现出词义引申过程的相似性和引申序列的规律性。这一研究较多着眼于词由本义到引申义的单个事实的分析①，对词义演变事实进行静态的分析和归纳，突出引申过程中某一因素的作用（例如理性因素或状所因素），因而较少着眼于整个词汇系统的变化，对词义引申类型的研究和解释也只是从一个侧面反映了词义演变的规律性。当然，我们可以看到训诂研究对词义引申序列的研究成果和理论总结为词义演变的深入研究提供了参考资源，他们对汉语词义民族特点和特殊性的重视是词义演变研究特别需要注意的研究方向，它反映了汉民族使用者对汉语词义的特殊认知。

　　2. 现代词汇语义理论对词义演变的研究

　　现代词义理论将词义与概念相联系，指出词义演变就是词所对应的概念内涵和外延的变化。如王力（1958）在其《汉语史稿》中专设两节“词是怎样变了意义的”和“概念是怎样变了名称的”讨论了词义演变与其概念内容间的关系，并从逻辑上用“扩大”、“缩小”、“转移”概括词义演变的各种形式，显示词义演变的规律性。继后许多学者在这种分类的基础上进行过增补和提出过新说，如苏宝荣（1984）、蒋绍愚（1989a）、葛本仪（1990）、张志毅、张庆云（2001）。这一分类和研究成为了现代词义演变理论的基础。

　　许多学者使用现代语言学观念对词义演变的原因进行了探

---

　　①　我们说训诂研究没有注意词汇的系统性，只是在研究的最初阶段，其后如孙雍长（1985）、许嘉璐（1987）提出词义引申在系统中的作用形式则是引申研究的深入和扩展，我们放在了下一节说明，这正显示了学术研究的继承性。

讨，如孙雍长（1987、1989）、周光庆（1992）、张志毅、张庆云（2001）等。从总体来看，包括语言外部的和内部的两大原因，其中语言外部的原因又多可分为社会、文化、心理等因素，语言内部又可分为语义、语法、修辞等因素。这些研究从总体上提出了词义演变的原因。

现代语言学引进的新观念对词义研究产生了重要影响，特别是语言系统观的确立，使得词汇研究朝着系统性认识的方向发展。词义引申研究较多注意词义引申序列的分析和描写，但在语言系统性观念的促动下，许多学者逐渐认识到词义演变是在词汇系统中进行的，是词义系统性的表现。如：孙雍长（1985）的"词义渗透"、许嘉璐（1987）的"同步引申"、蒋绍愚（1989b）的"相因生义"、江蓝生（1993）的"类同引申"、张博（1999）的"组合同化"、胡敕瑞（2002）"拉链式引申"等①。他们认为词义演变是在语言聚合关系和组合关系中进行的，因而某一词语的演变会带动或受到其他相邻词语的影响。

现代语义学的发展使得词义描写和分析方法前进了一步，"语义场"、"义位"、"义素"概念的提出，为词汇语义研究提供了便利。词义演变研究也借助这些新的描写、分析单位的应用得到了发展。如蒋绍愚（1985）认为应用"义位"、"义素"概念才能把词义的发展变化描述清楚。他运用义素分析和语义场理论改写了"扩大"、"缩写"、"转移"这三种词义发展类型的定义。张联荣（1992）在词义引申研究中提出

---

① 另外值得提出的一种词义演变方式是所谓"词义感染"。伍铁平（1984）有所论述，张博认为其"组合感染"与其"组合同化"说有相类之处。在实际研究中有人使用"同化"，也有人使用"感染"。

"遗传义素"的概念，它是指：在词义的引申过程中，由前一个义位传递下来，从而生成新的义位的义素。遗传义素反映了一个词的前一个意义和由之引申出的新义的共同特征或这些不同义位所表示的不同事物之间的联系。因而研究遗传义素可以使人们清楚地看到多义词的词义构成和发展演变情况。

3. 认知语言学对词义演变的研究和解释

认知语言学是 20 世纪七、八十年代国外兴起的一种新的语言研究范式。这种理论认为，语言是认知系统的一部分，因而主张研究人的认知能力与语言的相互关系。这种研究范式改变了西方传统语言研究忽视语义问题的态度，将语义研究放在非常重要的位置，对词义演变现象进行了相应的研究，对一些语义现象有着较强的解释力。

认知语言研究从人的认知能力出发解释词义演变的原因。"隐喻"和"转喻"作为人们重要的认知方式，对词义的发展变化起了重要的作用。人类认知世界时根据事物特征和认知规则对不同事物进行归纳分类形成不同的认知域。在认知语言学学者看来，隐喻是根据相似原则不同认知域之间的投射；转喻则是相接近或相关的不同认知域中，一个突显事物替代另一事物，因而它们具有意义的创造性。传统词汇语义学将词义的变化归因于历史和社会的因素，这些固然是词义变化的重要因素，但它们只是外部因素，其内因则来源于语言使用者的认知思维。因而历史社会因素只能说明变化的必要性，而认知因素才能说明词义变化的内在机制和可能性。

认知语言学研究认为，词义引申形成的一词多义之间的义位联系更多地可以从人的认知模式来得到解释。意象图式模式、隐喻模式和转喻模式是其中最为重要的三种方式。例如

"平衡"一词，最初用来指衡器两端承重均等[①]，在历史发展中不断扩展其使用范围，如"收支平衡"，指数量上的相等；如"社会发展平衡"，被引申到社会认识领域，指精神和物质发展均等，没有偏向；甚至引申到心理认识领域，如"心理平衡"，指欲望得到了满足。"平衡"一词由物体领域引申到心理认识领域，一方面体现了隐喻认知跨域的投射作用，另一方面则体现了意象图式在词义引申中的作用。意象图式来源于人对客观世界具体概念的体验和认知，但它能够运用到不同情景之中，从而达到对某一情景的认知，由具体到抽象反复发生着作用。"平衡"一词具体描绘了衡器承重左右均等这一客观状况，当人们试图认识心理领域欲望和满足之间的相等关系时，即联想到"平衡"一词，用其具体性去刻画欲望和满足之间的抽象关系。由此可见，人的认知方式，借助具体意象解释抽象事件，这造成了语言中词义由具体到抽象的延伸和扩展。

认知语言学重视对系统普遍规则的探讨。例如 *Sweetser* (1990) 通过对多种印欧语言知觉动词演变的实例分析，指出它们的义位演变都是从具体到抽象，义位演变具有共同特征，从认知上看，隐喻的方向都是由"身域"投射到"心域"，因而认为"在语义领域相互联系的隐喻系统中具有规则的结构"，"语义场和语义变化跟音位领域一样，可以形成系统结构，尽管语义结构经常无法以客观的特征来描述。"[②]

传统词义演变理论只是笼统指出心理联想在词义演变中的

[①]　如《汉书·律历志上》："权与物钧而生衡，……准正则平衡而钧权矣。"

[②]　*Sweetser*：《从语源学到语用学：语义结构的隐喻和文化内涵》，剑桥大学出版社、北京大学出版 2002 年版，第 47 页。

作用，认知语言学深入人的心理认知层面，将认知心理学的研究成果引入到语言研究中来，引进了认知心理学的某些概念术语，如"原型"、"意象图式"、"语义网络"等，形成了一套独特的语言分析模式，能够更加清晰地描写和合理地解释认知心理因素作用下词义演变的共同特征及演变的过程和条件。

（二）词义演变研究的目标和趋向

语言研究的目标就是对大量存在的语言事实进行观察、排比和归纳，总结出其中蕴含的规律性，并做出合理的解释，词义演变同样遵循语言研究的规范。词义演变现象是一种客观存在的事实，只是因为研究方向和方法的不同有所偏向，这种偏向使得对语言事实的排比和归纳显现出不同的规律，所做出的解释也必然存在差异。但是可以看到其中蕴含着一种总的研究趋向，这是研究进展所展现的必然。

通过上一节的论述可以看出，对词义演变理论的总结和开拓，对国外理论的借鉴和吸收，使词义演变研究向着更深层次发展，结合最新的研究成果，我们可以把握以下几个要点指导我们的研究实践：

（1）注意词义和词义变化描写的细致化、精确化。

词义演变研究中"语义场"、"义位"、"义素"观念的引入使传统论题的表述更为清晰，这就要求我们在进行词义和词义变化描写的过程中注意分清不同的语义层次，注意语义描写单位的划分，甚至在特定情景中引入新的语义描写单位。例如刘叔新（1993）、金艳艳（2003）对"意味"的论述，虽然他们对"意味"内涵的解释不尽一致，但都试图引入和尽可能科学地把握一种在人们的语义感知中存在，但难以得到明晰解释的语义成分。这种语义成分有时与新义位的确立有着密切的关系，因而在特定的情景中对词义和词义变化的细致描写起到重要的作用，能够清晰准确地对这种语义成分进行描写和研究对词义演变研究起到积极的作用。

词义研究中义位的分立和把握是一个较难解决的问题。学者们在研究的实践中总结出一些切实可行的办法，其中结合词义的组合特征来确立义位成为一种较为客观的、科学的解决办法。刘宁生（1985）、赵应铎（1994）、王惠（2003）的研究表明，词义差别能够在词的组合关系中得到充分表现，不同词义具有不同的分布空间，因而能够成为义位划分的合理依据。这些理论的研究将使我们的考察和研究向着细致化和精确化的方向进展。

（2）注意词义演变序列的动态性把握。

词义的演变是在人们的使用过程中发生和完成的。新义位的确立不是一蹴而就的，有一个持续演变的过程，这个动态演变过程的把握需要分阶段地进行。刘永耕（2001）通过义位确立一般过程的考察，指出词的新义位的确立，总是始于语用层面，发展和巩固于句法层面，最终在词汇层面积淀下来形成自由运用的新义位，因而将义位确立的过程划分为五个阶段：①个别人活用阶段；②少数人仿用阶段；③固定组合阶段；④组合替换阶段；⑤义位定型阶段。进而就"义位演变与非演变的分界"问题进行了论述。我们认为在词义演变的实际考察中，特别是依据传世文献对古代词语的考察，由于传世文献的多少、种类等因素的影响不可能实现对这一过程的完整把握，因此很多情况下只能实现对个别演变阶段的描写和证明，在词义引申序列的描写中仍然需要推理和联想的参与，来填补词义引申环节的"真空"，多数词义引申的研究者也是通过这种方法实现的，这就要求我们在进行词义演变研究过程中一方面需要联想和推理来描写和解释引申过程，另一方面仍然需要注意运用综合的方法和科学研究通则来保证联想和推理的合理性。

值得注意的是，词义演变的动态性把握并不是一件容易的事，但没有这种动态的把握词义演变研究难免缺乏实证性，幸运的是现代化的研究手段可以弥补部分的不足，大型词典的编撰（如《汉语大字典》《汉语大词典》《故训汇纂》等）和大型语料库的建立（如《四库全书》电子版、《四部丛刊》电子版、"国学宝典"、"中国基本古籍库"等）为这种历时研究提供了便利。当然，这仅仅为研究的深入提供了可能，因为在现代研究者对古汉语真实语感的缺乏在多数情况下是难以弥补的。

（3）重视词义演变规律、演变原因和演变条件的探讨。

帕默尔在其《语言学概论》序言中指出："学者们早已认识到，对意义做出纯逻辑的分类是徒劳无功的，因为两种或更多的不同过程可以得到完全相同的语义结果。发现决定意义变迁的动力和条件才是有兴趣的。我们不应该满足于排比既成事实，我们应该集中注意于说话——听话的情形，尝试对活生生的行动作功能的了解。"许嘉璐、朱小键（1996）指出："关于词义引申，长期以来，训诂学家对词义演变的描述都是停留在本义引申义的笼统说明以及词义扩大、缩小、转移三个类型的静态介绍上，没有从语言的内部和外部去寻找词义演变的动力和条件。"① 认知语言学尝试从认知规律入手解释语言现象同样表明了他们的研究取向。演变规律、演变原因、演变条件的探讨不仅可以使语言研究进入更为科学的层次，还可以保证单个演变事实的正确性，单个演变事实发生、发展归根结底要服从语言整体机制的运作。我们认为，所谓动力和条件是指语

---

① 许嘉璐、朱小健：《汉语史研究现状与展望》，见许嘉璐等主编《中国语言学现状与展望》，外语教学与研究出版社1996年版，第56页。

言演变过中的可能性和必然性因素，这些因素只有从实证研究中才能够揭示，因而对语料的考察和对人类共同心理倾向、认知能力的分析，成为演变研究应该具备的内容。

（4）重视词义演变的系统性研究。

系统观念应用于语言研究领域，一方面扩大了研究者的视野，另一方面增加了对语言事实的解释力。其一，词义引申的理论和研究使我们看到了词义演变序列的系统性，词义演变导致语言共时平面的一词多义现象，多义词各义位之间的联系需要在词义引申序列这种系统性中得到认识；其二，系统观念应用于词义演变研究使我们看到词义演变的第二个系统性是语义场中具有聚合关系词的演变的系统性，特别是同义、反义、类义、上下位等关系的词相互影响、相互制约的性质使词义演变具有很强的系统性，对这种系统性的研究更是语言研究的趋势和需要；其三，认知语言学的研究使我们从一个新的角度看到了词义演变的系统性，例如，在人类认知能力的前提下，抽象概念的认知是基于具体概念的隐喻投射，这种隐喻投射具有规则性和系统性。[①]

词义系统性使研究者看到对语言解释不再遥不可及，能够以有限的词汇形式表达无限的内在世界和外在世界，正是因为形式和内容具有系统的对应关系。并且，在系统演变规则的制约下，单个演变事实能够得到更好的描写和解释。

总之，这些方法和思想要点将贯穿于我们研究和考察的整个过程，指导我们的实践研究。

---

① 参见谢之君编著《隐喻认知功能探索》第三章第四节"隐喻概念的系统性"，复旦大学出版社 2007 年版，第 48—53 页。

三　研究方法和研究步骤

（一）研究方法

本文的研究方法主要可以概括为以下两点：

（1）类聚和比较

进行词汇史研究就是要抓住汉语历史发展过程中的某一现象上联下推，进行贯通历史发展过程的研究，就是要类聚更多的相关事实，进行排比和分析，从中发现规律性的内容。我们的研究试图紧紧抓住汉语史研究中的基本问题，在更大的范围上描写出汉语演变中存在的各种现象，并对这些现象进行分析和解释，这些问题的发掘和研究将为汉语词汇史的深入提供帮助。

王宁先生（1996）指出："字、词、义一经类聚，就显现出内部的系统性，为词义的比较创造了很好环境。梁启超所说的清代学者'最喜罗列事项之同类者，为比较之研究，而求得其公则'的研究方法，正是通过类聚，将某一方面相同而具有可比性的词或词义集中起来，以便比较其相异之处，求得其特点。实际上，这一工作就是在一定的语义场里观察词汇系统。"①

吕叔湘先生（1942）说："要明白一种语言的文法，只有运用比较的方法"②。其实这是语言研究的通例，词汇研究一样需要比较。向熹先生（1993）指出："比较的方面很广，可以是古代汉语与现代汉语的比较，这一时期语言和那一时期语言的比较，古代汉语与现代方言的比较，古代汉语与兄弟民族

---

① 王宁：《训诂学原理》，中国国际广播出版社 1996 年版，第 70 页。
② 吕叔湘：《中国文法要略·初版例言》，商务印书馆 1982 年版。

语言的比较，古代汉语与外语的比较，两种（或几种）作品语言的比较。比较的结果有同有异。从相同的方面可以看到两者因袭继承，从相异的方面可以看到两者的发展演变。异同之中又不一致，或大同而小异，或小同而大异，或同中有异，或异中有同，都值得认真探讨。"①

词语考释和词典式的例示，多数只能告诉我们新词语的出现或旧词出现了新义，但是语言研究更为重要的研究目的在于，通过同类事例和同类现象的排比，从中探求出新词语新意义出现的条件和机制。我们紧紧把握住"类聚"和"比较"这两种重要方法，希望通过其中相同性和相异点的比较得出有益的结论。

（2）历史考察和认知分析

历史词汇的演变只发生在当时的历史语境下，最初的使用往往带有新鲜感，并且形式上不完全固定，但当这一词语的新义位确立后，其使用形式逐渐稳固，因而其当初的使用变体不再被人们所注意，在这种情况下，新义位和旧义位的关系逐渐被忽视甚至忽略，人们在日常的使用中逐渐遗忘新旧义位之间的联系。但是语言研究者为了语言研究的深入必须致力于这种联系的恢复，由此，我们必须重新返回到某一词义发生变异的使用阶段，从中抽取出演变的条件，重新演绎词义演变发生的历程。这一工作需要从词语大量的日常使用例证中重新发现某一义位的使用变体，从而建立起新旧义位之间的联系，这是一种理想化的研究过程。

但是，历史语料不专是为语言研究而定制的，我们只能从中构拟出少量词义演变的过程或阶段，而无法得到历史词汇演

① 向熹：《简明汉语史》，高等教育出版社1993年版，第6页。

变的全貌。这时我们必须借助词义之间的认知联系来重新获得新旧义位演变的可能性。如"类同引申"①即是这种演变的典型代表，同类的 A 义经常可以演变出 B 义，我们就有理由去确认这两类意义之间存在着认知联系，即在语言使用者的意识中这两类词义之间具有了某种程度的必然性。认知分析能够从更高的角度概括词义演变发生的规律，对于词汇史上反复出现的同类语义演变现象，我们应该考虑从人类的普遍认知机制方面寻找原因。

当然，词义关联性的确认一方面仍然需要返回到相应的历史语境中得到证实，另一方面可能从普遍认知规则中得到解释，这些都需要通过确实的研究来获得，都离不开词义演变的历史考察和认知分析。

（二）研究步骤

本书的主体分为"词例分析"和"理论概括"两大部分，我们的研究将遵循以下研究步骤实施：

词例分析部分：

（1）根据研究目的从变文②语料中选取研究对象。

（2）对研究对象的演变情况进行描写，揭示词义演变发生的可能路径，最大限度弄清演变发生的条件和动因。

---

① 江蓝生《相关语词的类同引申》（1993）指出："我国语言学界有人称之为同步引申，具体说，它指的是：两个或两个以上的同义（包括近义）词或反义（包括意义相对）词互相影响，在各自原有意义的基础上进行类同方向的引申，产生出相同或相反的引申义。我们称之为类同引申而不采用'同步引申'的说法，'同步'容易理解为同时，这跟词义类同引申有先有后的情况不完全符合。"基于这种认识，在本书的研究中，我们只使用"类同引申"这一术语来代替"同步引申"，指称同类现象。见《近代汉语探源》，商务印书馆 2000 年版，第 310页。

② 变文文本以黄征、张涌泉《敦煌变文校注》为范围和依据。

（3）对进入变文词汇系统的词语使用情况进行描写和分析，弄清它们的用法和特点。

理论概括部分：

（4）总结词义演变对变文词汇系统的影响。

（5）总结词义演变的规则和影响词义演变发生的因素。

第二章 变文单音动词词例分析

第一节 同义词来源分析

本节以概念为视点，考察变文中用以表达某一概念所使用的词语形式，同时适当地补充了一些汉语史上出现的同类词汇表达形式，追溯它们的来源，依据词语的来源特征和演变路径对这一词群进行归类和分析，通过分析揭示哪些词语经过怎样的演变来表达某一概念，并从分析中理解其概念化过程。

一 "感谢"类动词的来源和词义演变分析

"感谢"类动词主要表达感激人的行为和心理。可以包括感谢、感激等义位。"感谢"，指感激或用言语行动表示感激；"感激"，指因对方的好意或帮助而对他人产生好感。

（一）"感谢"类动词在变文中的使用

【感】

（1）以感千生之便，得惭万善之恩。（《维摩诘经讲

经文（五）》》^{P. 887}①）

（2）发大愿，唱奇哉，感贺（荷）② 慈悲化利开。（《维摩诘经讲经文（四）》^{P. 859}）

（3）再三感谢，实是智人。（《双恩记》^{P. 934}）

《说文》："感，动人心也。""感"是指通过外界活动引起的内心活动，这种心理活动是一种中性的活动，相应于外界活动的不同，具有两个向度的引申运动，触发消极的心理活动可能产生感慨、感伤义，如唐杜甫《春望》诗："感时花溅泪，恨别鸟惊心。"如果由坏事触发心理活动，即表达悔恨之情（今写作憾），如《左传·隐公三年》："降而不感，感而能眕者，鲜矣。"洪亮吉诂："感，恨也。"由好事触发积极的心理活动而产生感激之情，如晋张华《答何劭》诗："是用感嘉贶，写心出中诚"。又表现为对人的感谢行为，如《三国志·魏志·杜恕传》："且布衣之交，犹有务信誓而蹈水火，感知己而披肝胆，徇声名而立节义者。"这使得"感"具有了独特的义位结构和引申逻辑。

【谢】

（4）深谢蒙邀赐挈倍（陪），自然清眼眼双开。（《维摩诘经讲经文（一）》^{P. 768}）

（5）子胥蒙他教示，遂即拜谢鱼（渔）人。（《伍子

---

① 出处页码一依黄征、张涌泉《敦煌变文校注》，中华书局 1997 年版。

② 根据研究需要，为了考察这一词义的分布情况，在研究过程中，我们把某一词的并列式复音词一并出示，并进行数量统计。例如"感"能够与其同义词的"荷"、"谢"组成并列式复合词"感荷"、"感谢"，其词义与"感"并无不同。下文依此。

胥变文》^{P.9}）

（6）普使人天悟正真，一齐礼谢黄金相。（《维摩诘经讲经文（七）》^{P.918}）

（7）密报先从朱解得，明明答谢濮阳恩。（《捉季布传文》^{P.98}）

"谢"有辞谢、拒绝义，当不接受赠予、好意时为辞谢义，如《汉书·汲黯传》："拜为淮阳太守，黯伏谢，不受印绶。"进而，由于这种拒绝容易引起别人的不快，因而需要向别人说明，即有道歉义，如《史记·项羽本纪》："旦日不可不蚤自来谢项王。"当接受赠予、好意时，仍然用"谢"，即为"感谢"义，如《韩非子·外储说左下》："解狐举邢伯柳为上党太守，柳往谢之。"可见，"谢"概括了一个事件的两个方面。董为光（2004）认为："不受与接受同用一个'谢'，这一语言现象具有深刻的传统文化内涵。……被赠予者固执不受，要通过推却、辞让表达确难从命的苦衷；受赠予者愿意收受，也要通过推辞、辞让表示愧不敢当的谦恭。"① 从而"谢"在汉语使用者特有的心理逻辑下，引申出感谢义。

【戴】

（8）感戴鸿恩终日报，永清河陇献天颜。（《张淮深变文》^{P.192}）

"戴"一义为用头顶，是一种外力作用，如《孟子·梁惠

---

① 见董为光《汉语词义发展基本类型》，华中科技大学出版社2004年版，第258页。

王上》：“颁白者不负戴于道路矣。”又《说文·异部》“戴”字下段玉裁注：“引伸之凡加于上皆曰戴。”如果用于社会关系，指下对上用力上顶，引申有支持、拥戴义，如《国语·周语上》：“庶民不忍，欣戴武王。”韦昭注：“戴，奉也。”如果指下对上用力承受，引申有承受义，如《三国志·吴志·张温传》：“温实心无他情，事无逆迹，但年纪尚少，镇重尚浅，而戴赫烈之宠，体卓伟之才，亢臧否之谭，效褒贬之议。”引申为心理感受，即承受别人的厚恩，而表达感动之情亦为“戴”，如《史记·留侯世家》：“此其君臣百姓必皆戴陛下之德，莫不乡风慕义。”进而，指对人表达感激之情，即有感谢义，如《太平广记》卷四六七“柳宗元”条：“倘获其生，不独戴恩而已，兼能假君禄益，君为将为相，且无难矣。”（出《宣室志》）

【惭（慙）】

（9）以感千生之便，得惭万善之恩。（《维摩诘经讲经文（五）》[P.887]）

（10）今日喜欢离地狱，深心惭愧我娇儿。（《目连缘起》[P.1015]）

（11）陵母从楚营内，乘一朵黑云，空中惭谢皇帝。（《汉将王陵变》[P.71]）

“惭”本义为内心感到羞耻，无颜面对别人，如《庄子·天地》：“子贡瞒然惭，俯而不对。”子贡因为做错事，无言以对，所以感到惭愧。在使用中逐渐演变，由做错事表示对不起人，转指承受别人的恩情而对不起人，进而指对承受别人的恩情表达感动、感激之情。申论详后。

【愧（媿）】

（12）大丈夫儿金（今）何在，乳哺之恩须愧耳！（《李陵变文》^{P.131}）

（13）到来蕃里重，长媿汉家恩。 （《王昭君变文》^{P.158}）

（14）愧惭天子恩波及，感荷王孙库藏开。（《双恩记》^{P.932}）

（15）见新妇来至，愧谢九年孝养功劳。（《秋胡变文》^{P.235}）

（16）远近宣赞，愧贺（荷）伍相之功。（《伍子胥变文》^{P.11}）

"愧"与"惭"同，《说文·女部》："媿，惭也。从女，鬼声。愧，媿或从耻省。"如《诗·小雅·何人斯》："不愧于人，不畏于天。""愧"与"惭"的用法基本相同，其引申出感谢义的过程基本相同，详后。

【荷（贺①）】

（17）低头礼拜生欢喜，合掌温言荷净明。(《妙法莲华经讲经文（二）》^{P.722})

（18）忽然称得心中愿，欢喜重重贺（荷）世尊。 (《妙法莲华经讲经文（二）》^{P.721})

"荷"一义为承担，可承担事物，如《论语·微子》："子路从而后，遇丈人，以杖荷蓧。"也可承担责任，如汉张衡

---

① 变文中"荷"常写作"贺"，据其意义"荷"为本字。

《东京赋》："荷天下之重任。"引申指承受恩情亦为"荷"，如《三国志·吴志·陆逊传》："诸君并荷国恩，当相辑睦，共翦此虏，上报所受，而不相顺，非所谓也。"由此引申，受恩感激亦为"荷"，《资治通鉴·梁纪一》"兼荷兄恩意甚多。"胡三省注："受任为荷，受恩为荷，而感恩者亦曰荷。"这一说明，明确地解释了"荷"演变的引申路径。"荷"用为"感谢"义①，除上引两例，还有《长兴四年中兴殿应圣节讲经文》："感百灵之消殄灾祥，荷三宝之祷祈福祚。""感"与"荷"对举，皆为感谢义。

　　以上单音词在变文中有的可以单用，有的只作为语素出现在复音词中。其单用情况如下：

　　感［11］②；谢［36］；惭［10］；愧［7］；荷［3］。

　　其复音词出现情况如下：

　　（1）同义复音词：感荷［7］；感谢［1］；感戴［1］；惭愧［7］；惭谢［3］；愧惭［1］；愧谢［2］；愧荷［6］；

　　（2）其他复音词：拜谢［11］；礼谢［6］；答谢［1］。

　　分析可知：（1）"谢"表感谢义在变文中表现最为活跃，无论是单用，还是与其他词语合成复音词，都占有绝对的优势。其复合词的特点在于，除感谢之义，还常常表现出用以感

---

　　① 《汉语大词典》、《汉语大字典》均未列"荷"的感谢义。《大字典》"承受"义下，仅指出"后多用在书信中表示感激"。其所举例证，前三例都可解作承受恩情义；然王安石《再答吕吉甫书》："惠及海物，愧荷不忘。"《三国演义》第六十回："甚荷大夫不外，留叙三日。"似解作感谢义更为恰切。从变文中的用例来看，我们认为"荷"应分列感谢一义。

　　② 括号内数字为使用频率。

谢的方式，如"拜谢①"、"礼谢"。（2）中古新出现的"惭"、"愧"、"荷"在变文中表现也很活跃。与同时代其他文献相比，表现的尤为突出。应该与其口语色彩有关。

（二）汉语史上出现的"感谢"类单音动词

【德】、【恩】

"德"常用为名词，表示恩德、恩惠义，如《左传·成公三年》："无怨无德，不知所报。"作动词时，表示向别人施惠、施德，反过来让别人对己产生感激之情，即表达感谢、感恩之义，如《左传·成公三年》："王曰：'然则德我乎？'"孔颖达疏："德加于彼，彼荷其恩，故谓荷恩为德。"又如《战国策·东周策》："景翠得城于秦，受宝于韩，而德东周"鲍彪注："德，恩之也。""恩"与"德"同义，具有相同的引申逻辑，《正字通·心部》："恩，感人惠己曰恩之。"例如：《汉书·王莽传》："根，成帝世为大司马，荐莽自代，莽恩之。"

（三）"感谢"类动词词义演变分析

通过以上分析，可以确定，具有"感谢"义的单音同义动词有以下诸例："德"、"恩"、"戴"、"荷"、"感"、"谢"、"惭"、"愧"。它们在不同时期通过不同的引申路径发展出"感谢"义，通过其引申逻辑的比较，我们认为可以分为四组：

（1）德、恩：别人对己施出的好处为"德"、为"恩"，己对别人回报感恩之情亦为"德"、为"恩"。

（2）戴、荷：由受恩义引申出感恩义。

---

① "拜谢"当是"拜舞谢恩"之省，变文中多处出现，如《韩擒虎话本》："二人受宣，拜舞谢恩。"（P. 300）

（3）感：由心理活动，引申为表达自己的心理活动，如果是由积极因素引起的心理活动，即表达感激之情，如果由消极因素引起的心理活动，即表达悔恨之情（后写作憾）。

（4）谢、惭、愧：都是由受恩愧惭之意，引申而有感恩之意。中古阶段"惭"、"愧"与"谢"产生了义位的相互影响，都有（1）"不如"义："进谢中庸，退惭狂狷。"（任昉《为范尚书让吏部封侯第一表》）吕向注："惭、谢，皆谓不及也。"（2）"惭愧"义："属美谢繁翰，遥怀具短札。"（谢灵运《赠王太常》）李善注："谢，犹惭也。"可见虽然本义不同，但是在使用和引申的过程中，产生了相互影响，具有了相同的引申逻辑。从时间来看，"惭"、"愧"引申出感谢义，这一演变过程的产生和完成，应该是受到了"谢"的影响。

以上分析可以演示如下：

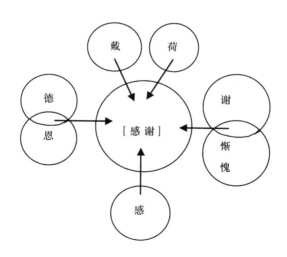

由此，我们可以得到以下两点认识：

第一，"感谢"义的诸种词汇化形式是词义引申的结果，词义引申是心理联想作用下的词义运动，其源义和引申义具有认知和心理上的密切联系。通过上图的演示，我们可以发现"感谢"义所联系的概念特征，"德"、"恩"与"谢"、"惭"、"愧"分别概括了"感谢"这一个概念事件的两极，"德"和"恩"主要着眼于施事者的感受，"谢"、"惭"、"愧"则主要着眼于受事者的感受，两种感受相互矛盾，但正如"感"既能表达"感伤"、"悔恨"义一样，它们统一在"感谢"义之下，"德"、"恩"、"谢"、"惭"、"愧"都能表达"感谢"义。由此可见，"感谢"义的诸种词汇形式表明了这一概念的表达对汉语使用者来说具有的独特的文化心理内涵。我们可以把前引古人、今人的认识再次罗列于下，可以更加清晰地认识到这种古今一贯的民族文化心理：

> 孔颖达疏："德加于彼，彼荷其恩，故谓荷恩为德。"
> 胡三省注："受任为荷，受恩为荷，而感恩者亦曰荷。"

董为光认为："不受与接受同用一个'谢'，这一语言现象具有深刻的传统文化内涵。……被赠予者固执不受，要通过推却、辞让表达确难从命的苦衷；受赠予者愿意收受，也要通过推辞、辞让表示愧不敢当的谦恭。"

第二，"惭"、"愧"引申出"感谢"义是词义相互影响的结果，其演变的发生是与"谢"相同的动因促动实现的。归根结底，"惭"、"愧"义变的动因，可以看作民族心理特点的作用，也就是说由最初的"自责"意味，到"亏欠感"，再转化为"好感"，这种转化有着民族文化的理据。当然，"惭"、"愧"和"谢"具有相同的演变动因，并不意味着具有同义关系的其他词（例如"作"）也能发生同样的演变，因为演变动因仅仅表明一种演变发生的可能，而演变条件则是词义发生演变的现实基础。

（四）"惭"、"愧"义变的过程和条件

由上节分析可知，"谢"对"惭"、"愧"义变可能具有促动作用，但这只是词义演变发生的动因，以下我们将具体分析"惭"、"愧"演变的过程和条件。

蒋礼鸿先生在《敦煌变文字义通释》中指出："惭愧、惭、愧（媿），感谢"，并列举了唐宋以来的诸多实例。[①]"惭"、"愧"在上古指羞惭的心理，可见至迟在中古汉语中它们已经发生了义变。从语义特征上看，惭愧义和感谢义有一定的区别：（1）"惭愧"是自己的错误、缺点等原因导致的；"感激"是别人的好意、帮助导致的。（2）"惭愧"是施事者的心理感受，而"感谢"不仅是"感激"这一心理感受，而且要"用言语行动表示感激"，因而"感谢"成为一种外在行为时，在句法上可以带有受事宾语。那么，"惭"、"愧"是如何通过具体的演变过程而发展出感谢义的呢？以下我们将具体考察其演变过程。

"惭"、"愧"在上古汉语中的用法一般是主语为人的不及物动词：

（1）子贡瞒然惭，俯而不对。（《庄子·天地》）

（2）其祝、史祭祀，陈信不愧。（《左传·昭公二十年》）

---

① 见蒋礼鸿《敦煌变文字义通释》（增补定本），上海古籍出版社 1997 年版，第 165 页。

除了这种主要用法，"惭"和"愧"作谓语时其后还可以带三种关系成分。一是用"于"来引进表人的名词或表事的名词作补语，表示对什么人、在什么事上"惭愧"：

（3）归则愧于父母兄弟，出则惭于知友邑里。（《吕氏春秋·诬徒》）

（4）余愧乎道德，是以上不敢为仁义之操，而下不敢为淫僻之行也。（《庄子·骈拇》）

二是带动宾结构，描述一个事件，是引起"惭愧"的原因：

（5）得意则不惭为人君，不得意则不屑为人臣。（《吕氏春秋·不侵》）

（6）其为人也，上忘而下畔，愧不若黄帝而哀不己若者。（《庄子·徐无鬼》）

三是偶尔可以带施事宾语，宾语为人是"惭愧"的施事者，这是动词的使动用法：

（7）不以人之所不能者愧人。（《礼记·表记》）

（8）然所以为此者，将以愧天下后世之为人臣怀二心以事其君者也。（《史记·刺客列传》）

中古时期"惭"、"愧"的句法结构发生了一个明显的变化，就是可以不再用"于"来引进表人的名词或表事的名词，而且中古时期使动用法逐渐消失，施事宾语也不再出现，因而"惭"、"愧"之后紧跟表人的名词，如：

（9）是以上惭众瑞，下愧士民。（《三国志·魏志·文帝纪》裴注引《献帝传》）

（10）子敬嗔目曰：远惭荀奉倩，近愧刘真长。（《世说新语·方正》）

词的用法是词义演变的背景和舞台。词义的改变是在其日常使用中发生的，是一个渐进的演变过程，当一个义位向另一个义位演变还没有完成时，它只能维持固有的用法和搭配关系，在固有的用法和搭配关系允许的范围内进行选择和变动，但正是这种动态的选择关系为词义转变提供了可能，当各个条件发展成熟时，词义就会显露出质变的成果，成为一个新的义位，并在进一步的使用中得到确立。

下面我们将会看到，以上句法环境及其变化正是"惭"、"愧"义变的背景和舞台，当其语义条件得到满足时，就可能促成词义的引申和变化。

《说文》中"惭"、"愧"互训，并没有真正解释"惭"、"愧"的意思，我们从导致"惭愧"的原因来分析，可以大致判断出，"惭愧"多是由于一个人因为做错事，自己没尽到责任而引起的，所以《小尔雅·广义》说："不直失节谓之惭。"这成为"惭"、"愧"用法的基本语义环境。

但到了中古，其语意义发生了变化。《世说新语》中出现了一种歧义用法。《世说新语·贤媛》："逵既叹其才辩，又深愧其厚意。"王宁主编的《评析本白话世说新语·颜氏家训》翻译为："逵既叹赏陶侃的才辩，又惭愧领受了他殷勤招待的

厚意。"① 而张万起、刘尚慈的《世说新语译注》则翻译为:
"范逵既感叹陶侃的才华,又深深感谢他殷勤招待的厚意。"②
根据现代汉语的语感,"惭愧"照字面翻译应该说得通,我们
如果收到礼物、受到好的招待,也会礼貌地说"受之有愧",
表示心里难安、受到感动,但是上古汉语未见有此用法,这表
明在语境中,不再仅仅是"不直失节"等错误能够引起"惭
愧"之情。那么,作"感谢"意呢?根据本篇的意思,陶侃
倾尽全力来款待范逵,范逵受到的待遇确实很让人感动,显然
"感谢"意更能表明范逵对陶侃的感激之情。所以,我们认为
正是在这种语义环境中,"惭愧"和"感谢"的意思发生了交
叉,"惭愧"心理可以因接受"恩义"难以报答而产生,"感
谢"也正是因对方的好意或帮助而产生。

我们看下面的句子:

(11) 群臣如张武等受赂遗金钱,觉,上乃发御府金
钱赐之,以愧其心,弗下吏。(《史记·孝文本纪》)

例(11)表明,"惭愧"之情虽由受恩而起,但更多是因
为使受恩者自责引起的。

(12) 臣雄经术浅薄,行能无异,数蒙渥恩,拔擢伦
比,与群贤并,愧无以称职。(西汉扬雄《剧秦美新》)

---

① 王宁主编:《评析本白话世说新语·颜氏家训》,北京广播学院出版社
1992 年版,第 141 页。

② 张万起、刘尚慈:《世说新语译注》,中华书局 1998 年版,第 675 页。

例（12）表明，"惭愧"之情是接受恩遇之后，害怕无法尽到责任引起的不安。

（13）辞林本阙，心辞又惭。徒戴重恩，终难陈谢。（梁萧统《谢敕赉铜造善觉寺塔露盘启》）

（14）陈留下粟，有愧深恩。栎阳雨金，翻惭曲施。（梁庾信《谢赵王赉丝布等启》）

（15）容貌不能动人，智谋不足自远，竟惭君子之恩，卒离饥寒之祸。（梁江淹《报袁叔明书》）

例（13）（14）（15）则表明，"惭愧"之情是因为接受恩惠，引起的"亏欠"和"心理不安"。

从形式上看，这些"受恩惭愧"的行为由语境义分析产生，演变为一种固定的词语搭配形式；从语义上看，由于引起"惭愧"心理的原因由负面因素转成正面因素，"惭愧"逐渐由带有较重的"自责"意味，引申为不带"自责"意味而带有"亏欠"意味的"心理不安"义，为"惭"、"愧"发展出"感谢"义创造了语义环境。

有了必要的语义环境和句法环境，"惭"、"愧"一方面在歧义的环境中得到使用，就如《世说新语》中的例句；另一方面可以带有受事宾语表达确切的"感谢"义。如蒋礼鸿先生所举较早用例，晋干宝《搜神记》卷二十"梦一人乌衣从百许人来谢云：'仆是蚁中之王，不慎坠江，惭君济活。……'"。① 在这个句子中"君"为兼语，既是"惭"的受

---

① 同样的记述在《太平广记》卷四百七十三表达为："梦一乌衣人谢云：'仆是蚁中之王也，感君见济之恩，君后有急难，当相告语。'"

事宾语，又是"济活"的施事主语。当受事者出现在"惭"、"愧"后面，表达由受恩引起的"心理不安"义，"惭""愧"的"感谢"义位就得到了最终确立。

词义演变是一个渐进的演变过程，在一个义位演变成另一个义位的过程中，义位的判别总会出现似是而非的情况。我们认为，"惭""愧"后面能够出现受事者是"惭""愧"确立"感谢"义的客观判断标准，这表明了"感谢"义位确立的历史年代。当然，这并不是说只能出现在这种句法环境之下，当一个义位确立之后，在使用中可以依据语用环境的诸多因素来进行判断。

总之，我们认为，"惭"、"愧"引申出"感谢"义是中古汉语语义、语法因素促成的必然结果。

二　"病愈"类动词的来源和词义演变分析

"病愈"类动词描写了病患消除的过程，因而可以包括表病情减轻的词语，表身体康复的词语和表疾病治愈的词语。

（一）变文中"病愈"类动词的使用

【愈（瘉）】

（1）父母有病，甘美不餐；食无求饱，居无求安；闻乐不乐，见戏不看；不修身体，不整衣冠；待至疾愈，整亦不难。（《父母恩重经讲经文（一）》[P.972]）

（2）若是世间医者能医身病，菩萨法药能医得身心二病，永出离于生死，是名痊愈。众生病愈，菩萨亦病瘉。（《维摩诘经讲经文（一）》[P.760]）

"愈"、"瘉"意同，《说文》本字作"瘉"，"病瘳也"，

徐锴系传："今作愈字。"《集韵·嘳韵》："瘉，通作愈，或作
癒。""愈"在上古即有"病愈"义，《孟子·滕文公上》：
"孟子曰：'吾固愿见，今吾尚病，病愈，我且往见。'"又颜
师古《匡谬正俗》卷八谓："愈，胜也。故病差者言愈。《诗》
云：'政事愈蹙'，《楚辞》云：'不侵兮愈疏'，此'愈'并
言渐就耳。文史用之者皆取此意，与病愈义同。"则按此说，
"愈"由指一般的"转加"义，引申特指人病情的好转，进而
指病愈义。

【痊】

（3）药饵未逢痊减得，呻吟难止怨愁闻。（《维摩诘
经讲经文（一）》^{P.760}）

（4）菩萨慈悲与药医，总交（教）痊愈众生病。
（《维摩诘经讲经文（一）》^{P.762}）

"痊"与"全"意同，皆有"病愈"之义。《庄子·徐无
鬼》："今予病少痊，予又且复游于六合之外。"成玄英疏：
"痊，除也。"《周礼·天官·医师》："岁终，则稽其医事，以
制其食：十全为上，十失一次之，十失二次之，十失三次之，
十失四为下。"郑玄注"全，犹愈也。"孙诒让正义："《说
文·入部》：'全，完也。'引申之，疾愈亦为全。"又"痊即
全之俗"。可见"全"之"病愈"义当由"完全"、"完备"
之义引申而来。"痊"为"全"之后起区别字。

【平】

（5）才闻减损，稍获痊平，浑家顿改忧愁，父母当
时欢悦。（《维摩诘经讲经文（一）》^{P.761}）

《说文·亏部》："平，语平舒也。"段玉裁注："平，引伸为凡安舒之称。"则身体安舒平和，不染疾病，即可指"病愈"，其较早的用例①，如《汉书·息夫躬传》："上亡继嗣，体久不平，关东诸侯，心争阴谋。"其中"不平"指疾病不愈。

【除】

（6）男女有病，父母亦病；子若病除，父母方差。（《父母恩重经讲经文（一）》[P.976]）

"除"，在上古常用义为"除去"，由此，去除病患亦为"除"，《战国策·秦策二》："武王示之病，扁鹊请除之。"高诱注："除，治也。"因而病患治愈的状态亦可为"除"，《方言》卷三："南楚病愈者或谓之除。"《广雅·释诂一》："除，愈也。"又《玉篇·阜部》："除，疾愈也。"如汉张仲景《金匮要略·水气病脉证并治》："气击不去，其病不除。"当然，由于"除"由除去义引申而来，因而其更多的用例是指治疗或治愈疾病，如《素问·宝命全角论》："余欲针除其疾病，为之奈何？"

【损】

（7）能疗药不能痊损，累日连宵，受诸大苦。（《庐山远公话》[P.260]）

---

① 据王引之之说则有更早的用例，《经义述闻·易·祇既平》："坎不盈，祇既平。"王引之按："祇，当读为疧。疧既平者，病已平复也，是病愈为平也。"

　　"损"义为"减少",《说文·手部》:"损,减也。"后可以用于指病情减轻,如《潜夫论·卜列》:"人有恐怖死者,非病之所加也,非人功之所辜也。然而至于遂不损者,精诚去之也。""病之所加"与"不损"语义连贯,今人汪继培笺谓:"损,谓病减也。"进而即有"病愈"之义,较早用例如《后汉书·袁张韩周列传》:"(封观)当举孝廉,以兄名位未显,耻先受之,遂称风疾……后数年,兄得举,观乃称损而仕郡焉。"中古以后用例渐多,唐五代出土文献多有用例。廖名春《吐鲁番出土文书语词管窥》一文,对"损"之病愈义有详论。引例如:"营司:进洛前件马比来在群牧放,被木刺破,近人□后脚勋断,将就此医疗,不损,去五月廿八日□致死。"(《吐鲁番出土文书》第六册,页199。)通过这些事例认为,"'损'亦可自然引申为病愈,这跟'除'指病愈有异曲同工之妙。"并进一步指出,"'损'之痊愈义并非个别的语言现象,亦非词性的临时活用,至少在魏晋南北朝至隋唐这一段时期,它都一直活跃在内地和西北边陲汉族人民的俗语中。"[1]

【减】

　　(8)才闻减损,稍获痊平,浑家顿改忧愁,父母当时欢悦。(《维摩诘经讲经文(一)》[P.761])

　　《说文·水部》:"减,损也。""减"与"损"同义,然其用于指病情减轻比"损"略迟。较早用例如《太平广记》

---

① 　见廖名春《吐鲁番出土文书语词管窥》,《古汉语研究》1990 年第 1 期。

卷三百六十九"李楚宾"条："时童元范家住青山，母尝染疾，昼常无苦，至夜即发。如是一载，医药备至，而绝无瘳减。"（出《集异记》）指病患的减轻或治愈。

【可①】

（9）速须排比，不要推延，若与维摩相见时，慰问所疾痊可否。（《维摩诘经讲经文（四）》》[P.857]）

"可"在上古即有"犹可"、"差不多"之义，《论语·子路》："苟有用我者，期月而已可也，三年有成。"皇侃疏："可者，未足之辞也。"在中古，"可"可以表示程度轻，与"甚"义相对，《旧杂譬喻经》："妇谓狐曰：'汝何痴甚！捕两不得一。'狐言：'我痴尚可，汝痴剧我也。'"因而可以用来指病痛减轻，《全晋文·王羲之杂贴》："吾昨暮复大吐，小噉物便尔，且来可耳。"由此病痛完全康复，亦用"可"来表达。值得注意的是，在变文中，"可"不仅指肉体疾病痊愈，进而也可指"精神疾病"的愈可，如《父母恩重经讲经文（一）》："一个个总交（教）成立后，阿娘方始可忧烦。"（P.975）②

---

① 江蓝生《魏晋南北朝小说词语汇释》"可"字条有释，商务印书馆 1988 年版，第 112 页。除举中古时代用例外，该条还说到："在晋中地区的一些方言里，仍然保存着'可'字的'差、少'义，如平遥、孝义等县说'病减轻了'为'可些了'"。

② "忧烦"亦为病症，所以用"可"。丁福保《佛学大辞典》谓："【烦恼病】（譬喻）烦恼之恼心，如病之于身，故名为病。"上海书店 1991 年版，第 2411 页。这可以看作一种隐喻扩展，其扩展的原因，则在于古人对"忧烦"的理解。

【差（瘥）】

（10）男女有病，父母亦病；子若病除，父母方差。（《父母恩重经讲经文（一）》[P.976]）

（11）念佛求神乞护持，寻医卜问（问卜）希瘥瘥。（《父母恩重经讲经文（一）》[P.977]）

《方言》卷三："差，愈也。南楚病愈者谓之差。"又钱绎笺疏："差、瘥同。"《说文·疒部》："瘥，愈也。"其"病愈"义本于"差"[①]。在上古，"差"的常用义为"差别"、"差等"，其于"大小"、"多少"、"高下"、"轻重"之差等皆可用以区别，如《荀子·荣辱》："使有贵贱之等，长幼之差，知愚能不能之分。"《史记·张释之冯唐列传》"且云中守魏尚坐上功首虏差六级，陛下下之吏，削其爵，罚作之。"《汉书·食货志》："此谓平土可以为法者也。若山林、薮泽、原陵、淳卤之地，各以肥硗多少为差。"《汉书·冯奉世传》："令告则得，诏恩不得，失轻重之差。"用于偏指，即有"减少"、"降低"之义，如《吴子·励士》："上功坐前行，肴席兼重器上牢；次功坐中行，肴席器差减；无功坐后行，肴席无重器。"用于疾病，即偏指病情的减轻或痊愈，其较早用例如《后汉书·方术列传》："曹操闻而召佗，常在左右，操积苦头风眩，佗针，随手而差。"又指"治愈……病"，如《魏书·孝文五王列传》："时有沙门惠怜者，自云呪水饮人，能差诸病。"

[①]　张联荣：《古汉语词义论》："由一般的差失引申为减损，又特指病情的减轻，'觉'的词义引申与此同例。"北京大学出版社 2000 年版，第 293 页。

【校】

（12）男女未校，转切忧疑；父容日日尪龟（羸），母貌朝朝憔悴。（《维摩诘经讲经文（一）》[P.761]）

（13）病交（校）了便合行孝顺，却生五逆也唱将来。（《父母恩重经讲经文（一）》[P.977]）

（14）蓦（莫）被命终难脱免，忽然身教（校）大娄罗。（《维摩诘经讲经文（一）》[P.770]）

"校"有"计量"、"比较"义，《孙子兵法·计》："故经之以五事，校之以计，而索其情：一曰道，二曰天，三曰地，四曰将，五曰法。"李荃注："校，量也。"《国语·齐语》："管子对曰：'昔吾先王昭王、穆王，世法文、武远绩以成名，合群叟，比校民之有道者，设象以为民纪，式权以相应，比缀以度，薄本肇末，劝之以赏赐，纠之以刑罚，班序颠毛，以为民纪统。'"韦昭注："校，考合也。"由"计量"、"比较"而得差别、差距，"校"即有"相差"之义，唐杜甫《狂歌行赠四兄》："与兄行年校一岁，贤者是兄愚者弟。"与"差"同义，因而同样引申出"病愈"义。[①]

以上单音词在变文中单用和组合为复音词出现情况如下：

（1）单用例：愈[4]；除[4]；可[1]；差[4]；校[7]。

（2）复合用例：痊可[1]；痊愈[2]；痊损[1]；痊减[1]；痊平[1]；痊差[3]；除愈[1]；减损[1]。

---

① 蒋礼鸿先生已有详论，指出："《广韵》去声三十效韵，'教'、'校'、'觉'、'较'都音古孝切，俗书例得通借"，"'教'、'交'、'校'之所以为差或减，意义应该是从'比较''校量'引申而来的。"见《敦煌变文字义通释》（增补定本），上海古籍出版社1997年版，第229—232页。

分析可知，"痊"只出现在复音词中；中古之后出现的"差"、"校"使用较多，应该是唐代口语词；"愈"在汉语史上活力较强，从上古一直使用至今。

（二）其他"病愈"类词

《方言》卷三："差、间、知，愈也。南楚病愈者谓之'差'，或谓之'间'；或谓之'知'。'知'，通语也。或谓之'慧'，或谓之'憭'；或谓之'瘳'，或谓'蠲'，或谓之'除'。"这条训释汇聚了汉代及之前方言、通语表"病愈"义的同义词。其中"间"、"知"、"慧"、"憭"、"瘳"、"蠲"在变文中未见使用，可见在唐五代时期其使用范围、口语化程度不如上节所列诸词。

"间"本义为"间隙"，《说文·门部》："间，隙也。"引申即有"闲暇"之义，所以段玉裁注谓："间，有隙则空闲矣，故引伸之为闲暇。""闲暇"义引申即有"止息"义，《国语·晋语八》："本根犹树，枝叶益长，本根益茂，是以难已也。今若大其柯，去其枝叶，绝其本根，可以少闲。"韦昭注："闲，息也。"用以指称病情，病情发作，即为身患疾病，病情不发作，即为身体"闲暇"，平安无事，因而"间"有"病愈"义，《正字通》云："病恒在身，无少空隙，今病既损，有空隙，故谓病瘳为间也。"《论语·子罕》："子疾病，子路使门人为臣。病间，曰：'久矣哉！由之行诈也，无臣而为有臣。吾谁欺？欺天乎？'"何晏《集解》引孔安国曰："少差曰间。"

"知"、"慧"、"憭"意义相通，可为一类。"知"就是"知道"、"有意识"，《墨子·经说上》："知也者，以其知遇物而能貌之若见。"当人得病时头脑发昏，失去知觉，病情转好或病愈时，即有知觉，明事理，所以"知"表"病愈"义，

《素问·刺疟》："一刺则衰，二刺则知，三刺则已。"《金匮要略·消渴小便利淋病脉症·栝蒌瞿麦丸方》："饮服三丸，日三服。不知，增至七八丸，以小便利，腹中温为知。"《说文·心部》："憭，慧也。"《方言》本条郭璞注谓："慧、憭，皆意精明。"也就是精神健康，头脑清楚。《素问·藏气法时论》："肝病者，平旦慧，下晡甚，夜半静。""憭"未见文献用例。从传世文献来看，这三个词在医籍文献稍有用例，使用范围较窄，也可能存在区域方言使用的不同。

从传世文献来看，"瘳"表"病愈"义有最早的文献例证，《书·金縢》："王翼日乃瘳。"孔安国传："瘳，差也。"《诗·郑风·风雨》："既见君子，云胡不瘳？"毛传："瘳，愈也。""瘳"在后代引申为"减损"、"消除"义，《国语·晋语二》："君不度而贺大国之袭，于己也何瘳？"韦昭注："瘳，犹损也。言君不揆度神意，而今贺之，何损于祸？"

"蠲"与"除"同义。《方言》本条郭璞注谓："蠲，亦除也。"《广雅·释诂三》："蠲，除也。"由此，亦可用于指病患的消减、除愈。晋左思《蜀都赋》："芳追气邪，味蠲疠痟。"

另外，"已"、"胜"、"复"也可指疾病转好、治愈。

"已"可表事情的停止，如《诗·郑风·风雨》："风雨如晦，鸡鸣不已。"郑玄笺："已，止也。"因而用以指疾病不再危害身体，疾病的消除也用"已"，这一意义上古即已出现，并使用广泛，例如《吕氏春秋·至忠》："文挚因出辞以重怒王，王叱而起，疾乃遂已。"高诱注："已，除、愈也。"

"胜"，《国语·晋语四》："尊明胜患，智也。"韦昭注："胜，犹遏也。"《素问·脉要精微论》"以其胜治之愈也。"王冰注："胜，谓胜克也。""胜"义为"遏止"，所以疾病得到遏止，即为病情转好，《全晋文》卷二十七王献之《杂贴》：
"见徐俊并使君书，承比极胜，但承此凶问，当复大顿耳。"①

　　"复"本义为"返回"、"往返"，《说文·彳部》："复，
往来也。"《易·泰卦·九三》："无平不陂，无往不复。"引申
为"恢复"义，表示由现存状态返回到原有的状态，《史记·
孟尝君列传》："王召孟尝君而复其相位。"用于指病情，即为
由病态返回到健康的状态，因而有"康复"、"病愈"义，如
《三国志·魏志·华佗传》："故督邮顿子献得病已差，诣佗视
脉，曰：'尚虚，未得复，勿为劳事，御内即死。'""未得复"
即言还没能痊愈。②

（三）"病愈"类词演变的分类与词义演变的理据

　　通过上两节"病愈"类词演变路径的分析，可以看出，
这些词的词义演变逻辑可以分成两大类：一类是以人的身体为
叙述对象，着重于身体状态转好和恢复，战胜、摆脱疾病，从
而重获健康，"愈"、"平"、"痊"、"间"、"知"、"慧"、
"憭"、"复"、"胜"属此类；另一类则以疾病为叙述对象，
着重于疾病的减轻，最终清除疾病的困扰，从而重获健康，
"除"、"损"、"减"、"差"、"可"、"校"、"已"属此类。其
中第一类又可根据词义演变路径的相近程度和表现状态的不
同，可分为三小类：（1）"愈"、"胜"着重强调身体遏止疾
病的发生和战胜疾病；（2）"平"、"痊"、"间"、"复"着重
表明人体不再发生疾病，回复安康的状态；（3）　"知"、
"慧"、"憭"着重表明不受疾病困扰，头脑清明的身体状态。

---

　　① 　蔡镜浩《魏晋南北朝词语例释》"胜"字条有释，江苏古籍出版 1990 年
版，第 297 页。
　　② 　参见王云路《汉魏六朝语言研究与古代疾疫》，《杭州大学学报》1992 年
第 3 期。

第二类也可以根据词义演变路径的相近程度分为三类：（1）"已"、"除"两词所表义近；（2）"损"、"减"二词同义；（3）"差"、"可"、"校"，后两词先引申出"相差"义，三词同义，因而类同引申出"病愈"义。

上述分析图示如下：

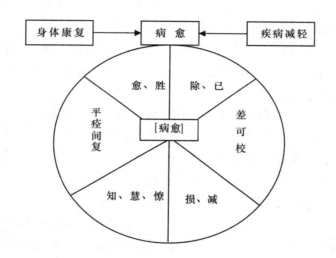

综合以上分析，我们可以看出，古人把人的健康状态与疾病状态看作对立转化的两个方面。人由疾病状态转向健康状态即为病愈，在这个过程中，治疗疾病的过程如"除"、"损"、"差"、"胜"等能够演变为"病愈"义，而人的健康状态如"平"、"全"、"知"也能够用来指称"病愈"义。

这些词义之所以发生这样的引申和演变，包含着古人对人体疾病这一现象的认识，其中一些认识与古代中医理论有着密切的关系，因而具有了特殊的含义和意味。

"除"义为"除旧布新"，如《诗·小雅·小明》"日月方除"毛传："除，除旧生新也。"古人认为去除身体内淤积的陈气，人的身体就会保持健康，所以《素问·针解》指出："菀陈则除之者，去恶血也。（王冰注：菀，积也。陈，久也。除，去也。言络脉之中血积而久者针刺而除去之也。）"《素问·奇病论》在治疗"病口甘者"时指出："治之以兰，除陈气也。"除去身体内的陈气即能治愈疾病，即有除旧布新之意，所以"除"可以引申出"病愈"义。

　　古人认为，人体的阴阳平衡是保持健康的关键，所以《素问·调经论》指出："阴阳匀平，以充其形，九候若一，命曰平人"。《素问·平人气象论》："平人者，不病也。"又《素问·至真要大论》："谨察阴阳所在而调之，以平为期。"所以"平"可用以指"病愈"义。

　　我们不能断定是医学知识影响了词义发展，还是词义发展体现了医学知识，但其中或多或少可能存在着某种联系。

三　"穿衣"类动词的来源和词义演变分析

（一）"穿衣"类动词在变文中的使用

【衣】

　　（1）不蚕而衣，不田而食。（《王昭君变文》^{P.156}）

"衣"从古字形分析，本义为名词"衣服"义，《说文·衣部》："衣，依也。"段玉裁注："依者，倚也。衣者，人所以倚以蔽体者也。"《玉篇·衣部》："衣，以衣被人也。""衣"之"穿衣"义，上古常用，东汉之后渐趋少用，特别是口语文献中更加少用。① 变文此例当为引用古语。

【服】

（2）戴天冠，服宝帔，相好端严法王子。（《维摩诘经讲经文（四）》^{P.858}）

"服"，上古已有穿衣义，如《墨子·节用》："冬服绀緅之衣，轻且暖。"后代沿用，然用为名词"服装"之义较多，动词用法较少。"服"本义为"使用"，《说文·舟部》："服，用也。"《易·系辞下》："服牛乘马，引重致远。"由此引申，产生了"服"的特指意义，即人们使用日常器具、物品，甚至"吃东西"可以称为"服"，如《礼记·曲礼下》："医不三世，不服其药。"人身体的穿着用饰也可以称为"服"，其穿着的动作亦可称为"服"，从而产生"服"的"穿衣"义。

【垂】

（3）顺风高绰低牟炽（鞻鍪帜），逆箭长垂锁甲裙。（《捉季布传文》^{P.91}）

---

① 汪维辉先生指出："穿衣"义"至迟到东汉就发生了根本改变"，"'着'取代'服'成了表身上穿戴的通用动词"，"名词动词化的方式已基本废弃不用"。见《东汉—隋常用词演变研究》，南京大学出版社 2000 年版，第 106 页。我们认为值得注意的是，在"穿衣"义与"衣物"义这对动词与名词之间的密切关系，在上古"穿衣"义可以由"衣"和"服"的名词义演化而来，而中古之后的趋势似乎相反，"着"、"挂"由"穿衣"义而演化出"衣着"、"褂子"之类的"衣物"义。由此可见此类词义演化之间的联系。"挂"与"褂"当有同源派生关系。"褂"，明方以智《通雅·衣服》："《仪礼》：'中带'注：'若今之襌襂，盖衬通裁之中衫也。'今吴人谓之衫，北人谓之褂。"

"垂"用为穿衣义，出现在中古时期，其较早用例如南朝宋谢惠连《雪赋》："北户墐扉，裸胡卦壤垂缯。"至唐后稍有用例，高适《部落曲》诗："老将垂金甲，阏氏着锦绣。"据蒋礼鸿先生之说，此义当演化于《易·系辞下》："黄帝、尧、舜垂衣裳而天下治，盖取诸乾、坤。"① 但"垂"之穿衣义使用范围仍然有限，"垂"的穿衣义应该带有较强的文学色彩。因为"垂衣而天下治"这一用法，"垂衣"之义已经被"用典化"，代指文明进化或典礼仪式之类，如陈子昂《洛城观酺应制》诗："垂衣受金册，张乐宴瑶台。"

【披】

（4）昨日驱牛逐草，偶至七里涧边，见一秃头小儿，身披赤色之衣，树下端然坐睡，不知是何色类？（《降魔变文》）[P.562]

"披"本义指一种古代丧葬用具，《说文·手部》："披，从旁持曰披。"段玉裁注谓："披、陂皆有旁其边之意。"由"披"之"旁其边"的特点，引申有分开、披散义，如《广韵·支韵》："披，分也。"这一状态特点也用来指穿用衣物时的状态特点，如宋玉《风赋》："有风飒然而至，王乃披襟而当之。"意为王披散着衣襟迎风而立。由此，"披衣"最初多形容衣服没有穿着整齐的状态。这种状态与衣物"被身"相联系，而衣物被身是穿衣动作的显著特征，因而可转指穿衣这一

---

① 蒋礼鸿先生指出："按，系辞此段讲创制之事，当是说黄帝创始服用上衣下裳，人类进入于文明，而非如《易》家所说的垂拱无为。"《敦煌变文字义通释》（增补定本），上海古籍出版社1997年版，第272页。

整体行为，《希麟音义》卷三："披，又作被，服也，加也，衣也。"其较早用例如《楚辞·国殇》："操吾戈兮披犀甲，车错毂兮短兵接。"

【着】

（5）净能奏曰："供奉之类，尽着素衣。"（《叶净能诗》P.338）

"着"有"附着"义，《国语·晋语四》："今戾久矣，戾久将底，底着滞淫，谁能兴之？"韦昭注："着，附也。""穿衣"，即指衣物附着于体，所以《广韵·药韵》："着，服衣于身。"先秦"着甲胄"的用例，如《吕氏春秋·过理》："宋王筑为蘖帝，鸱夷血，高悬之，射着甲胄，从下，血坠流地。"西汉其"穿衣"义偶见用例，如《史记·司马相如列传》："相如身自着犊鼻裈，与保庸杂作涤器于市。"但东汉以降，才常用为"穿衣"义。

【挂】

（6）身挂天官三珠（铢）服，足蹑巫山一片云。（《破魔变》P.535）

（7）舜子三年池（持）孝，淡服千日寡（挂）体。（《舜子变》P.200）

（8）远公常随白庄逢州打州，逢县打县，朝游川野，暮宿山林，兀发眉齐，身卦（挂）短褐，一随他后。（《庐山远公话》P.256）

"挂"有"悬挂"义，《楚辞·招魂》："砥室翠翘，挂曲琼些。"王逸注；"挂，悬也。"穿着衣物，即悬挂于两肩之上，如《妙法莲华经讲经文（三）》："每把金襕安膝上，更将银缕挂肩头。"由此引申出"穿衣"义，唐代多有用例。唐张固《幽闲鼓吹》："此乃末策，朕已行之。初擢其小者，自黄至绿至绯，皆感恩。若紫衣挂身，即一片矣。"

【穿】

（9）其夜，西楚霸王四更已来，身穿金钾（甲），揭上头牟，返去衔（牙）床如（而）坐，诏钟离末附近帐前。（《汉将王陵变》^{P.68}）

"穿"演变出"穿衣"义当与"贯"有关。"穿"、"贯"同义，如：《广雅·释言》："贯，穿也。""贯"很早即有"穿衣"义，如东汉荀悦《汉纪·武帝纪六》："遂身贯戎服，亲御鞍马。"所以，后代"穿"即类同引申出"穿衣"义。申论详后。变文中"穿"之"穿衣"义应为较早的文献例证。其使用有较大限制，使用尚在初起阶段，其全部六例皆与"金甲"、"锁甲"相搭配，而没有与其他衣物搭配的用例。

【串（贯）】

（10）老母便与衣裳串着身上，与食一盘吃了。（《舜子变》^{P.202}）

清李慈铭《越缦堂读书记·南史》："《宗悫传》：'宗军人串噉粗食。'此串字最古。串，即册之隶变……古串、贯、掼通用。"清黄生《字诂·串》："串，即古贯字。""贯"有"穿通"义，《玉篇·册部》："贯，穿也。"所以"串"也有

"穿通"义，《广韵·谏韵》："串，穿也。""贯"在上古即有"穿衣"义，所以"串"也有"穿衣"义。

"穿衣"类单音词一直保持单用格式。变文中的使用情况如下：

衣［1］；服［2］；垂［2］；披［14］；着［35］；挂［14］；穿［6］；串［1］。

分析来看，"着"表"穿衣"义占绝对优势，延续了中古以来的用法，"衣"、"服"在口语中已不大使用，"披"和"垂"的使用带有较强的文学色彩，"挂"和"穿"是口语中新兴的用词。

（二）其他"穿衣"类动词

汉语史中另有一些"穿衣"义动词没有出现在变文中。

【擐】

"擐"在上古即有"穿衣"义，如《左传·成公二年》："擐甲执兵，固即死也，病未及死，吾子勉之！"杜预注："擐，贯也。"《淮南子·要略》："武王继文王之业，用太公之谋，悉索薄赋，躬擐甲胄，以伐无道，而讨不义，誓师牧野，以践天子之位。"高诱注："擐，贯着也。""擐"多与"甲胄"搭配，与一般衣物搭配的用例很少，仅检得一例，《旧唐书·刘知几传》："此则专车凭轼，可擐朝衣；单马御鞍，宜从裦服。"因而其意义没有什么发展，属于较为典型的文言用语，后代虽递相沿用，但口语文献中不见用例。

【贯】

"贯"与"擐"同义，《淮南子·主术》"是犹贯甲胄而入宗庙，被罗纨而从军旅，失乐之所由生也。"但与"擐"相比，其意义又有所发展，如东汉荀悦《汉纪·武帝纪六》：

"遂身贯戎服,亲御鞍马。"又东汉王充《论衡·祀义》:"以所见长大之神贯一尺之衣,其肯喜而加福于人乎?""贯"的穿衣义可与一般衣物搭配,并不局限于甲胄之类。

【御】

"御"有"使用、应用"之义,由此与"服"之引申同例。"服"有进食义,"御"亦引申有进食义,如晋袁宏《后汉纪·桓帝纪下》:"闵玄静履真,不慕荣宦,身安茅茨,妻子御糟糠。""服"有穿衣义,"御"亦引申出穿衣义,晋潘岳《秋兴赋》:"藉莞蒻,御袷衣。"与"服"相比,其文言气息更重,或带有文学色彩,因而较少使用。

另外,"袭"和"为"在特定上下文中,也可表示"穿衣"义。"袭"本义为衣襟在左边的穿用的衣服,《说文·衣部》:"袭,左衽袍。"又引申为给尸体穿衣服,《释名·释丧制》:"衣尸曰袭。袭,匝也,以衣周匝覆之也。"其对衣物的穿用特点在于重迭加衣,所以《礼记·内则》:"寒不敢袭,痒不敢搔。"郑玄注:"袭,谓重衣。"后来也用于一般的"穿衣"义,但书面色彩较浓,使用范围有限,如西汉司马相如《上林赋》:"于是历吉日以斋戒,袭朝服,乘法驾。"郭璞引司马彪曰:"袭,服也。"又三国魏曹植《五游咏》:"披我丹霞衣,袭我素霓裳。""为"义为"做、干",有着广泛的义域,在不同的组合关系中可以表达不同的行为和动作,在特定的组合中也可以表达"穿衣"义,如《周书·宣帝纪》:"好令京城少年为妇人服饰,入殿歌舞,与后宫观之。"其"为"可解释为穿用义。

(三)"穿衣"类动词词义演变的理据及其演变特点

从整体来看,"穿衣"类动词主要有三条演变路径:(1)由穿用衣物的形制特点引申而来,如"垂"、"袭";(2)

由衣物与身体接触特点引申而来，如"披"、"着"、"挂"、"穿"、"擐"、"贯"（串）；（3）由一般行为动作特指具体化而来，如"服"、"御"、"为"。其中第二类来源最多，说明人穿衣的动作特点与衣服的着身部位、方法具有凸显性联系。

"垂"的词义引申理据在于人所穿衣物长垂于地，例如孔颖达对"垂衣"的解释，《易·系辞下》："黄帝、尧、舜垂衣裳而天下治，盖取诸乾坤。"孔疏谓："自此以下，凡有九事，皆黄帝、尧、舜取易卦以制象，此于九事之第一也。……垂衣裳者，以前衣皮，其制短小；今衣丝麻布帛，所作衣裳，其制长大，故云垂衣裳也。"他认为黄帝发明的衣服，上衣下裳，各有形制，丝麻布帛与皮之面料有异，因而衣物长大垂及于地，所以说"垂衣裳"。由此，用"垂"表达穿用形制长大的衣物，《文选·司马相如〈子虚赋〉》："杂纤罗，垂雾縠。"李善注引张揖曰："縠绉如雾，垂以为裳也。"进一步引申与一般衣物搭配使用，即可表示"穿衣"义。"袭"的词义特点本在于"复加"，如《仪礼·士丧礼》即说："乃袭，三称。明衣不在筭（算）。"即给死者再穿上几层衣服。所以《仪礼·士丧礼》"主人袭"贾公彦疏："今云袭，是复着衣。"进而由特定意义引申为一般的"穿衣"义。

"披"联系着身体"被服"衣物这一穿着衣物时的显著特点，因而可以由这一特点指称穿衣行为的整个过程。"着"的特点在于附着，衣服贴身附着即为穿着在身体之上。"挂"的特点在于"挂着"于身，衣物挂着两肩之上，即为穿衣之状。"穿"、"擐"、"贯"（串），诸词的动作特点在于"穿通"而入，如果衣物有"套头"和"窄袖"的特点，那么这类动作，正合适穿衣。如通过套头身体进入衣物里面，《汉书·地理志》："民皆服布如单被，穿中央为贯头。"颜师古注曰："着时从头而贯之。"又宋赵彦卫《云麓漫钞》卷四："古人戴冠，上衣下裳。衣则直领而宽袖，裳则裙。……周武帝始易为袍，上领、下襕、穿（窄）袖，幞头，穿靴，取便武事。"为活动灵活方便，而使衣服窄袖。因而可以由"穿贯"这一特点，指称整个穿衣动作过程。"穿"能够演变出穿衣义，并在后来取代"着"成为穿衣义的常用动词，应该正是配合了衣物的穿用着身特点而发展起来的。

如果说以上两类是从具体特点和行为引申而表达一般的"穿衣"义，那么"服"、"御"、"为"则相反。它们从比较宽泛的使用、利用义，与衣物搭配组合，具体化为"穿衣"之。

四　"知道"类动词的来源和词义演变分析

"知道"是对既有事实或道理有所认识，由对事实、道理认识的程度不同，可有知道、了解、清楚与懂得、理解、通晓的区别，但其核心意义相通，应为一类。

（一）变文中"知道"类动词的使用

【知】

（1）子胥见兄所说，遥知父被勾留，逆委事由，书当多为（伪）。（《伍子胥变文》[P.2]）

（2）时有金璘（陵）陈王，知道杨坚为军（君），心生不负。（《韩擒虎话本》[P.300]）

（3）舜子是孝顺之男，上界帝释知委[①]，化一老人，

[①]　比较"知委"与"委知"：《悉达太子修道因缘》："说此只是父王、夫人及太子三人同知，其余诸众并不知委。"（P.471）；《维摩诘经讲经文（四）》："我也委知难去，不是阶齐，如荧火之光明，敌太阳之赫弈。"（P.861）"知委"义为"知道"，"委知"义为"确实知道"，义似不同。

便往下界来至。(《舜子变》[P.201])

（4）金殿乍开（闻）皆失色，只言知了尽悲伤。
(《欢喜国王缘》[P.1090])

（5）年过十九，知晓死生；二十未满，腾越官城。
(《降魔变文》[P.560])

"知"上古即有"知道""通晓"义，历代沿用，没有发生大的变化。《玉篇·矢部》："知，识也。"例如，《老子》："知人者智，自知者明。"

【识】

（6）百姓知单于意，单于识百姓心。（《王昭君变文》[P.157]）

"识"与"知"，在上古即有"知道"义，但没有"知"用得广泛。《说文·言部》："识，常也。一曰知也。"《诗·大雅·瞻印》："如贾三倍，君子是识。"郑玄笺："识，知也。"

【谙】

（7）元弘等出自京华，素未谙野战，彼众我寡，遂落奸虞。(《张义潮变文》[P.181])

（8）世间之事，都未谙知，父母忧心，渐令诱引。
(《维摩诘经讲经文（一）》[P.761])

（9）此是平王之境，未曾谙悉山川，险隘先登。
(《伍子胥变文》[P.12])

"谙"，《说文》有字，但汉以前没有用例，中古之后才有用例。其常用义为通晓、知道，《玉篇·言部》："谙，知也。"
其较早用例如《后汉书·陈龟传》："桓帝以龟世谙边俗，拜
为度辽将军。"

【明】

（10）"汝今勿作此轻言，自为未明清净土。（《维摩
诘经讲经文（三）》[P. 828]）

（11）明知①圣力不思议，此是如来说法处。（《降魔
变文》[P. 555]）

（12）虽是女人身，明解经书。（《韩朋赋》[P. 212]）

"明"本义指"光亮"，《说文·明部》："明，照也。"引
申为抽象的"显明"义，如《礼记·中庸》："曲能有诚，诚
则形，形则著，著则明，明则动，动则变，变则化。"郑玄
注："明，著之显者也。"事物之间的区别得以彰显，也称
"明"，如《荀子·正名》："故知者为之分别制名以指实，上
以明贵贱，下以辨同异。"由此引申，人认识到事物区别也称
"明"，即"明晓"、"知道"义，《庄子·天地》："君子明于
此十者，则韬乎其事心之大也，沛乎其为万物逝也。"《韩非
子·问田》："臣明先生之言矣。""明"在先秦已可表"知
道"义。

---

① "明"虽有"知道，明白"义，但"明知"应为偏正式复合词。"明知"
与"明白知之"这两种用法都出现很早，如《荀子·礼论》："圣人明知之，士君
子安行之，官人以为守，百姓以成俗。"《墨子·旗帜》："建旗其署，令皆明白知
之，曰某子旗。"可见"明"或"明白"用来修饰"知"。当然，"明知"复合成
词后意义较为单纯。

【照】

（13）丈夫百战宁词（辞）苦，只恐明君不照知。
（《李陵变文》^{P.128}）

"照"与"明"同义，所以《说文·火部》："照，明
也。""照"可用来指人知道的状态，如《管子·内业》："神
明之极，照乎知万物，中义守不忒。"同理，可以引申出"知
道"义，如《楚辞·九叹·离世》："指日月以延照兮，抚招
摇以质正。"王逸注："照，知也。"《逸周书·武称》："饵敌
以分而照其储，以伐辅德，追时之权，武之尚也。"可见
"照"在上古汉语中已可表"知道"义。"照"之知道义，在
佛经中用例较多，较早用例如东汉《修行本起经》："佛以六
通，逆照其心。"①

【晓】

（14）终不晓，周难知，众恶山川总见之。（《维摩诘
经讲经文（三）》^{P.827}）

（15）悟知万法总成空，晓了三乘唯是有。（《维摩诘
经讲经文（二）》^{P.813}）

（16）智惠使万法不移，愚暗者教招晓会。（《维摩诘
经讲经文（一）》^{P.758}）

---

① 朱庆之通过佛典材料认为，"照"的"清楚明白"义为新义，且谓
"'照'这一新义盖是由于'照明'的组合所致"，是一种"词义沾染"，我们则
认为当为"类同引申"。见《佛典与中古汉语词汇研究》，台北：文津出版社1992
年版，第206页；李维琦对"照"在佛经中的用法，亦有例释，见《佛经释词》，
岳麓书社1993年版，第25页。

"晓"本义当为"天亮"，《说文·日部》："晓，明也。"段玉裁注："晓，亦谓旦也，俗云天晓是也。引伸为凡明之称。"是"明"、"晓"同义，因此也引申出"知道"义，《方言》卷一："晓，知也；楚谓之党，或曰晓。""晓然"在先秦用为"知道的样子"，如《荀子·君子》："世晓然皆知夫为奸则虽隐窜逃亡之由不足以免也，故莫不服罪而请。"表"知道"义汉代即有用例，《史记·孝武本纪》："初，天子封泰山，泰山东北址古时有明堂处，处险不敞。上欲治明堂奉高旁，未晓其制度。"

【察】

（17）朋母年老，［不］能察意。（《韩朋赋》[P.213]）

"察"本为一种行动，观察、仔细看，例如《易·系辞上》："仰以观于天文，俯以察于地理，是故知幽明之故。"引申指对事情进行细致地调查和仔细地思考，因而能够明辨事情的真相，汉贾谊《新书·道术》："纤微皆审谓之察。"例如，《孟子·梁惠王上》："明足以察秋毫之末，而不见舆薪，则王许之乎？""察"多指一种行为，而"知"是"察"的结果，指一种意识的状态。如果强调人意识上的清楚，即有知道、了解义，多指对事物蕴含的道理、属性和言语含义的察知，如《吕氏春秋·恃君》："吾将死之，以丑后世人主之不知其臣者也，所以激君人者之行，而厉人主之节也。行激节厉，忠臣幸于得察。"

【审】

（18）任从改嫁他人，阿婆终不敢留住。未审新妇意内如何？（《秋胡变文》[P.233]）

"审"本有详尽、详细之义，《说文·釆部》："宷，悉也，知宷谛也。……审，篆文宷从番。""宷"与"审"同。例如，《礼记·中庸》："博学之，审问之，慎思之，明辨之，笃行之。""审"引申多用来指对事情进行详细地考察，如《荀子·非相》："欲知上世，则审周道；欲知周道，则审其人之所贵君子。"杨倞注："审，谓详观其道也。"由上句可以看到，"审"是所以知道的方式，而"知"是仔细审察的结果。当"审"强调从意识上去辨明事物间的区别，获得其中包含的道理，即引申出知道义，如《韩非子·解老》："目不能决黑白之色则谓之盲，耳不能别清浊之声则谓之聋，心不能审得失之地则谓之狂。""心不能审得失之地"谓心中不能分清得失的根据，也就是不知道得失的原因。又《管子·轻重》："然则地非有广狭，国非有贫富也，通于发号出令，审于轻重之数使然。""审于轻重之数"谓审知轻重之术的道理。可见，"审"的知道义也多强调所知道的内容是事物蕴含的道理，而这些道理不是显而易见的，是需要通过一定行为的努力来获得的。

【悉】

（19）不言我早悉，事状见喽喽。　（《燕子赋（二）》P.415）

"悉"有"详尽"义，《说文·釆部》："悉，详尽也。"例如《书·汤誓》："王曰：'格尔众庶，悉听朕言。'"如果说知道某事，即对这个事情的来龙去脉、性质状况详尽地掌握。"悉"由此引申出"知道"义，《后汉书·酷吏传·周纡》："乃密问守门人曰：'悉谁载槁入城者？'"李贤注："悉，犹知也。"后文申论。

【委】

（20）弟子未委和尚从何方而来，得至此间，欲求何事？（《庐山远公话》[P.253]）

"委"作"知道"义，出现在六朝时期，较早用例如晋王羲之《杂帖》五："白屋之人，复得迁转，极佳。未委几人？""委"本有"曲折"之义，《楚辞·九叹·远游》："枉玉衡于炎火兮，委两馆于咸唐。"王逸注："委，曲也。"引申指事情的状况情态称为"委曲"。而把事情来龙去脉的"原委"和其中隐藏的曲折状况详细地弄清楚即为"知道"，唐刘知几《史通·烦省》："是以谢承尤悉江左，京、洛事缺于三吴；陈寿偏委蜀中，巴、梁语详于二国。"清浦起龙通释："委，悉也。"与"悉"的引申同例。①

【了】

（21）净能闻说，作色动容，怒使人曰："大不了事！"（《叶净能诗》[P.334]）

（22）勤于佛法，悟取真如；少恋荣华，了知是患。（《维摩诘经讲经文（五）》[P.886]）

（23）知身是空，了达实法。（《维摩诘经讲经文（三）》[P.826]）

"了"，《玉篇·了部》："了，慧也。"即谓有智识，聪

---

① 蒋礼鸿先生早发其例，《敦煌变文字义通释》（增补定本），上海古籍出版社1997年版，第223页。张联荣先生曾论述"委"的引申过程，见《古汉语词义论》，北京大学出版社2000年版，第294页。

明。然"了"为"憭"之借字,《说文·心部》:"憭,慧也。"段玉裁注:"按,《广韵》曰:了者,慧也。盖今字假'了'为'憭'。……若论字之本义,则'了'为'尥也'。'尥'者,行胫相交也。"中古之后"了"表"知道"义常用,东汉佛典文献有较早用例,如支娄迦谶译《道行般若经》:"闻是不懈不却不恐不畏不难,知是菩萨不离般若波罗蜜,菩萨当了知如是。"中古文献较早用例如晋郭璞《〈尔雅〉序》:"其所易了,阙而不论。"

【解】

(24)虽具人相,不知耶娘有大恩德,不生酬答,不解报恩。(《父母恩重经讲经文》^{P.969})

"解",本义为"肢解",《说文·角部》:"解,判也。"如《庄子·养生主》:"庖丁为文惠君解牛。"引申为一般事物的分解、散开,如"解结"、"解发"、"解衣"。引申到抽象的情感意识领域,对怨憎的消解可以称为"解",对疑惑、问题的解释分析亦为"解",如《韩非子·八经》:"言之为物也以多信,不然之物,十人云疑,百人然乎,千人不可解也。"进而对问题、事理解剖所得到的结果即"理解"、"晓悟"亦称为"解",如《庄子·天地》:"大惑者,终身不解;大愚者,终身不灵。"成玄英疏:"解,悟也。"

【会】

(25)众生迷朦,难会难知,闷闷不已,遂即堕在卵生之中。(《庐山远公话》^{P.262})

"会",本义为"相合",《说文·会部》:"会,合也。"

人们聚在一起即为"聚会"，如《管子·封禅》："桓公既霸，会诸侯于葵丘，而欲封禅。"流水汇集亦为"相会"，如《史记·夏本纪》："道淮自桐柏，东会于泗、沂，东入于海。"所以引申出抽象意义，事理相合亦为"会"，"知道"即主体与事物相会合，认识到事物的事理或内容等，由此，"会"也引申出"理解"、"知道"义，如晋陶潜《五柳先生传》："好读书，不求甚解。每有会意，便欣然忘食。"详后申论。①

【通】

（26）万千经典息（悉）通达，闻者咸能生恋募（慕）。（《维摩诘经讲经文（一）》^{P.755}）

（27）三藏教法，无不通明；一历耳根，未曾妄（忘）失。（《维摩诘经讲经文（一）》^{P.754}）

（28）《莲经》此处难宣，大王且须通悉。（《妙法莲华经讲经文（一）》^{P.707}）

"通"，本义为道路畅通，容易达至，《说文·辵部》："通，达也。"由此引申，人的意识如果贯通无阻即谓"通晓"、"知道"。例如《易·系辞上》："曲成万物而不遗，通乎昼夜之道而知。"《淮南子·主术》："天下之物无不通者，其灌输之者大，而斟酌之者众也。"高诱注："通，知也。"

---

① 王建设：《〈世说新语〉语词小札》一文认为，"会"的"通晓"、"理解"义得自"解"，指出："'会'系'解'之借字。因为，'会'中古属蟹摄合口一等去声泰韵匣母……而'解'中古属蟹摄开口二等上声蟹韵匣母"。也就是，他认为"会"的"相合"义不可能引申出"通晓""、理解"义。载《中国语文》1990年第6期；然而另一种意见认为是可以的，董为光先生指出："'会2'的首义'理解、懂得'，正是从'会1'的'相合'引申而来。"见《汉语词义发展基本类型》，武汉：华中科技大学出版社2004年版，第38页。我们同意后一种说法。

【达】

（29）自为（谓）学道心坚，意愿早达真理。（《庐山远公话》[P.252]）

"达"与"通"义近相通，《玉篇·辵部》："达，通也。"所以引申出"通晓"、"知道"义，如《论语·雍也》："赐也达，于从政乎何有？"何晏集解引孔安国曰："达，谓通于物理。"又朱熹集注："达，通事理。"

【洞】

（30）辅国贤相厥号须达多，善几策于胸衿，洞时机于即代。（《降魔变文》[P.553]）

（31）终日披寻三史，洞达九经，以显先宗，留名万代。（《秋胡变文》[P.232]）

"洞"与"通"、"达"义近，《说文·水部》："洞，疾流。"段玉裁注："洞，引伸为洞达，为洞壑。"即"洞"可引申出"通达"、"穿通"义，如《文选·王褒〈洞箫赋〉》："条畅洞达，中节操兮。"吕向注："洞，通也。"由此，"洞"即引申为"通晓"义，较早用例如晋裴启《裴子语林》："向世闻歌，桓子野一闻而洞歌。"①

以上动词在变文中单用和复合使用情况：

（1）单用例：知［403］；识［18］；谙［2］；悉［2］；

①　此例引自江蓝生《魏晋南北朝小说词语汇释》，商务印书馆 1988 年版，第 46 页。有详释。

委［29］；察［9］；审［26］；明［2］；晓［10］；了［4］；解［36］；会［22］；达［1］；洞［1］。

（2）复合词例：知道［19］；知委［7］；知了［4］；知晓［1］；谙知［1］；谙悉［1］；了知［1］；了达［1］；明知［5］；明解［2］；晓了［5］；晓会［3］；照知［4］；通明［1］；通达［3］；通悉［1］；洞达［2］。

分析可知，此类词语以单用为常，且以"知"的用法占绝对多数。中古以后新出现的"委"、"会"、"了"的用法较为活跃。变文中"通"、"达"作"知道"义极少单用，只出现在复合词中。

变文中26例"审"，除一例用于肯定句中，其他都用于否定句中。用于肯定句的一例为，《维摩诘经讲经文（四）》："抱四喜与四忧，怀万惊及万怕，有劳圣旨，直阻尊情，却缘自审荒虚，不敢问他居士。"

"委"单用作"知道"义时，常用于否定句中，变文37例中有28例用于否定句。其他即与"知"组成同义复合形式，如《十吉祥》："阴阳五运皆知委，造化三才并总闲。"

（二）其他"知道"类单音动词

汉语史上还有其他一些具有"知道"、"通晓"、"熟悉"等义的单音动词。

【喻】

"喻"，在先秦即有"知道"义，例如《论语·里仁》："君子喻于义，小人喻于利。"何晏集解引孔安国曰："喻，犹晓也。"或作"谕"。

【详】

"详"，与"悉"义同，义为详尽、详密，如《孟子·离娄下》："博学而详说之，将以反说约也。"赵岐注："详，悉也。"

引申为名词，"详"有详情、细节义，如《孟子·万章下》："其详不可得闻也。诸侯恶其害己也，而皆去其籍。然而轲也尝闻其略也。"由此，"详"引申出"知道"义，其较早用例如《孔子家语·辩政》："孔子曰：'汝未之详也。夫以贤代贤，是谓之夺；以不肖代贤，是谓之伐；缓令急诛，是谓之暴；取善自与，谓之盗。'"《玉台新咏·古诗为焦仲卿妻作》："自君别我后，人事不可量，果不如先愿，又非君所详。"

【熟】

"熟"，为"孰"之后起字，本义为食物熟烂，后可用来形容对事情认识得详尽，如《荀子·议兵》："凡虑事欲孰而用财欲泰。"杨倞注："孰，谓精审。"由此引申出熟悉、知道义，如《吕氏春秋·重己》："故有道者不察所召，而察其召之者，则其至不可禁矣。此论不可不熟。"高诱注："熟，犹知也。"

【具】

"具"，常用义为完备、完全义，《广雅·释诂二》："具，备也。""具"强调事实之"全"，"悉"、"详"强调事实之"细"，两者义近。"具"可做副词修饰动词，如《三国志·魏志·张既传》裴注引《魏略》："宣太祖教云：'谢文约：卿始起兵时，自有所逼，我所具明也。当早来，共匡辅国朝。'""具明"义即"完全知晓"。由此，与"悉"、"详"等同类引申出"知道"义，如《魏书·裴叔业传》："又赐叔业玺书曰：'前后使返，有敕，想卿具一二。'"①

【及】

"及"，本义为追上、赶上，指事物或人被追上，如《左

---

① 例引自方一新《东汉魏晋南北朝史书辞语笺释》，黄山书社 1997 年版，第 84 页。有详释。

传·成公二年》："故不能推车而及。"引申有达到某种程度义，《荀子·解蔽》："有子恶卧而焠掌，可谓能自忍矣，未及好也。"句意为有子虽然能够深思，但没达到喜好思考的程度。人的认识达到某个层次也称"及"，如《荀子·性恶》："孟子曰：'人之学者，其性善。'曰：是不然！是不及知人之性，而不察乎人之性伪之分者也。""不及知人之性"谓认识没法达到完全了解人性的层次。《荀子·正论》："是不及知治道，而不察于扣不扣者之所言也。""不及知治道"谓认识上没达到懂得治道的地步。由此，如果意识达到知道的层次也可简称"及"，即"及"表达知道、明白义，如《论衡·死伪》："凡人之死，皆有所恨，志士则恨义事未立，学士则恨问多不及，农夫则恨耕未畜谷。""学士则恨问多不及"谓学习的人会遗憾问题太多而无法知道答案，此"及"字似有"知"的意思了。其义较明显的用例如《太平经》卷三十五："'愚暗生见天师有教，不敢不言，不及有过。''子尚自言不及，俗人安知贫富之处哉？'"《后汉书·董卓传》："卓因大怒……遂斩琼、珌。而彪、琬恐惧，诣卓谢曰：'小人恋旧，非欲沮国事也，请以不及为罪。'"①

---

①　引例分别见方一新《东汉魏晋南北朝史书辞语笺释》，黄山书社 1997 年版，第 68 页；王云路：《〈太平经〉语词诠释》，见《词汇训诂论稿》，北京语言文化大学出版社 2002 年版，第 316 页。方一新指出："《史记·淮阴侯列传》：'诸将皆服，曰："善！非臣所及也。"''及'似已是介于'赶上'和'知道'二义之间的用法。"我们认为，此句中的"及"，意义仍然较为确实，指人与人能力的比较，只有考察"及"在抽象意识领域的用法，才能看到"及"引申出知道义的可能。值得注意的是，王云路先生提到"及"不单用的特点，指出："肯定或疑问用'知'，否定用'不及'，而一般不单用'及'。"我们在变文"知道"类动词的考察中，发现"审"、"委"也有这一特点。

【得】

"得"，本义为得到、获得，《说文·彳部》："得，行有所得也。"用在抽象意识领域，得到某种认识也称"得"，如《韩非子·解老》："人有祸则心畏恐，心畏恐则行端直，行端直则思虑熟，思虑熟则得事理，行端直则无祸害。""思虑"也是一种"行"，因而懂得了某种道理，即为"得事理"。在特定的语境下，"得"可解释为"知道"义，如《韩非子·外储说左下》："臣昔者不知所以治邺，今臣得矣，愿请玺，复以治邺。"本例"得"介于得到义和知晓义之间，意为从别人那里获得，知道了方法。"知道"，是从外界得到认识，而心知其义是获得的一种具体形式。"得"作"知道"义，如《礼记·乐记》："礼得其报则乐，乐得其反则安。"郑玄笺："得谓晓其义，知其吉凶之归。"

【哲】

"哲"，本指人有智慧，如《书·皋陶谟》："知人则哲。"孔安国传："哲，智也。"多用为名词。用为动词则有知道义，如《汉书·隽疏于薛平彭传赞》："于定国父子哀鳏哲狱，为任职臣。"颜师古注："哲狱，知狱情也。"

（三）"知道"类单音动词的来源和词义演变分析

通过以上两节的分析，可以看到，汉语历史上出现了丰富的"知道"类动词，除了知、识、谙、喻等少数几个原生词外，其他动词都是经过不同方式演变而产生知道义、理解义的。根据语义特征和演变过程的不同可以分为以下两大类：（一）由"知"后的心理状态引申而有知道义：其中又可分为（1）明、晓、照；（2）通、达、洞；（3）悉、委、详、熟、具（4）了、哲。（二）由获得"知"的行为方式引申而有知道义：其中又可分为（5）察、审；（6）解、会；（7）得、及。一共七个小类，以下将对它们的引申理据进行分类考察。

（1）明、照、晓：

"明"、"照"、"晓"本义都为天光放亮，古人以天光放亮这一自然事实隐喻人有所知觉的心理状态，所以《墨子·经说上》："知也者，所以知也，而必知，若明。"意为，有智慧的人，所以能认识事物，并且必定能认识事物，就好像眼睛看得见光亮。又"知也者，以其知过物而能貌之，若见。"意为，"知"是一种什么状态呢，就是人借助自己的认识能力去接触外在事物，之后在意识中能够描画事物的形貌，就好像用眼睛见到了事物一样。这种以视觉状态隐喻意识状态的现象普遍存在于人类语言当中。例如 *Sweetser*（1990）所举到的例子，英语动词"see"由"看见"义引申为"知晓"义（I see the cat on the mat > I see what you mean）①，汉语虽然没直接由"见"引申出知道的意思②，但以"见"所达到的状态即"明"来隐喻"知"的状态，两者应该具有可比拟性。又 Sören Sjöström 在《从视觉到认知》一文，通过瑞典语中与视觉有关词语讨论了视觉与认知之间的关系，指出，瑞典语中，"光"可作为"知识"的隐喻，因此"光"代表"理解"，"感知不到光"代表"不理解"，而"照明"则代表"解释"。这与汉语用"明"、"照"、"晓"来表达知道义有共同之处。③

同时，由于"明"可以隐喻人的知道，所以其反义词

———————————

①　见沈家煊《词义与认知——〈从词源学到语用学〉评介》，《外语教学与研究》1997 年第 3 期。

②　《汉语大词典》为"见"所立义项有知道义，如《淮南子·修务》："今使六子者易事，而明弗能见者何?"高诱注："见，犹知也。"但此"见"与"知"应该还不能完全等同。

③　束定芳编著：《认知语义学》，上海外语教育出版社 2008 年版，第 39 页。

"暗"、"昧"本指天暗无光，用来隐喻人的无知，《荀子·君道》："主暗于上，臣诈于下，灭亡无日，俱害之道也。"《战国策·赵策二》："愚者昧于成事，智者见于未萌。"

（2）通、达、洞：

"通"、"达"、"洞"本指空间没有障碍，因而可以畅通无阻，隐喻人的认识没有滞塞，对认识的事物没问题的阻隔。古人把隐藏在事物之中的道理称为"道"，因而认识到事物所蕴含的深刻道理，即称为"通"，如《庄子·让王》："孔子曰：'是何言也！君子通于道之谓通，穷于道之谓穷。'"因为"通"谓找到真理的方法，相反道路如果不通状态下的"塞"即为阻碍人获得认识，如《管子·明法解》："人臣之力，能鬲君臣之闲，而使美恶之情不扬闻，祸福之事不通彻，人主迷惑而无从悟，如此者，塞主之道也。故明法曰：'下情不上通，谓之塞。'"下情不能通达，就会阻塞君主的认识渠道，就会造成人主不解悟，不知道发生的事情。其中"通"、"塞"相对，"通"即谓可知，"塞"即谓难知。"洞"由"通"、"达"的词义演变而类同引申出知道义。

（3）悉、委、详、熟、具：

"悉"、"委"、"详"、"熟"、"具"有详尽、详细、仔细、周密、完备等意思，它们最初指人的认识状态所达到的程度，如《韩非子·解老》："人有祸则心畏恐，心畏恐则行端直，行端直则思虑熟，思虑熟则得事理。""思虑熟"谓思考得精深，当思考达到这一程度时即可掌握到事物的内在规律。《太平经》卷四十一："是也明其俱不能尽悉知究洞极之意，故使天地之间常有余灾，前后讫不绝，但有剧与不耳。""俱不能尽悉"即谓不能使认识详尽完备。"知"即意味着对事物的认识和把握了如指掌，对事情的来龙去脉条理清楚，由于这些词常常可以用来修饰"知"达到的程度，逐渐具有了"知"的语义特征，从而使这些词演变有"知道"义。

（4）了、哲：

"了"、"哲"最初同为名词，指人有智慧，当转成动词时，即表有智慧的人去认识事物。这一过程与"知"相反，"知"多用为动词，可以指人有智慧，用为名词，如《庄子·逍遥游》："小知不如大知"陆德明释文："知，本亦作智。"其后从字音到字形完全分化为一个新词"智"。

（5）察、审：

"察"、"审"本为一种行为方式，指细致地考察、审察，用眼睛看、用耳朵听，获得足够的信息，然后能够做出正确的判断，其结果常常是获得对事物清晰的认识，即有所知，如《吕氏春秋·察今》："故察己则可以知人，察今则可以知古。"意谓能够明察自己就可以推知别人，能够明察现代就可以推知古代。《荀子·非相》："欲知亿万，则审一二；欲知上世，则审周道；欲知周道，则审其人所贵君子。故曰：以近知远，以一知万，以微知明，此之谓也。"意谓想要知道全部知识，开始就必须细致地审察细微的事情。依此类推。可见，"察"和"审"其意义从行为的方式，演变为所得到的结果。

（6）解、会：

"解"和"会"本来也是一般的行为，其行为和结果密切相关，因而由行为转而指其结果。《论衡·知实》："晏子聘于鲁，堂上不趋，晏子趋；授玉不跪，晏子跪。门人怪而问于孔子，孔子不知，问于晏子；晏子解之，孔子乃晓。"孔子之所以能知道，是由于晏子的解释而带来的结果。"会"本为会合、聚合义，当人的认识与别人表达的意思相合时，即有所知，《荀子·正名》中说："所以知之在人者谓之知。知有所合谓之智。"其意思是说人本身具有的认识事物的能力，叫做"知"，人的认识能力与外界事物的实际相符合所产生的认识，叫做"智"。当然，我们说意识与外在事物相合即产生"知"，但"合"并没能产生出知道义。任何一个意义产生都必须在实际的语言使用中完成，其产生一方面要有产生的动因，另一方面则必须有产生的条件，"意识相合"的认识是一个动因，而"会"在中古的用法是其产生知道义的条件。我们现在要达到对一个事物的理解，其手段一为分析，一为综合，而"解"和"会"从其来源看，一个是分解，一个是相合，其中可见现代人所承继下来的古人对"知"的认识。

（7）得、及：

前文论析已尽其意，"得"和"及"都是由具体的行为演变指抽象的行为，转化为"知"义。

（四）"悉"、"详"、"委"的演变过程

这几个词具有相似的演变过程，作为形容词都有详尽、详细之义，可以作为副词修饰"知"等动词，义为详细、详尽地知道。在特定的语境中，当"知道"义动词不出现时，有时可以独立承担起动词的意义和用法，它们就演化出了知道义。

我们先看现代汉语的一组用例：

（1）这句话意思（不）清楚。

（2）我清楚地知道这句话的意思。

（3）这句话的意思我（不）清楚。

（4）我（不）清楚这句话的意思。

可以看到，现代汉语中"清楚"同样存在这种情况。句（1）表明"清楚"作形容词，指事物或内容所指不明；句（2）表明"清楚"可以用来修饰"知道"；句（3）表明"清楚"为动词，指人无法弄清楚事物或内容的所指，已为"知道"义；句（4）"清楚"义很明显表达人对事物或内容有所认识。

在现代汉语中正在发生的变化，在语言发展的历史中必然能够得到反复重演。由此，我们来考察"悉"、"详"、"委"由形容词演变出动词义的可能过程。

悉：

（1a）凡所称引，自公所知，而有云者，欲公崇笃斯义也，因表不悉。（《三国志·吴志·宗室传》裴注引《会稽典录》）

（1b）然，吾道可睹意矣，得书读之，常苦其不熟，熟者自悉知之。（《太平经》卷五十五）

（1c）臣松之以为钟会名公之子，声誉凤著，弱冠登朝，已历显位，景王为相，何容不悉，而方于定虞松表然后乃蒙接引乎？（《三国志·魏志·钟会传》裴注）

（1d）乃密问守门人曰："悉谁载槁入城者？"（《后汉书·酷吏传·周纡》）

详：

（2a）此诚边境安危之原，师旅动静之首，不可不详也。（《汉书·匈奴传》）

（2b）欲详知秦楚之事，维周绁常从高祖，平定诸侯。作傅靳蒯成列传第三十八。（《史记·太史公自序》）

（2c）电皆至，天威震耀，五刑之作，是则是效，威实辅德，刑亦助教。季世不详，背本争末，吴、孙狙诈，申、商酷烈，汉章九法，太宗改作，轻重之差，世有定

籍。述《刑法志》第三。（颜师古注："不详谓不尽用刑
之理也。"）（《汉书·叙传》）

（2d）今杀无罪之初、军，而活当死之次、玉，其为
枯华，不亦然乎？陈忠不<u>详</u>制刑之本，而信一时之仁，遂
广引八议求生之端。（《后汉书·应邵传》）

委：

（3a）且暂尔往还，理不<u>委</u>悉，纵有简举，良未平
当。（《魏书·昭成子孙列传》）

（3b）恭宗曰："中书侍郎高允自在臣官，同处累年，
小心密慎，臣所<u>委</u>悉。虽与浩同事，然允微贱，制由于
浩。请赦其命。"（《魏书·高允传》）

（3c）又昔汉武穿昆明池，底得黑灰，以问东方朔，
朔云："不<u>委</u>，可问西域人。"（《高僧传》卷一《竺法兰
传》）

（3d）此宝公与江南者，未委是一人也两人也。（《太
平广记》卷九十"释宝志"条：出《高僧传》及《洛阳
伽蓝记》）

我们认为，"悉"、"详"、"委"的演变过程，正是体现
在这样一些句子的使用环境中。其意义发生转变的关键在于第
三句的句法环境，其主语为人，而"悉"、"详"、"委"所修
饰的主要动词并不出现，宾语内容因为前文的交待，不再出
现，于是它们承担起主要动词的语义，完成词义的转变。当词
的语义条件成立时，这一过程能够反复发生作用。

（五）"会"如何演变出知道义

"会"本义为相会合，《说文·会部》："会，合也。"其

常用义为聚合，指把原本不在一起的事物聚合在一起，又常用来指聚会，指人们聚在一起，这些意义都多与实体事物有关。到了中古，"会"出现一种新的用法，引申指在抽象意识领域两相对比的内容、意旨相符合。例如：

（1）世宗笑曰："卿言何其壮哉！深会朕遣卿之意。知卿亲老，颇劳于外，然忠孝不俱，才宜救世，不得辞也。"（《魏书·邢峦传》）

（2）高祖幸邺，闻肃至，虚襟待之，引见问故。肃辞义敏切，辩而有礼，高祖甚哀恻之。遂语及为国之道，肃陈说治乱，音韵雅畅，深会帝旨。（《魏书·王肃传》）

（3）于时，朝士颇以（公孙）崇专综既久，不应乖谬，各嘿然无发论者。芳乃探引经诰，搜括旧文，共相难质，皆有明据，以为盈缩有差，不合典式。崇虽示相酬答，而不会问意，卒无以自通。（《魏书·刘芳传》）

句（1）"卿言何其壮哉！深会朕遣卿之意"，意为你的话语意思很广大啊，很符合我派遣你的意旨；句（2）"肃陈说治乱，音韵雅畅，深会帝旨"，意为王肃谈论治乱的道理，句通理顺，因而很契合皇帝的心意；句（3）"崇虽示相酬答，而不会问意"，意为公孙崇虽然回答了刘芳的问题，但所回答的内容不符合问题的原意。在这里"会"都不能做领会、知道解。

如果我们说"我会汝意"，是指我领会到了你的意旨，那么比较上面几个句子可以发现，其"会"后项内容虽然都是意旨思想，但是其前项都是由别人说的话或陈述的内容，因而"会"并不是主体发出的动作，因而"会"只能是相会意义。

但是我们认为，"会"正是在这样的语境下，发生词义转变的。

我们来看一个比较有意思的例子，《魏书·礼志四》："且三年之丧，再期而大祥，中月而禫。郑玄以中为间，王、杜以为是月之中。郑亦未为必会经旨，王、杜岂于必乖圣意。"如果我们单独取出句子的一部分"郑亦未为必会经旨"，不联系上下文，我们会理解成郑玄也未必能够领会、理解到经中的意旨，但联系上下可知，"郑"并不指郑玄其人，而是指"郑玄以中为间"这一解释的意旨，因而其本来意思应为郑玄的解释（即以中为间）也未必符合经中的原旨。由此，我们可以看到"会"的相合义演变为领会、知道义的条件，即"会"的动作发出者必须为人，而人的领会、理解，也只是自身意识与别人原意的相合。

下面的句子，其动作发出者为人，因而其意思也转成"领会、知道"义，如：

（3）论其博综子史，谐究儒墨，经耳无遗，触目成诵，一褒一贬，一激一扬，语玄析理，披文摘句，未尝不闻者心伏，听者解颐，<u>会</u>意相得，自以为布衣之赏。（《陈书·陆瑜传》）

（4）子高本名蛮子，文帝改名之。性恭谨，勤于侍奉，恒执备身刀及传酒炙。文帝性急，子高恒<u>会</u>意旨。（《陈书·韩子高传》）

句（3）"会意相得"，是听者会意，是听者所得到的意旨与说者意旨相合；句（4）的意思则更为明显，"子高恒会意旨"即子高总能知道文帝想做什么。

同时，我们还认为正是由于"会"由意旨相合这一意思演变而来，所以"会"与"知"等不同，它常常只用来指领会、知道别人的意图、内蕴的道理等内容，而不像"知"那样，"知"后的内容不受限制，可以知一切可知之事。

五　"邀请"类动词的来源和词义演变分析

"邀请"类，包括召唤、召请、邀请等几个义项。召唤义其核心意思为"使人来"，加上谦敬、礼貌的口吻，即为召请、邀请。"叫"在现代汉语中有召唤义和邀请义，我们通过比较两个句子来见出其中的区别：（1）我叫你来，是要检查一下你的作业；（2）我叫您来，想请你吃个便饭。两个"叫"的基本意义相同，都是"使人来"，前者可以理解为召唤，后者理解为邀请更好，只是从口吻上略有差别。

（一）变文中"邀请"类动词的使用

【请】

（1）大王道："思量如斯，不恋荣华；便乃铺陈道场，请仙人说法。"（《妙法莲华经讲经文（一）》[P.707]）

（2）由是遍飞白疏，请命高僧；普示红笺，告知外道。（《维摩诘经讲经文（六）》[P.905]）

（3）请唤燕子来对。（《燕子赋（一）》[P.377]）

"请"，本义为拜见，《说文·言部》："请，谒也。"如《墨子·号令》："豪杰之外多交诸侯者，常请之。"拜见的目的多是有所请求，所以"请"有"请求"义，如《左传·隐公元年》："亟请于武公，公弗许。"这种用法的"请"后多跟一个动词，表示请求对方做某事，如《左传·僖公十九年》：

"陈穆公请修好于诸侯，以无忘齐桓之德。"请别人来可以称
为"请召"，如《左传·僖公二十二年》："富辰言于王曰：
'请召大叔。'"由此，如果表达"请求别人来"之义也可只用
"请"，如《汉书·孝宣许皇后传》："乃置酒请之"颜师古
注："请，召也。"值得注意的是，到了中古之后，作"召唤、
邀请"义的"请"读音发生了变化来分化词义，《慧琳音义》
卷二十五"来请众僧"注："请字通于三音。若用平声，受赐
也；若用上声，咨问也；若用去声，召唤也。"这一区别在现
代汉语中并无保留。

【延】

（4）三朝为喜蒙平善，满月延僧息郣灾。（《父母恩
重经讲经文（二）》[P.1000]）

（5）为当亲姻聚会？为复延屈帝王？因何大小匆忙，
严丽铺置？（《降魔变文》[P.553]）

"延"，有接引、接待义，如《礼记·曲礼上》："主人
延客祭，祭食，祭所先进。"郑玄注："延，道（导）也。"
意为在某个地方等着别人，并指引别人。引申有迎候义，即
在某一个地方恭候别人，如《史记·吕不韦列传》："布咸
阳市门，悬千金其上，延诸侯游士宾客有能增损一字者予千
金。""迎候"指在某个地方等着别人，而"邀请"为请别
人来某个地方。而"主人延宾"，可以是主人在家等着宾客
上门，也可指主人让宾客到家来。《史记·郦生陆贾列传》：
"沛公遽雪足杖矛曰：'延客入！'""延客入"可指迎客入，
也可理解为召客入。由此，"延"有"召……来"义，如
《史记·梁孝王世家》："招延四方豪桀，自山以东游说之

士。"进而引申出邀请义，如《文选·谢惠连〈雪赋〉》："乃置旨酒，命宾友。召邹生，延枚叟。"李周翰注："召、延，皆招屈之貌。"

【要】

（6）要五曹唤来共语，呼五岳随手驱使。（《叶净能诗》^{P.341}）

"要"，本义为腰，《说文·臼部》："要，身中也。""腰"在人体的正中，引申为动词，于中途拦阻亦称为"要"，如《孟子·公孙丑下》："使数人要于路，曰：'请必无归而造于朝。'"如果阻拦下来的是朋友，其意义重点即在于"迎候"，如《楚辞·离骚》："巫咸将夕降兮，怀椒糈而要之。"由此引申出邀请、约请义，如《诗·墉风·桑中》："期我乎桑中，要我乎上宫。"中古沿用，所以《玉篇·臼部》："要，今为要约字。"又《玄应音义》卷十七"相要"注："要，召、呼也。"

【邀】

（7）朝官次第相邀会，饮食朝朝数千般。（《金刚丑女因缘》^{P.1105}）

（8）远公既蒙再三邀请，遂乃进步而行，百般伎艺仙乐前迎，群宰喜贺当今万岁。（《庐山远公话》^{P.268}）

（9）二相宅门才上马，朱解亲来邀屈频。（《捉季布传文》^{P.96}）

"邀"，与"要"义同，有拦阻义，《庄子·寓言》：

"阳子居南之沛，老聃西游于秦，邀于郊；至于梁，而遇老子。"陆德明释文："邀，要也，遇也。"因为要拦阻的是朋友，所以在句中"邀"具体表迎候义。由此"邀"亦有邀请义，其较早用例如《乐府诗集·杂曲歌辞十二·长干曲》："逆浪故相邀，菱舟不怕摇。"① 又《抱朴子·自叙》："义军大都督邀洪为将兵都尉，累见敦迫，既桑梓恐虏，祸深忧大。"

【呼】

（10）明日厅堂排酒馔，朝下总呼诸大臣②。（《捉季布传文》^{P.96}）

（11）一蒙世尊呼命，四喜齐生，便合唱喏而行。（《维摩诘经讲经文（四）》^{P.863}）

"呼"在先秦有叫喊义，《诗·大雅·荡》："式号式呼，俾昼作夜。"引申指喊人，《左传·哀公十一年》："将战，吴子呼叔孙曰：'而事何也？'对曰：'从司马。'"进而叫某人来做某事亦为"呼"，《史记·田叔列传》："会贤大夫少府赵禹来过卫将军，将军呼所举舍人以示赵禹。"引申指把人叫来，即有召唤、召请义，如《史记·项羽本纪》："张良曰：'秦时与臣游，项伯杀人，臣活之。今事有急，故幸来告良。'沛公曰'孰与君少长？'良曰：'长于臣。'沛公曰'君为我呼入，吾得兄事之。'张良出，要项伯。""君为我呼入"即"你替我

---

① "要"与"邀"的关系和演变可参看《王力古汉语字典》，中华书局2000年版，第1460页。

② 《敦煌变文校注》（P.120）谓丁、庚两卷此句作"朝庭邀呼诸重臣"，可相参证。

把项伯召请进来","呼"与"要"相呼应。①

【唤】

（12）雀儿得出，喜不自胜。遂唤燕子，且饮二升。（《燕子赋（一）》[P.379]）

（13）世尊唤命其弥勒，弥勒忽忽从座起。（《维摩诘经讲经文（四）》[P.858]）

"唤"为汉代新字，中土文献用例很少，东汉译经用例稍多，与"呼"同义，词义引申同例。如昙果共竺大力译《修行本起经》："唤呼父母，悲恋妻子。""唤"义为大声喊叫；又《大方便佛报恩经》卷三："王复遣使往唤其女，女言：'不去'。""唤"义为召唤、召请②。

【命】

（14）几度亲情命看花，数遍藏钩夜欢笑。（《父母恩重经讲经文（二）》[P.1000]）

"命"本义为使令，即让人去做某事，《说文·口部》："命，使也。"例如《庄子·山木》："夫子出于山，舍于故人之家。故人喜，命竖子杀雁而烹之。"因而"召唤人来"亦为

---

① 朱庆之先生谓"呼"有召唤、召请义为"呼请"组合所造成的词义感染，我们认为当是"呼"自己引申的结果。所举例如，"阿难白佛言：'有婆罗门子……所从三百长老婆罗门来在门外。'佛言：'呼入。'阿难出请安波罗延入。"与《史记·项羽本纪》"呼"字用法极近，而早于佛典。见《佛典与中古汉语词汇研究》，台北：文津出版社1992年版，第197页。

② 讨论和引例见汪维辉《东汉—隋常用词演变研究》，南京大学出版社2000年版，第173—188页。

"命"，如《世说新语·文学》："卫玠始度江，见王大将军，因夜坐，大将军命谢幼舆。玠见谢，甚说之。""命"多是上对下的使令，因而有强制意味，如果对人恭敬有礼，即为"邀请"，如唐元稹《莺莺传》："郑厚张之德甚，因饰馔以命张，中堂宴之。"

【召】

（15）有人言某村、某聚落，有一处士名医，急令人召到，便令候脉。（《维摩诘经讲经文（三）》^{P. 832}）

（16）王即随此大臣所言，即遣使者召换（唤）太子。（《须大拏太子好施因缘》^{P. 502}）

"召"本义为召呼、召唤，《说文·口部》："召，评也。"又《广雅·释诂二》："召，呼也。"是"评"与"呼"同。召人来即称为"召"，例如《诗·小雅·出车》："召彼仆夫，谓之载矣。"如果召唤的人是亲朋好友，即为邀请义，如《淮南子·修务》："楚人有烹猴而召其邻人，以为狗羹也而甘之。"高诱注："召，请也。"

【屈】

（17）即屈舍利入园中，校量步度观其地。（《降魔变文》^{P. 558}）

（18）其时大王处分：排备燕会，屈请［王］郎。（《金刚丑女因缘》^{P. 1104}）

（19）几度亲情屈唤，无心拟去相随。（《父母恩重经讲经文（二）》^{P. 1000}）

（20）煞猪羊，羞玉馔，屈命亲情恣欢宴。（《解座文

汇抄》[P.1173]）

（21）我亦不缘聚会，亦不咨屈[①]帝王。（《降魔变文》[P.553]）

"屈"本义为弯曲，如《老子》："大直若屈，大巧若拙。"引申有人屈服义，如《孟子·滕文公下》："富贵不能淫，贫贱不能移，威武不能屈。"赵岐注："屈，挫其志也。"所以人自降身份亦可谓"屈"，如《文选·张衡〈西京赋〉》："阴戒期门，微行要屈"李善注："要屈，至尊同乎卑贱也。"主人为了表示敬意，请客人来意味着使客人"屈己就人"，因而"屈"引申出邀请义，所以《集韵·迄韵》："屈，请也。"其较早用例如，《宋书·隐逸传·宗炳》："高祖开府辟召，下书曰：'……南阳宗炳、雁门周续之，并植操幽栖，无闷巾褐，可下辟召，以礼屈之。'"又《魏书·儒林传·梁祚》："积十余年，虽羁贫窘而著述不倦。恒时相请屈，与论经史。"

变文中该类动词的使用情况：

（1）单用例：请［38］；延［5］；要［1］；邀［9］；呼［4］；唤［49］；命［4］；召［3］；屈［11］。

（2）复合用例：请命［1］；请唤［1］；延屈［1］；邀请［3］；邀屈［1］；呼命［1］；唤命［1］；召唤［1］；屈请［5］；屈唤［2］；屈命［1］；咨屈［2］。

变文对诸词的用法，有三点值得注意：（1）中古出现的

---

① 咨屈：《汉语大词典》未收。项楚先生释为"邀请"义，《伍子胥变文》："自兹隔别，每念君恩，愧贺（荷）不轻，故来咨屈。"见《敦煌变文选注（增订本）》，中华书局 2006 年版，第 113 页。

"屈"，无论是单音词，还是复音词，都显示出较强的活力，应该是一个活跃的口语词；（2）从历时角度考察，我们能够注意到"唤"对"呼"的替换和"邀"对"要"的替换；（3）"呼"、"唤"、"召"与"请"、"邀"、"屈"相比，仍有高低身份的强制意味。

就"召唤、邀请"义来看，"唤"比"呼"出现的要晚，但在口语中有逐渐取代的趋势。例如，二词的使用频率：

引书 词例	《世说新语》①	白居易诗	敦煌变文	《祖堂集》②
呼	6	20	4	1
唤	6	16	49	80

"邀"比"要"出现的要晚，二词逐渐分化，"要"表现出较多的强制意味，常用意为"需要、要求"，而"邀"表现出较多的恭敬意味。比较：

（1）友曰："我要汝父事必相见。"（《祇园因由记》P. 601）

（2）今乃不弃卑微，敢欲邀君一食。（《伍子胥变文》P. 4）③

---

① 参张永言主编《世说新语辞典》，下同。

② 白居易诗和《祖堂集》的统计结果，见蒋绍愚《白居易诗中与"口"有关的动词》。载《语言研究》1993 年第 2 期。

③ 有时仅凭语感难以判断"要"的词义，如"山神此地修精舍，要请僧人转法轮"。（《庐山远公话》P. 253）"要请"为"邀请"义或是"想要邀请"义。

我们再比较二词的使用变化，《世说新语》：要［11］：邀
［1］；敦煌变文：要［1］：邀［9］。连上"邀"的4例复音
用例，在变文中共有13例。

由于词义演变的路径不同，"呼"、"唤"、"召"更多的
接近召唤义，即上对下命令强制意味更多一些，而"请"、
"邀"、"屈"则表现的更为婉转。如，《庐山远公话》："遂令
左右交（教）屈夫人。"又"遂唤宅中大小良贱三百余口，总
至厅前。"同是召唤人来，"屈"比"唤"更显恭敬。这与其
来源有关。

可以看出，同一类词的使用，后演变出现的新词更容易为
口语所采用。而由于演变路径的不同，各自带有相应的使用特
点，在共时平面的使用中可以构成互补关系。

（二）"邀请"类动词演变分析

由以上各词的演变过程可以看出，"邀请"类可以分为以
下几类：

（1）"呼"、"唤"、"召"，其演变过程以义素分析表
达为：

呼叫义：［呼叫］

召唤义：［使令］ ＋ ［人来］

邀请义：［恭敬］ ＋ ［使令］ ＋ ［人来］

（2）"命"，其演变过程以义素分析表达为：

命令义：［使令］

召唤义：［使令］ ＋ ［人来］

邀请义：［恭敬］ ＋ ［使令］ ＋ ［人来］

（3）"请"，其演变过程以义素分析表达为：

请求义：［恭敬］ ＋ ［请求］

邀请义：［恭敬］ ＋ ［请求］ ＋ ［人来］

（4）"延"、"要"、"邀"，其演变过程以义素分析表达为：

拦截义：［中途］＋［等待］＋［人来］

迎候义：［恭敬］＋［等待］＋［人来］

邀请义：［恭敬］＋［请求］＋［人来］

（5）"屈"：

"屈"的演变过程较为特殊，下文申论。

可以看出（1）、（2）组和（3）、（4）组虽然同为邀请，但一为"使令而来"，一为"请求而来"，"使令"的意志出于施事者，而"请求"的结果由受事者决定，因而后两组比前两组更具有恭敬意味。

（三）"屈"的演变过程

"屈"的常用义为使人屈服，让人受委屈，但在中古演变出召请义，我们通过比较几个句子来见出其演变过程：

（1）蚡为人貌侵，生贵甚。又以为诸侯王多长，上初即位，富于春秋，蚡以肺附为相，非痛折节以礼屈之，天下不肃。（《汉书·田蚡传》）

（2）伏见太原周党、东海王良、山阳王成等，蒙受厚恩，使者三聘，乃肯就车。及陛见帝廷，党不以礼屈，伏而不谒，偃蹇骄悍，同时俱逝。（《后汉书·逸民列传·周党》）

（3）高祖开府辟召，下书曰："……南阳宗炳、雁门周续之，并植操幽栖，无冈巾褐，可下辟召，以礼屈之。"（《宋书·隐逸传·宗炳》）

（4）及见，坚谓之曰："先生考盘山林，研精道素，

独善之美有余，兼济之功未也。故远屈先生，将任齐尚父。"（《晋书·隐逸传·张忠》）

以上几例中，"屈"的句法有相似之处，然其意义有别。句（1）"以礼屈之"意为合理有方法地使田蚡屈服，这样才能天下安宁。句（2）"党不以礼屈"意为周党不愿遵循礼节屈服于皇帝的威势。句（3）则意义发生了较大变化，"以礼屈之"谓恭敬地召请宗炳等人来效力。句（4）意更为明显，"远屈先生"即从很远来邀请先生您出来任职。这一演变需要我们考察其中的过程，解释其间的联系。

我们认为"屈"演变出"邀请"义与"屈"在中古之后产生的一种用法有关。要求、建议别人做某事，就意味着让别人委屈自己的意愿来接受自己的请求，所以常常是"屈从"其事。有志节的人，多会拒绝做官成为别人的臣子，所以不接受官位意味着"不屈节"，《孔子家语》卷九："公析哀，齐人，字季沉，鄙天下多仕于大夫家者，是故未尝屈节人臣。孔子特叹贵之。"这里孔子所叹赏的正是不屈志节为人臣的举动。所以让别人接受官位常常说"屈就"，意味着"屈志而就"，如《三国志·魏志·钟繇传》："繇之姑为皓兄之妻，生子觊，与繇年齐，并有令名。觊又好学慕古，有退让之行。……觊辟州宰，未尝屈就。"这一用法，多用于表达谦敬之意，是一种委婉用语。

进一步演变，"屈"本身即有"屈就"、"屈受"的意思，例如：

（5）策曰："子衡，卿既士大夫，加手下已有大众，立功于外，岂宜复屈小职，知军中细碎事乎！"（《三国

志·吴志·吕范传》裴注引《江表传》)

（6）宣王徐更宽言，才令气息相属，说："年老沉疾，死在旦夕。君当屈并州，并州近胡，好善为之，恐不复相见，如何！"（《三国志·魏志·曹爽传》裴注引《魏末传》）

"屈"在两句中皆为让人受委屈做某事，"屈小职"即将就着做小官，"屈并州"即让自己屈才来掌管并州。

"屈"的"屈就"、"屈受"义，常常用于指人应召不来，称为"不屈"、"不能屈"，如：

（7）荀爽、郑玄、申屠蟠俱以儒行为处士，累征并谢病不诣。及董卓当朝，复备礼召之。蟠、玄竟不屈以全其高。（《后汉书·荀爽传》）

（8）时梁冀贵盛，被其征命者，莫敢不应，唯瓀前后三辟，竟不能屈。（《后汉书·周瓀传》）

而在这一用法中，"不屈"与"召"意义相反，"召"是要求别人来，"不屈"意味着不来，这样"屈"的意义逐渐发生了变化，"屈"的意思与"召"相对应，有了"召请而来"的意思。考察以下例句：

（9）会荆州刺史江夏王义恭召之，道产谓曰："久规相屈。今贵王有召，难辄相留，乖意以为惘惘。"（《宋书·柳元景传》）

（10）及平京邑，入镇石头，景仁与百僚同见高祖，高祖目之曰："此名公孙也。"谓景仁曰："承制府须记室参军，今当相屈。"（《宋书·谢景仁传》）

在这里"相屈"意味着委屈你，请你来，"屈"具有了受召请的意思。

在这一演变过程中，我们可以看到，"屈"的邀请义，来源于"屈志从人"这样一种委婉用法，因而"屈"表邀请义，有更多恭敬的意味。

六　"欺骗"类动词的来源和词义演变分析

"欺骗"类动词用来表达故意使用手段，诱使人上当，来达到自己的目的，或通过言语、行为隐瞒真相，来达到自己的目的。包括"欺骗"、"欺诈"、"蒙蔽"、"说谎"等义。

（一）变文中"欺骗"类动词的使用

【欺】

（1）慈母引头千度觅，心心只怕被人欺。（《父母恩重经讲经文（一）》^{P.974}）

（2）倘若欺谩小（少）子事，当时迍厄便施行。（《维摩诘经讲经文（三）》^{P.831}）

（3）何得心无慈愍，毒害尤深，欺诳平人，拟于相公边请杖！（《庐山远公话》^{P.265}）

（4）汝母在生悭诳，欺妄三尊，不能舍施济贫，现堕阿鼻地狱。（《目连变文》^{P.1072}）

（5）最难诳惑谩衷恳，不易轻欺对上苍。（《故圆鉴大师二十四孝押座文》^{P.1154}）

"欺"在先秦即有"欺骗"义，《说文·欠部》："欺，诈欺也。"例如，《论语·子罕》："吾谁欺？欺天乎？"

【谩】

（6）咒虽百种作了，凤凰要自难谩。（《燕子赋（一）》^{P.377}）

（7）圣明天子堪匡佐，谩语君王何足论！（《捉季布传文》^{P.98}）

"谩"在先秦即有"欺骗"义，《说文·言部》："谩，欺也。"例如，《墨子·非儒下》："且夫繁饰礼乐以淫人，久丧伪哀以谩亲。"

【诳】

（8）赖得陈平克（刻）木女诳他，幸而获勉（免）。（《李陵变文》^{P.130}）

（9）不同外道愚痴辈，诳惑人天养活身。（《佛说阿弥陀经讲经文（二）》^{P.683}）

（10）下奏（走）身是游人，岂敢虚相诳语！（《伍子胥变文》^{P.7}）

（11）纵有些些施利，旋总盘缠斋供，实无财帛，不敢诳忘（罔）将军。（《庐山远公话》^{P.255}）

（12）人生在世，若有妙术，合有千岁之人，何不用意三思，枉受师人诳赫（吓）！①（《庐山远公话》^{P.260}）

"诳"在先秦即有"欺骗"义，《说文·言部》："诳，欺

---

① 蒋礼鸿先生指出："按'吓'本作'謑'，《广韵》去声四十禡韵：'謑，诳謑。呼讶切。'""謑"本文不做讨论。《敦煌变文字义通释》（增补定本），上海古籍出版社1997年，第182页。

也。"例如，《礼记·曲礼上》："幼子常视毋诳。"郑玄注："小未有所知，常示以正物，以正教之，无诳欺。"

【妄】

（13）卿今忽出此言，不应狂（诳）妄！① （《降魔变文》^{P. 555}）

"妄"义为胡乱、随便的行为，《说文·女部》："妄，乱也。"如《礼记·曲礼上》："车上不广咳，不妄指。"引申指胡言乱语，虚言不实，《法言·问神》："无验而言之谓之妄。"对人胡言乱语，无法取信于人，即有欺骗义，《大戴礼记·卫将军文子》："贤人无妄。"王聘珍解诂："妄，诬也。"又《广韵·漾韵》："妄，诬也。"

【诬】

（14）岂容诬罔，诳敕何殊？（《降魔变文》^{P. 556}）

"诬"义为"说话虚妄不实"，《说文·言部》："诬，加也。"段玉裁注："加与诬皆兼毁誉言之，毁誉不以实皆曰诬也。"如《韩非子·显学》："无参验而必之者，愚也；弗能必而据之者，诬也。故明据先王，必定尧舜者，非愚则诬也。"引申之，用不实的话，让别人相信即有"欺骗"义，如《左传·襄公十四年》：

---

① 又，变文中有"诳忘"一词，黄征、张涌泉先生校作"诳罔"如《庐山远公话》："远公曰：'争敢诳忘（罔）相公？'"（P. 259）项楚先生谓当校作"诳妄"。变文中"忘"与"妄"常相假借，如《盂兰盆经讲经文》："一者怀胎守护恩，二者临产受苦恩，三者生子妄（忘）忧恩。"（P. 1006）又有"妄语"、"妄言"之说，义为胡说、谎话。可见，"诳忘"当为"诳妄"。

"无神，何告？若有，不可诬也。有罪，若何告无？"杜预注："诬，欺也。"可见，"诬"在先秦即有"欺骗"义。

又"罔"本义为"虚无"，所以无知也叫"罔"，《礼记·少仪》"而不知其名为罔"郑玄注："罔，犹罔罔，无知貌。"由此，不让人知道真相亦为"罔"，《资治通鉴·汉纪二十三》"不可罔以非类"胡三省注："罔，欺也。欺人以所无曰罔。""罔"的"欺骗"义在先秦即已出现，如《诗·小雅·节南山》："弗问弗仕，勿罔君子。"

【和】

（15）美语甜舌和断人，生得七朝母即死。(《降魔变文》^{P.559})

"和"作动词，其义为"以声音相应和"，《说文·口部》："咊，相应。"又《集韵·戈韵》："和，古书作咊。"例如，《诗·郑风·萚兮》："叔兮伯兮，倡予和女。""和"可以在两个方向上产生引申。在心理上，"以声音相应和"常常表示对他人的赞许或肯定，所以真诚地"应和"表示对人请求的赞同和答应，如《后汉书·徐登传》："又尝临水求度，船人不和之，炳乃张盖坐其中，长啸呼风，乱流而济，于是百姓神服，从者如归。"李贤注："和，犹许也。"如果这种响应是虚假的，只是口头答应，实际却另有想法，即虚假地"应和"，就产生了"欺骗"义①。例如《三国志·魏志·许褚

---

① 蒋礼鸿先生即认为"和"的欺骗义来自假意应和，指出："这个意义，应该是从应和的意义引申而来的，因为骗人必须迎合所骗者的意旨。"《敦煌变文字义通释》（增补定本），上海古籍出版社1997年版，第182页。

传》："粮乏，伪与贼和，以牛与贼易食，贼来取牛，牛辄奔还。"《晋书·刑法志》："两和相害谓之戏。"这两例说明，"和"这种行为如果是虚假的，就能对人产生欺骗作用。其欺骗义较早用例如，《南史·梁本纪》："先是，俗语谓密相欺变者为'和欺'。于是虫儿、法珍等曰：'今日败于桓和，可谓和欺矣。'"

【脱】

（16）见我兄弟在外，虑恐在后雏宛（冤），诈作慈父之书，远道妄相下脱。（《伍子胥变文》[P.2]）

"脱"作形容词，有"简易"、"疏略"义，《左传·僖公三十三年》："轻则寡谋，无礼则脱。"杜预注："脱，易也。"又《史记·礼书》："凡礼始乎脱，成乎文，终乎税。"司马贞索隐："脱，犹疏略也。"作动词，即表示对人怠慢，不在乎，如《文选·江淹〈恨赋〉》："脱略公卿，跌宕文史。"对人轻慢无礼，就会对人不诚恳，甚至欺骗，由此引申出"欺骗"义。申论详后。"脱"单用例如，《太平广记》卷四百六十四"乌贼鱼"条："乌贼，旧说名河伯从事。小者遇大鱼，辄放墨方数尺以混身，江东人或取其墨书契，以脱人财物。书迹如淡墨，逾年字消，唯空纸耳。"（出唐段成式《酉阳杂俎》）

【赚】

（17）分明出敕千金诏，赚到朝门却杀臣。（《捉季布传文》[P.98]）

"赚"本义为不诚实地交易买卖，《集韵·陷韵》："赚，市物失实。"由此引申，不只在买卖交易中，一般情况下也对人欺骗，《正字通·贝部》："赚，俗谓相欺诳曰赚。"唐代其他用例如，元凛《中秋夜不见月》诗："蟾轮何事色全微，赚得佳人出绣帏。"

以上动词在变文中的单用和组合成复音词情况如下：

（1）单用例：欺［3］；谩［3］；诳［13］；和［1］；赚［3］。

（2）复音词例：欺谩［2］；欺诳［3］；欺妄［1］；轻欺［1］；谩语［3］；诳惑［3］；诳语［1］；诳忘（妄）［4］；诳赫（吓）［1］；下脱［3］；诬罔［1］。

（二）其他"欺骗"类动词及演变分析

《广雅·释诂二》："诩、譀（诳）、诒、诿、谬、遁、嘿怃、慴怃、谩谲、狚、谲、诈、伪、诿、胶、诬、诖、论、调、突、虞，欺也。"以上诸词都有"欺骗"义，其中多为方言古语，有些词语文献用例较少，我们从中仅选择来源较为清楚和使用较多的动词进行考察。

【诒】

"诒"，有"欺骗"义，《说文·言部》："诒，相欺诒也。"例如，汉徐干《中论·考伪》："骨肉相诒，朋友相诈，此大乱之道也。"

【遁】

"遁"，有逃避义和隐藏义，如《淮南子·说林》："道德可常，权不可常。故遁关不可复，亡犴不可再。"高诱注："遁，逃也"。又《楚辞·离骚》："初既与余成言兮，后悔遁而有他。"王逸注："遁，隐也。"由此，隐藏自己的行为不让人知道，来达到预定的目的，即有"欺骗"义，如《管子·

法禁》:"卑身杂处,隐行辟倚,侧入迎远,遁上而遁民者,圣王之禁也。"王念孙《读书杂志·管子三》:"遁上而遁民者:遁,欺也。言上欺君而下欺民也。《广雅》曰:'遁,欺也。'贾子《过秦篇》曰:'奸伪并起而上下相遁。'《史记·酷吏传序》曰:'奸伪萌起,其极也上下相遁。'皆谓上下相欺也。遁,字亦作遯。《淮南·修务篇》:'审于形者,不可遯以状。'高注曰:'遯,欺也。'"

【谲】

"谲",有"欺骗"义,《说文·言部》:"谲,权诈也。益梁曰谬欺天下曰谲。"如《韩非子·孤愤》:"故主失势而臣得国,主更称蕃臣,而相室剖符,此人臣之所以谲主便私也。"

【诈】

"诈",《说文·言部》:"诈,欺也。"谓"欺诈",《左传·宣公十五年》:"我无尔诈,尔无我虞。"

【诖】【虞】

"诖",本指言语错谬,《说文·言部》:"诖,误也。"用错谬的言语去劝教别人,使别人相信,即有"欺骗"义。如《汉书·王莽传上》:"即有所间非,则臣莽当被诖上误朝之罪。"又,"虞"有"错误"义,如《诗·鲁颂·閟宫》"无贰无虞,上帝临女。"毛传:"虞,误也。"马瑞辰通释:"虞与误古同音通用……《广雅·释诂二》:'虞,欺也。'误亦欺。"由此,亦引申出"欺骗"义,如《左传·宣公十五年》:"我无尔诈,尔无我虞。"

【调】

"调",本义为协调,《说文·言部》:"调,和也。"引申指"使……协调",即理顺、调和义,如《礼记·月令》:"调

竽笙箎簧，饬钟磬柷敔。"如果指调顺野兽的性情，使野兽得
到训练，即有调教义，如《史记·秦本纪》："佐舜调驯鸟
兽。"如果带着轻侮的态度，想要驯服人，即有调戏义、嘲弄
义，如汉辛延年《羽林郎》："依倚将军势，调笑酒家胡。"在
此基础上，又引申有欺骗义，《广雅·释诂二》："调，欺也。"
如《潜夫论·浮侈》："今民奢衣服，侈饮食，事口舌而习
调欺。"

　　另外，还有一些表"欺骗"义的动词。①

【诞】

　　"诞"，《说文·言部》："诞，词诞也。"即"诞"本义为
言辞夸大不实。用虚假不实的言辞去说服人，即有"欺骗"
义，如《吕氏春秋·应言》："秦王立帝，宜阳令许绾诞魏王，
魏王将入秦。"高诱注："诞，诈也。"

【弄】

　　"弄"，本义为把玩，《说文·廾部》："弄，玩也。"例如
《诗·小雅·斯干》："载衣之裳，载弄之璋。"如果这种把玩

---

　　① 近代汉语产生了一个重要的表"欺骗"义动词"骗"，在现代汉语的口
语和书面语中都极为常用，但其语源未明。例如李行健《"骗"和"骗马"简
说——词典编辑和词义考释中的一些问题》（《语言研究论丛》1980，第189页），
认为"骗"的"跃而乘马"义与"诳骗"义只可能是两个同音词。而史建伟
《由"骗马"到"骗人"——骗字词义演变浅探》（《中文自学指导》1987，第10
期）则认为从"扁"得声的同源词系列都有"偏颇不对称"，"单侧、单方面"
等的语义特征，而"骗"同样具有这样的特征。"骗"字的本义是"从一侧上
马"，引而申之则有"单侧、单方面"之义。而"骗人"这一行动对欺骗者和被
骗人来说，也同样具有这个意义。欺骗者要达到骗人的目的，事实真相必然只能
他单方面了解，而不让被骗人知道。由此将"骗"的"上马"义与"欺骗"义
联系到了一起，认为两个意义是引申关系。又《王力古汉语字典》（2000，第
1286页）认为，"骗"是"谝"之假借字，《说文·言部》："谝，便巧言也。"
其本义为花言巧语，晚起义有欺骗义，如明汤式《一枝花·赠王观音奴》套曲：
"指山盟是谝，则不如剪发然香竟儿远。"

带有轻侮的含义，即为戏弄、耍弄，由此引申出欺骗义，如《左传·襄公四年》："愚弄其民，而虞羿于田。"杜预注："欺罔之。"今言"糊弄"仍存此义。

【蒙】

"蒙"，有覆蔽、遮蔽义，如《左传·昭公十三年》："晋人执季孙意如，以幕蒙之。"即指用一块幕布蒙住别人，不让人看到。如果为了达到自己的目的，而遮盖事实真相，不让别人知道，即有欺骗义，如《左传·僖公二十四年》："下义其罪，上赏其奸；上下相蒙，难与处矣。"杜预注："蒙，欺也。"

（三）"欺骗"类动词的来源

通过上面的考察，我们认为，"欺骗"类词有两个主要来源：一方面由言语、言辞义的不实引申演变而来，言语不实对人撒谎即指欺骗，如字形上从言、从欠、从口的诸字，其本义都与言语有关，而言语不可信，即会使人受骗上当，如谩、诬、诳、诖等；另一方面行为上愚弄、欺弄、轻侮别人，不让人知道事实真相，即是欺骗别人，如罔、遌、和、赚、调、弄、蒙等。

值得注意的是，现代汉语中"欺侮"、"戏弄"与"欺骗"、"蒙蔽"有着不同的词义类属①，但在古汉语中，"行为上对人轻慢、欺侮"与"言语、行为上的欺骗、蒙蔽"两义之间有着密切关系。

---

① 可以参看《同义词词林》的分类。现代汉语口语的使用中，有时还能感受到两者的联系，如"你不要相信他，他在玩你呢！"这个句子中"玩"具有"戏弄"和"欺骗"两种含义。

　　首先，从词义演变上看，如"欺"，即从对人言语行为上的欺骗，演化出对人行为上的轻慢欺侮。我们比较两组句子：

　　　　（1a）故审得失有法度之制者加以群臣之上，则主不可欺以诈伪；审得失有权衡之称者以听远事，则主不可欺以天下之轻重。（《韩非子·有度》）

　　　　（1b）秦惠王谓寒泉子曰："苏秦欺寡人，欲以一人之智，反复东山之君，从以欺秦。"（《战国策·秦策》）

　　　　（2a）浩恃其家世魏、晋公卿，常侮模、颐。浩不信佛道，模深所归向，虽粪壤中，礼拜形像。浩大笑曰："持此头颅，不净处跪是胡神也！"模尝谓人曰："桃简可欺我，何容轻我周儿也！"浩小名桃简，颐小名周儿。（《北史·崔逞传》）

　　　　（2b）我释种余晖，法王之子，尚须谦让自下不敢傲诞欺人。岂期庸庸之徒翻欲恃鬼陵物。（《续高僧传》卷十三）

　　（1a）、（1b）是从言语和行为上欺骗别人；而（2a）"欺"与"轻"相对为文，表示行为上对人轻慢无礼①，（2b）说自己行为不敢"傲诞"无礼，因而不会轻慢欺侮于人。

　　而"调"、"弄"的欺骗义是由行为上的调弄、调戏引申而来。

　　其次，从古注的解释看。《方言》卷十"眠娗、脉蝎、赐

----

　　① "轻欺"复合可表"欺骗"义。如王梵志诗一五二首："兄弟须和顺，叔伭莫轻欺。"《故圆鉴大师二十四孝押座文》："最难诳惑谩衷恳，不易轻欺对上苍。"项楚先生在《王梵志诗校注》（第447页）和《敦煌变文选注（增订本）》（第1000页）中皆释为"欺骗"义。

施、菼媞、谩谩、儩忚，皆欺谩之语也。"郭璞注："六者亦中国相轻易、蚩弄之言也。"由郭璞的注释可以看出，在一词中包括两个义位，即"欺骗"义和"欺侮"、"戏弄"义，可见两者的行为性质上有着密切的联系。

（四）"脱"何以有"欺骗"义

根据蒋礼鸿先生的意见，"脱"的"欺骗"义应该来源于《史记》中"脱"的一种用法。他指出："《史记》南粤尉陀列传：'吕嘉等乃遂反，下令国中曰："王年少。太后，中国人也，又与使者乱，专欲内属，尽持先王宝器，入献天子以自媚，多从人，行至长安，虏卖以为僮仆，取自脱一时之利，无顾赵氏社稷，为万世虑计之意。"''脱'字《史记》及《汉书》南粤传都没有注，按文义应是篡窃的意思。变文的'下脱'，宋人说的'骗脱'，应是承《史记》'脱'字义略一转移而得。"[①] 通过考察，我们认为这一说法值得进一步探讨。

首先，从"脱"的义项系统看，很难演变出"篡取"一义。我们对《汉语大字典》"脱"[②] 字所收义项分析如下：

---

① 《敦煌变文字义通释》（增补定本），上海古籍出版社 1997 年版，第 185 页。

② 《说文·肉部》："脱，消肉臞也。"段玉裁注："消肉之臞，臞之甚者也。今俗语谓瘦太甚者曰脱形，言其形象如解蜕也。此义少用者。今俗用为分散、遗失之义，分散之义当用'挩'，《手部》'挩'下曰：'解挩也'。遗失之义当用'敓'《敚部》曰'敓，手持隹失之也。'""敓"即"夺"。则根据段玉裁的意思，我们所分义项"脱"为"消瘦"义本字，"挩"为"脱离"义本字，"敓"为"脱漏"义本字。

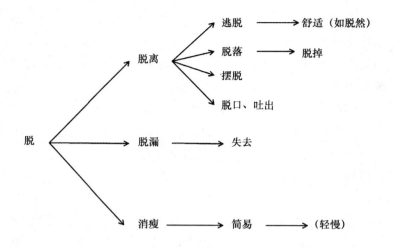

其次，根据《史记》中"自脱"的句法用例和上下文语义，解释为"自己脱逃"更为合理一些，而"取自脱一时之利"解释为"取得自己脱逃这种一时的好处"。《史记》中"自脱"连用共有六例，其中四例不带后继成分，以"自脱"为句，都为"自己脱免苦难"之义，如《史记·陈丞相世家》："及吕后时，事多故矣，然平竟自脱，定宗庙，以荣名终，称贤相，岂不善始善终哉！非知谋孰能当此者乎？"有一例带后继成分，但意义为"让出不吃"，《史记·匈奴列传》："中行说穷汉使曰：'而汉俗屯戍从军当发者，其老亲岂有不自脱温厚肥美以赍送饮食行戍乎？'"其句义为"自己贡献出甘美的食物来慰劳守边将士"。"取自脱一时之利"其句法确实有些特殊，因为"一时之利"可以解释为"脱"的宾语，也可以解释为"自脱"的修饰语或同位语。但从上下文来看，其主语"太后"，在遇到困难时，"无顾赵氏社稷"，而仅求保身，也就是"自脱"解释为"自己脱逃"更为恰当。因而"脱"不当为"篡取"义，"一时之利"也不当为"脱"的宾语。从文例来看，这个特殊的句子如果变为"自脱，取一时之利"似更合理。

综合以上两点，我们认为"脱"不可能为"篡取"义，因而也不可能由此引申出"欺骗"义。那么它的"欺骗"义如何而来的呢？

词义用法接近的词，常常具有相同的引申路径。通过上节的分析，我们认为，"脱"由"轻慢"义引申出"欺骗"义似更为合理。"脱"从其本义"消瘦"引申出"简易"义，而由"简易"常可引申出对人"轻慢"义①，如《西京杂记》卷五："夫人无幽显，道在则为尊，虽生刍之贱也，不能脱落君子，故赠君生刍一束。""脱落君子"即对君子轻慢无礼。对人"轻慢"，常常表现为对人"欺侮"、"戏弄"等，由此"脱"可能引申出"欺骗"义。

王力先生（1958）曾经指出，由于有些词来源很古，"因此，我们并不能常常按照史料的先后，来证明词义发展的程序和阶段。"② 其实，即使不一定来源很古，因为语料限制也很难去证明词义发展的过程和阶段，因而在这里我们只能根据已有的材料和系统演变的证据去推定词义引申的路径。我们这里对"脱"欺骗义来源的证明也仅备一说。

七 "责怪"类、"称赞"类的来源和词义演变分析

"责怪"类动词和"称赞"类动词其语义内容相反，但它们都是对人的行为进行评价，具有一些共性。我们希望通过这

---

① 如，与"脱"同有"简易"义的"简"，《孟子·离娄下》："诸君子皆与欢言，孟子独不与欢言，是简欢也。"

② 王力《汉语史稿》，中华书局1980年版，第557页。

两组词概念表达方式的对比，能够发现其来源和词义演变方面的特点。

（一）"责怪"类

"责怪"类动词的意义，包括责怪、责难、批评、指责、责骂等，其表达批评的程度可能有所差别，但其语义特征相同。"责怪"类动词的语义为，通过言语行为表达对别人的错误和缺点的厌恶、不满。其句法特征包括：（1）主语为人；（2）可带受事宾语；（3）动词后可跟随事件叙述，表示"责怪"的原因。

1. 变文中"责怪"类动词的使用

【责】

（1）须达执言："太子自许买（卖）园，责臣何过！"（《祇园因由记》$^{P.602}$）

（2）分疏不怠，便值责呵，如秋叶之逢霜，似轻冰之畏日。（《维摩诘经讲经文（四）》$^{P.863}$）

（3）你是王法罪人，凤凰命我责问。明日早起过案，必是更着一顿。（《燕子赋（一）》$^{P.378}$）

（4）燕雀同词而对曰："何期凤凰不嗔，乃被多事鸿鹤责数！"（《燕子赋（一）》$^{P.379}$）

（5）老人闻说，雅责须达大臣。（《降魔变文》$^{P.556}$）

"责"本义索取，《说文·贝部》："责，求也。"例如《左传·桓公十三年》："宋多责赂于郑。郑不堪命，故以纪、鲁及齐与宋、卫、燕战。"引申为要求义，如《论语·卫灵公》："躬自厚，而薄责于人，则远怨矣。"又段玉裁注："引申为诛责、责任。""责"有责备义，如《管子·大匡》："文姜通于齐侯，桓公闻，责文姜。""责"有责任义，如《书·金縢》："若尔三王，是有丕子之责于天，以旦代某之身。"这几个意义之间的关系为，假设 A、B 二人，A"要求"B 完成某事，则 B 有"责任"，如果没有完成，A 对 B 即行"责问、责难"，这三个意义都可用"责"表达。我们认为，"责"一词承载着主客体之间的三种意义关系。

【怪】

（6）但衾虎三杖在身，拜跪不得，乞将军不怪。（《韩擒虎话本》[P.301]）

（7）闻此言语，实积忧愁。谨咨大王，何必怪责？（《八相变（一）》[P.511]）

（8）其仙人答曰："大王乞不怪怒，缘此孩子先证无上菩提之时，我不遇逢，所以悲泣。"（《悉达太子修道因缘》[P.470]）

"怪"本义为怪异，形容不常见的事情或事物，《说文·心部》："怪，异也。"如《庄子·齐物论》："故为是举莛与楹，厉与西施，恢诡憰怪，道通为一。"陆德明释文："怪，异也。""怪"常用为意动用法，即人在主观心理上"认为……怪异"，如《荀子·天论》："是天地之变，阴阳之化，物之罕至者也。怪之，可也；而畏之，非也。"这种用法中，"怪"后所带宾语为事物或事件，不为人，即使为人也是指代人所做之事，如《庄子·渔父》："今渔父杖拏逆立，而夫子曲要磬折，言拜而应，得无太甚乎？门人皆怪夫子矣，渔人何以得此乎？"所"怪"是"夫子"所做之事。如果"怪"后所带为受事宾语，即人为"怪"的指向，"怪"即有责怪义，这时"怪"不再仅仅是心理感受，而多外化为言语行动表达厌恶、责难之情，如《荀子·正论》："今世俗之为说者，不怪朱象，而非尧舜，岂不过甚矣哉！"这句话意为，"世俗之为说者"没有在言论上责怪"朱、象"，而用言论否定、诋毁"尧、舜"，难道不是太过分了。"怪"在先秦已有这种用法，但用例很少。

【数】

（9）于是道安被数，酾酾非常，耻见相公，羞看四众。（《庐山远公话》^{P. 265}）

"数"本义为计数，《说文·攴部》："数，计也。"《周礼·地官·廪人》："以岁之上下数邦用，以知足否，以诏谷用，以治年之凶丰。"郑玄注："数，犹计也。"计数方式通常有两种，一是目视心算，所以古人谓之"阅数"，《左传·襄公二十五年》："楚蒍掩为司马，子木使庀赋，数甲兵。"杜预注："数，阅数之。"又《集韵·语韵》："数，目物。"二是口诵默念，《礼记·儒行》："遽数之，不能终其物；悉数之，乃留，更仆，未可终也。"孔颖达疏："数，说也。"由于对"数"的言说方面较多关注，"数"可用为记诵、称说义，《荀子·劝学》："君子知夫不全不粹之不足以为美也，故诵数以贯之，思索以通之。"王先谦集解引俞樾曰："诵数，犹诵说。"又《荀子·王霸》："则是官人使吏之事也，不足数于大君子之前"王先谦集解："称、数同。"那么在一定语境下，计数人的过错，就如同称说、批评人的过错，"数"由此引申出责怪义，如《汉书·项籍传》："汉王数羽十罪"颜师古注：

"数，责也。"今言"数说"即"数"的责怪义的复音化，"说"从"数"的语义特征中分化了出来形成复音词。

【呵（诃）】

（10）其时弥勒告如来，往昔遭呵不是推。（《维摩诘经讲经文（四）》[P. 861]）

（11）五百声闻皆被诃，住相法空分所证。（《维摩经押座文》[P. 1146]）

（12）缘佛于会上，告尽圣贤，五百声闻，八千菩萨，从头遣问，尽日不任；皆被责呵，无人敢去。（《维摩诘经讲经文（七）》[P. 913]）

《说文·言部》："诃，大言而怒也。"意指因为发怒而大声说话。"诃"本义即为斥责义，《韩非子·内储说下》："王出而诃之曰：'谁溺于是?'"又《广韵·歌韵》："诃，责也。"《说文》无"呵"，然《韩非子·外储说左上》："惠嗣公使人伪关市，关市呵难之。"又《玉篇·口部》："呵，责也。"是"呵"与"诃"义同。变文中"诃"多用于人名，作斥责义，仅有两例，其他皆用"呵"。

【叱】

（13）又缘我初悟道，未晓真源，已曾被居士叱呵，空立一无祗对。（《维摩诘经讲经文》[P. 863]）

"叱"、"诃"义同，《说文·口部》："叱，诃也。"例如，《左传·昭公二十六年》："子囊带从野泄，叱之。"又《广韵·质韵》："叱，呵叱也。"

【怒】

（14）净能闻说，作色动容，怒使人曰："大不了事！"（《叶净能诗》[P.334]）

"怒"本义为发怒，心里生气，《说文·心部》："怒，恚也。"如《荀子·乐论》："先王喜怒皆得其齐焉。""怒"常常是由于别人做错事而心生不满，如果对人从言语行动上表达这种不满，即有责怪义，《礼记·内则》："若不可教，而后怒之。"郑玄注："怒，谴责也。""怒"由不及物心理动词义演变出及物的行为动词义。

【嗔】

（15）凤凰嗔雀儿："何为捉他欺！彼此有窠窟，忽尔辄行非。"（《燕子赋（二）》[P.414]）

（16）心中道了，又怕世尊嗔责。连忙取得四个瓶来，便着添瓶。（《难陀出家缘起》[P.591]）

（17）六载为奴，驱使常在宅内，或即蠡语嗔喝于上人。（《庐山远公话》[P.267]）

（18）约束时直要谛听，嗔骂则莫生祇对。（《父母恩重经讲经文（一）》[P.978]）

"嗔"有发怒、生气义，与"怒"义同，《世说新语·德行》："丞相见长豫辄喜，见敬豫辄嗔。"由此与"怒"同例引申出责怪义，其较早用例如李贺《野歌》："男儿屈穷心不穷，枯荣不等嗔天公。"又据段玉裁说"嗔"本字当作"谆"，《说文·言部》："谆，恚也。"段注："今人用嗔，古人用谆。"

【喝】

（19）□（直）至摩酰首罗神，喝天神曰：“咄哉这神！从北□（至）者是我出世圣者大觉世尊，何不出门迎□（驾），求觅罪轻福生，离鬼神邪道，求生天果□（报）?”（《八相变（二）》^{P.524}）

（20）维摩居士，由（犹）遭光严童子喝责。（《庐山远公话》^{P.264}）

“喝”本义为大声呼喝，如《史记·苏秦列传》：“是故恫疑虚喝，骄矜而不敢进。”司马贞索隐：“刘氏云：‘秦自疑惧，不敢进兵，虚作恐喝之词，以胁韩魏也。’”“虚喝”即虚张声势大声呼喝，用以威吓别人。如果大声诃斥目的在于指出别人的错误，即有责备义，《集韵·曷韵》：“喝，诃也。”较早用例如，《晋书·刘毅传》：“既而四子俱黑，其一子转跃未定，（刘）裕厉声喝之，即成卢焉。”

【嫌】

（21）中里有一智臣，嫌诸臣语：“汝等出言，快不当理。此是国之太子，王唯有是一子，爱之甚重。岂生如是恶心，苦刑害哉！”（《须大拏太子好施因缘》^{P.501}）

变文中“嫌”多为不满、厌恶义，较为明显表责怪、批评义的似仅此一例①。

——————

①　只有作责怪、批评义“嫌”才可带人作宾语，作不满义时其后为事或人所做之事。我们把例句和下面的句子比较：《佛说观弥勒菩萨上生兜率天经讲经文》：“诗赋却嫌刘禹锡，令章争笑李稍云。”此句中“嫌”后跟人似为批评义，但细分析来看，此句中“刘禹锡”应指“刘禹锡之诗赋”，也就是不满意刘禹锡所作诗赋之意，而不是批评其人。

"嫌"常用有两义，一为心中不满、厌恶义，一为嫌疑义，《说文·女部》："嫌，不平于心也。一曰疑也。"如《汉书·外戚传》："皇太后嫌其所出微甚，难之。"由对人心理上的不满、厌恶，常常引发言语行为上的责怪，因而有批评、责怪义，如《宋书·郑鲜之传》："先是，兖州刺史滕恬为丁零、翟辽所没，尸丧不反，恬子羡仕宦不废，议者嫌之。""议者嫌之"即指人们议论责难于他①。

变文中各词使用情况如下：

（1）单用例：责［17］；怪［28］；数［1］；呵［7］；怒［1］；嗔［21］；喝［6］；嫌［1］。

（2）复合用例：责呵［2］；责数［1］；责问［1］；雅责［2］；怪责［1］；怪怒［1］；叱呵［1］；叱诃［1］；呵责［8］；嗔责［1］；嗔喝［1］；嗔骂［1］；喝责［1］。

分析可知，除上古即已出现的"责"、"怪"外，中古以后新出现的"嗔"、"喝"使用较多，反映了变文词汇系统的时代性。上古已现的"责"、"怪"，"责"的构词能力较强，而"怪"的单用例最多，应该与其口语性较强有关。

我们认为，"怪"作"责怪"义增多与其意动用法减少相关。"怪"作"责怪"义与其意动用法句法同形，只能通过语境加以区别，例如：

（1）（耶输）又嘱使者："请到王宫取一香炉，去得

① 此例引自方一新《东汉魏晋南北朝史书辞语笺释》，黄山书社1997年版，第147页。其"嫌责"条有详释。

已（与）否？"使人答曰："约去王城七里，恐怕上命<u>怪之</u>。"（《悉达太子修道因缘》）

（2）宋王<u>怪之</u>，即召群臣，并及太史。（《韩朋赋》）

同为"怪之"，（1）句为责怪义，（2）为意动用法。上古"怪"多做意动用法，中古之后意动用法减少，使"怪"的责怪义突显。

2. 其他"责怪"类单音动词

《广雅》总结了上古汉语"责怪"义动词，《释诂一》："数、诼、谪、怒、诘、让、爽、谴、诛、过、讼，责也。"又《释诂二》："谨、谯、谴、责、诘、却、端，让也。"其中多数词与言语活动有关者，本义即为责怪义，如"谪"、"诘"、"让"、"谴"、"诛"、"端"等；有些为方言词，如《方言》卷七："谯、谨，让也。齐楚宋卫荆陈之间曰谯。自关而西秦晋之间凡言相责让曰谯让。北燕曰谨。"[①] 以下选取来源清楚、具有演变特征的词，加以讨论。

【过】

"过"有过失、错误义，《说文·辵部》："过，度也。"段玉裁注："引申为有过之过。"如果"过"用为动词有"认为……有错"、"把……归为过错"之义，即指摘别人的过错，由此引申出责怪义，例如《吕氏春秋·适威》："烦为教而过不识，数为令而非不从，巨为危而罪不敢，重为任而罚不

---

① 王念孙《广雅疏证》认为"谨，《说文》：'谨，哗也。'字亦作誼。凡人相责让，则其声誼哗，故因谓让为誼，犹今人谓誼呼为让也。"喧闹常常为表达惊奇不满的方式，"谨"由此近似责怪义，如《汉书·陈平传》："是日乃拜平为都尉，使为参乘，典护军。诸将尽谨，曰：'大王一日得楚之亡卒，未知高下，而即与共载，使监护长者？'"颜师古注："谨，谨嚣而议也。"

胜。"高诱注:"过,责也。"句中"非"义为"指出……应该否定","罪"义为"认定……是一种罪","过"义与之相类。又《楚辞·九章·惜往日》:"信谗谀之溷浊兮,盛气志而过之。"蒋骥注:"过,督责也。"

【讼】

"讼"本义为争辩、争论,《说文·言部》:"讼,争也。"如《书·盘庚上》:"今汝聒聒,起信险肤,予弗知乃所讼。"引申偏指一方向第三方控诉另一方的错误,如《论语·颜渊》:"听讼,吾犹人也。必也使无讼乎?"如果第三方是政府的法制部门,"讼"即特指控告、诉讼义。如果"讼"指一方直接指摘另一方的错误,而并不诉诸第三方,即有责备、责怪义,如《论语·公冶长》:"子曰:'已矣乎,吾未见能见其过而内自讼者也。'"何晏集解引包咸曰:"讼,犹责也。言人有过,莫能自责。""自讼"就是自己指出自己的错误。

汉语史还有一些表责备义的单音用词,分述如下。

【诽】【谤】

"诽"、"谤"都为指责、批评别人的过失,如《墨子·经上》:"誉,明美也。……诽,明恶也。"《国语·周语三》:"厉王虐,国人谤王。"但后来这些词都由"正当的批评"引申为"胡乱指责",都带有恶意,而且引申义使用更多,如《史记·屈原贾生列传》:"信而见疑,忠而被谤。"《淮南子·缪称》:"圣人不求誉,不辟诽,正身直行,众邪自息。"

【骂】

"骂"本义为以恶语加于人,如《史记·孝文本纪》:"太仓公将行会逮,骂其女曰:'生子不生男,有缓急非有益也！'"但这种指责如果重点在于正确指出别人的错处，即不带有恶意的意味，而只是批评、斥责义，如《史记·绛侯周勃世家》："书既闻上，上下吏。吏簿责条侯，条侯不对。景帝骂之曰：'吾不用也。'"

【斥】

"斥"义为驱逐、疏远，即指出别人的错误或厌恶别人把别人赶走，《史记·天官书》："斥小，疏弱。"裴骃集解引苏林曰："斥，远也。"《汉书·赵广汉传》："下广汉廷尉狱，又坐贼杀不辜，鞠狱故不以实，擅斥除骑士乏军兴数罪。"颜师古注："斥除，逐遣之。"如果目的并不在于赶走别人，而仅仅是当面指明别人的错误和表达厌恶之情，即有斥责的意味，如《谷梁传·僖公五年》："目晋侯斥杀，恶晋侯也。"范宁集解："斥，指斥也。"又《三国志·魏志·曹爽传》："又著书三篇，陈骄淫盈溢之致祸败，辞旨甚切，不敢斥爽，托戒诸弟以示爽。爽知其为己发也，甚不悦。"此句"斥"的责备义较为明显。

【说】

"说"本义为述说、解说，即向别人说明自己的立场、认识等，《说文·言部》："说，说释也。"《礼记·曲礼下》："不说人以无罪，妇人不当御，三月而复服。""不说人以无罪"即"不向别人解说自己无罪"。"说"引申有评论、评说义，如《世说新语·容止》："周候说王长史父：'形貌既伟，雅怀有概，保而用之，可作诸许物也。'"又《世说新语·德行》："桓常侍闻人道深公者，辄曰：'此公既有宿名，加先达知称，又与先人至交，不宜说之。'"如果这种评论、评说偏指坏的方面，即指出别人的缺点、错误，即有批评、指责义①，例如上句如果理解成因避讳别人的缺点，"不宜说之"即可理解成"不应该批评人家"。我们在变文找到一例比较接近责怪义的"说"，《鹖铞新妇文》："阿婆向儿言说："索得个屈期（奇）丑物入来，与我作底！"新妇闻之；从床忽起："当初缘甚不嫌，便即下财下礼？色（索）我将来，道我是底？未许之时，求神拜鬼，及至入来，说我如此。'"说我如此"意谓"这样说我"，其意味比较接近"如此责怪我"。"说"作责怪义较多的是到了宋元之后的口语文献，如《朱子语类》卷一百十六："公而今只是说他人短长，都不自反己看。""说"他人短长即批评别人。元王实甫《吕蒙正风雪破窑记》："（媒婆云）早则不曾说你甚么。（吕蒙正云）你骂的我觳也。""说"明显带有指责义。

（二）"称赞"类

"称赞"类动词，其语义为用言语表达对人或事物的优点的肯定和喜爱。其句法特征有（1）主语为人；（2）宾语为人或事物表受事；（3）宾语为事件表示受称赞的原因；（4）主语为事表称赞的原因。

---

① "批评"、"议论"等词都具有这种倾向，本来只是中性地议论，不存褒贬之义，但后来常常用表达对别人错误缺点的指责，甚至带有贬义，从而独立成一个义项，如（1）明李贽《寄答留都书》："前与杨太史书亦有批评，倘一一寄去，乃足见兄与彼相处之厚也。"颜之推《颜氏家训·勉学》："及有吉凶大事，议论得失，蒙然张口，如坐云雾。"（2）茅盾《昙》一："〔姨太太〕常常拿一些家庭间的琐细麻烦的问题请韵出主意，事后却在丈夫跟前冷冷地批评，挑拨是非。"魏巍《东方》第四部第二十五章："我在背后从来没有议论过你，没有说过你一句坏话。"例（1）两句中其"批评"、"议论"都为中性地评说，例（2）两句则有责骂、指责、责备义。

1. 变文中"称赞"类动词

【誉】

（1）比丘僧，罗汉数，雅淡风标人叹誉。（《维摩诘经讲经文（一）》^{P. 766}）

《说文·言部》："誉，偁也。"段玉裁注："誉，称美也。"《墨子·经上》："誉，明美也。"例如，《论语·卫灵公》："吾之于人也，谁毁谁誉？如有所誉者，其有所试矣。"

【赞】

（2）万代史书歌舜主，千年人口赞王祥。（《故圆鉴大师二十四孝押座文》^{P. 1154}）

（3）帝释逶陁赞圣主，梵王翔（庠）序遠慈尊。（《维摩诘经讲经文（二）》^{P. 808}）

（4）不但人皆赞叹君，兼交贤圣垂加护。（《父母恩重经讲经文》^{P. 970}）

（5）智无双，德难比，十方诸佛尽赞美。（《维摩诘经讲经文（四）》^{P. 860}）

"赞"，《说文·贝部》："赞，见也。"段玉裁注："疑当作所以见也，谓彼此相见必资赞者。《士冠礼》'赞冠'者，《士昏礼》'赞'者，注皆曰'赞，佐也'。《周礼·大宰》注曰：'赞，助也'。是则凡行礼必有'赞'，非独相见也。"由此，"赞"在上古的常用义为佐助，如《左传·襄公二十七年》："大叔仪不贰，能赞大事，君其命之。"杜预注："赞，佐也。""赞"又有显明义，《周易·说卦》："幽赞于神明而生蓍。"韩康伯注："赞，明也。"孔颖达疏："赞者，佐而助成，而令微者得著，故训为明也。"按照孔颖达的说法，"赞"的佐助作用体现为使不明显的事物变为显明的事物，所以"赞"有显明义。显明事物，需要具体的行为，"赞"引申有告诉义，即把别人不知道的事情告诉给别人，如《书·咸有一德》："伊陟赞于巫咸，作《咸义》四篇。"孔传："赞，告也。"引申有推举义，如《礼记·月令》："（孟夏之月）命太尉赞桀俊，遂贤良，举长大。"郑玄注："赞，犹出也。"其中"赞"与"遂"、"举"都为推举义。又《史记·平原君虞卿列传》："门下有毛遂者，前，自赞于平原君曰：'遂闻君将合从于楚，约与食客门下二十人偕，不外索。今少一人，愿君即以遂备员而行矣。'"这里"赞"并不是自己夸赞义，仍是推举、举荐义。推举义，多是认为人有能力，因而"赞"如果突出的是好事或人的优点，即有赞美、称许，如《战国策·赵策三》："王欲知其人，旦日赞群臣而访之，先言横者，则其人也。"鲍彪注："赞者，美其事以开说者。"又《释名·释典艺》："称人之美曰赞也。"《玉篇·言部》："赞，发扬美德也。"

【叹（歎、嘆）】

（6）百僚齐叹希奇，四众一时唱快。（《降魔变文》[P.564]）

（7）梵王称叹，帝释观瞻，竭天上之珍奇，为人间之宝塔。（《佛说观弥勒菩萨上生兜率天经讲经文》[P.961]）

《说文·欠部》："歎，吟也。"段玉裁注："谓情有所悦，吟歎而歌咏。古'歎'与'嘆'义别，'歎'与喜乐为类，

"嘆"与怒哀为类。"《说文·口部》："嘆，吞嘆也。一曰太息。"段玉裁注："嘆与歎二字今人通用。"从变文看二者用法无别，但以"嘆"用例为多。"叹"本表达一种情态，这种情态可以用以表达悲伤之情，《楚辞·九叹序》："叹，伤也，息也。"也可以用来表达欢喜之情，《玉篇·欠部》："叹，叹美也。"由表达具体的情态，引申为表达行为上的赞美义，如《礼记·郊特牲》："宾入大门而奏《肆夏》……卒爵而乐阕，孔子屡叹之。"郑玄注："美此礼也。"

【称】

（8）堂堂好个丈夫儿，头面身才皆称断。（《佛说观弥勒菩萨上生兜率天经讲经文》[P.963]）

（9）满国皆称赞，倾邦尽得财。（《维摩诘经讲经文（六）》[P.906]）

（10）四众谁不惊嗟，见者咸皆称叹。（《降魔变文》[P.564]）

《说文·禾部》："称，铨也。"段玉裁注："按，'再，并举也'，'偁，扬也'，今皆用称。称行而再、偁废矣。"又《说文·人部》："偁，扬也。"段玉裁注："凡古偁举、偁谓字皆如此作……自'称'行而'偁'废矣。"由此可见，"偁"为"称"的称述、称说义的本字，然文献多用"称"，如《吕氏春秋·当染》："此二士者，无爵位以显人，无赏禄以利人。举天下之显荣者，必称此二士也。"高诱注："称，说也。"这种称说之义常常有例举的意味，如果称说、推崇的人是值得推崇、表扬的人，"称"即有赞美义，如《大戴礼记·盛德》："夫民善其德，必称其人；故今之人称五帝三王者，依然若犹存者，其法诚德，其德诚厚。"第一个"称"有"称赞"意味，所以王聘珍解诂谓："称，誉也。"义为人民如果认为（哪个君主）的统治是有德之政，一定会称赞那个君主；第二个"称"是述说义，即"当今人说起、提到五帝三王时"。又《史记·曹相国世家》："百姓离秦之酷后，参与休息无为，故天下俱称其美矣。""称"明显为赞扬义。

【许】

（11）昔日多闻众共推，此时聪惠人皆许。（《维摩诘经讲经文（一）》^P.755）

"许"常用义为听从、答应，即顺从、满足别人意见和要求。《说文·言部》："许，听也。"段玉裁注："引申之凡顺从曰许。"例如，《书·金縢》："尔之许我，我其以璧与珪归，俟尔命；尔不许我，我乃屏璧与珪。"听从他人的意见、要求包含着对他人的意见、要求的尊重和肯定，如果反过来，听从者表达对提出要求、意见者的肯定，则有赞成、赞同义，如《孟子·梁惠王上》："有复于王者曰：'吾力足以举百钧，而不足以举一羽；明足以察秋毫之末，而不见舆薪。'则王许之乎？""许"后来常常用为对人的评价，肯定某人身上有某些特点或认定某人值得获取某种身份，如《后汉书·郑玄传》："（袁）绍客多豪俊，并有才说，见玄儒者，未以通人许之，竞设异端，百家互起。"对人的评价和肯定，如果带有夸奖的意味，"许"就获得了赞许、称赞义，如《世说新语·企羡》："王丞相过江，自说昔在洛水边，数与裴成公、阮千里诸贤共谈道。羊曼曰：'人久以此许卿，何须复尔？'王曰：'亦不言我须此，但欲尔时不可得耳！'"

【多】

（12）陈情谦让，多为使于毗耶；赞彼净名，表上人之难对。（《维摩诘经讲经文（七）》^{P.915}）

"多"本义指数量多，与"寡"、"少"相对，如《论语·泰伯》："曾子曰：'以能问于不能，以多问于寡；有若无，实若虚，犯而不校，昔者吾友尝从事于斯矣。'"引申为动词，指对人及其行为的肯定和推崇，即有称赞义，如《韩非子·说难》："其心有高也，而实不能及，说者为之举其过而见其恶而多其不行也。""多其不行"指称赞那人不去做坏事。《韩非子·五蠹》："以其不收也外之，而高其轻世也；以其犯禁也罪之，而多其有勇也。""多其有勇"谓赞扬他有勇气。

【美】

（13）人民欢泰，叹美其王。（《频婆娑罗王后宫彩女功德意供养塔生天因缘变》^{P.1082}）

"美"本义为味道好，《说文·羊部》："美，甘也。"引申指人形貌好，如《左传·昭公二十八年》："昔贾大夫恶，娶妻而美，三年不言不笑。"引申作动词，即认为人及其行为值得肯定，即有称赞义，如《战国策·齐策一》："寝而思之曰：'吾妻之美我者，私我也；妾之美我者，畏我也；客之美我者，欲有求于我也。'"① 又《韩非子·五蠹》："然则今有美尧、舜、鲧、禹、汤、武之道于当今之世者，必为新圣笑矣。"

【奖】

（14）文殊谦，世尊奖，菩萨声闻小为长。（《维摩诘经讲经文（七）》^{P. 917}）

"奖"有劝勉、鼓励义，《方言》卷六："自关而西秦晋之间相劝曰耸，或曰奖。"例如，《左传·昭公二十二年》："无亢不衷，以奖乱人。"孔颖达疏："奖，劝也。"劝勉就是鼓励人去继续所做的事情或更加努力去做事，这一意义隐含对所做事情的肯定，由此引申，指对人或人所做事情本身的肯定和鼓励，即有称赞义，所以《广雅·释诂四》："奖，誉也。"其较早用例如《魏书·张彝传》："公私法集，衣冠从事；延请道俗，修营斋讲；好善钦贤，爱奖人物。"又《魏书·袁翻传》："所举之人，亦垂优异，奖其得士，嘉其诚节。"

---

① 按照传统的看法，此类"美"字用法为形容词的意动用法，即"以……为美"，李明（2004）认为："这三个'美'之所以活用为动词，与前面的对话有关，美₂ = 说美₁，所以也可以认为是'从话语来的动词'用法。""意动用法与'从话语来的动词'用法相关，是因为'认为、以为'义同言说义关系密切。一方面，言为心声，说什么往往就是认为什么，……另一方面，一个人的想法通常需要说出来才能为人所知，……如果从上下文看是只想不说，就只能理解为意动；如果从上下文看确实是言语行为，就宜理解为'从话语来的动词'。"见李明《从言语到言语行为——试谈一类词义演变》，载《中国语文》2004 年第 5 期。我们同意李明先生的观点，即"美"的称赞义与意动用法并不完全一致。

【赏】

（15）且如侍奉父母，怜念弟兄，见必喜欢，逢之赏叹。（《父母恩重经讲经文（一）》[P.970]）

"赏"本义为用实物赏赐有功之人，《说文·贝部》："赏，赐有功也。"《吕氏春秋·孟春》："还，乃赏公卿、诸侯、大夫于朝。"高诱注："赏，爵禄之赏也。"如果仅仅用行为或言语肯定人及其行为，这个人也不一定是仅仅只是有功才受到奖赏，"赏"即有赞赏、称赞义，如《左传·襄公十四年》："善则赏之，过则匡之。"杜预注："赏，谓宣扬。"

【褒】

（16）到日球场宣诏喻（谕），敕书褒奖更丁宁。（《张淮深变文》[P.192]）

"褒"本义为衣襟宽大，《说文·衣部》："褒，衣博裾。"段玉裁注："博裾，谓大其褒囊也。《汉书》：'褒衣大袑。'谓大其衣绔之上也。引申之为凡大之称，为褒美。"由段注可知，引申为"凡大之称"，如《淮南子·主术》："是故得道者不为丑饰，不为伪善，一人被之而不褒，万人蒙之而不褊。"高诱注："褒，大也。"由"褒"之"大"义，引申出褒美之义，《玉篇·衣部》："褒，扬美也。"例如，《公羊传·隐公元年》："与公盟者众矣，曷为犹褒乎此？因其可褒而褒之。"

【谈】

（17）清词辩海人难及，妙智如泉众共谈。（《维摩诘经讲经文（四）》[P.858]）

（18）百宝冠新尽恋瞻，六殊（铢）衣晃皆谈许。（《维摩诘经讲经文（一）》^{P.766}）

"谈"本义为和人对话，共同谈论，《说文·言部》："谈，语也。"例如，《孟子·离娄下》："蚤起，施从良人之所之，遍国中无与立谈者。"谈说的内容多是肯定和称说别人的优点，即有称美、称赞义，如《韩非子·孤愤》："学士不因，则养禄薄礼卑，故学士为之谈也。"王先慎集解引旧注："谈者，谓为重人延誉。"又《魏书·任城王澄传》："文明太后引见澄，诫厉之，顾谓中书令李冲曰：'此儿风神吐发，德音闲婉，当为宗室领袖。是行使之必称我意。卿但记之，我不妄谈人物也。'"①"谈"之赞扬义更为明显。

【夸】

（19）我长于诸处，夸汝娄罗，心田无荆棘之林，性行绝波涛之险。（《维摩诘经讲经文（四）》^{P.865}）

"夸"有夸耀义，《玄应音义》卷十一"自夸"注引《通俗文》："自矜曰夸。"《汉书·扬雄传下》："明年，上将大夸胡人以多禽兽。"可见"夸"义为过度地虚美自己，如果指合理正当地赞美别人，则有夸奖、夸赞义，如《颜氏家训·勉学》："何晏、王弼，祖述玄宗，递相夸尚。"

以上诸词在变文中单用例、复合用例使用情况如下：

---

① 此例引自方一新《东汉魏晋南北朝史书辞语笺释》，黄山书社1997年版，第135页。对"谈"之称赞义有考释。

（1）单用例：赞［25］；叹［9］；称［9］；许［2］；多
［1］；奖［1］；美［1］；谈［1］；夸［15］。

（2）复用例：赞叹［22］；赞美［3］；叹美［1］；称赞
［10］；称叹［3］；称扬［3］；赏叹［1］；夸誉［1］；夸谈
［1］；谈许［1］；奖赏［1］；褒奖［1］。

分析可知，变文中此类动词使用虽然丰富，但更多的集中
在"赞"、"叹"，"称"几个词上，而且其中多与佛教文献使
用特点有关。中古新出现的"许"、"奖"使用并不多。总之，
此类动词在变文中的使用其中古词语特点不显著，其佛教文献
特点较显著。

2. 其他"称赞"类动词

其他"称赞"类动词分述如下。

【善】

"善"，本义为美好，指事物或人具有美好的特点，《说文
·誩部》："譱（善），吉也。"如《诗·邶风·凯风》："母氏
圣善，我无令人。"引申用在直接引语中，表示对所做事情的
赞同、赞叹之情，如《论语·颜渊》："子曰：'善哉问！先事
后得，非崇德与？'""善哉问"意为对这一发问的事情表示赞
美之情，犹言"问得好"。由此引申对人及其行为表达赞叹之
情，即有称赞义，如《韩非子·说林上》："夫以人言善我，
必以人言罪我。"

【嘉】

"嘉"，本义指美好，《说文·壴部》："嘉，美也。"对人
的优点和行为表示认同和肯定，即为嘉许、称赞义，如《左
传·闵公元年》："'季子来归'，嘉之也。""嘉之"即称赞季
子。

（三）"责怪"类和"称赞"类动词词义演变对比分析

分析"责怪"类动词的来源，大体可以分成以下几类：

（1）"数"、"说"本来用于客观的述说，但在语用中获得了愤怒、厌恶等负面情绪支持，其述说的内容仅指向人的错误缺点等，从而具有责怪义；

（2）"责"、"喝"、"讼"、"斥"都是对人的错误、缺点所做出的某种行为反应，如"责"是对他人要求不能满足这一缺点因而产生的行为；"喝"，人犯错误，多会引人大声呵斥；"讼"因为他人错误而向第三方申诉；"斥"，是因为别人错误，而斥逐。如果这些行为具体化为言语行为，就可产生责怪义；

（3）"过"本为错误义，是人的行为特点，是产生责怪的原因，如果认为人有过错，进而指出人有过错，即为责怪义；

（4）"诽"、"谤"最初表达正确地批评、指责义，但其常用义却表达无理地批评或指责；"骂"则可以相反，本为"恶语相加"，即对无理谩骂，如果"骂"的内容合情合理，则可表责怪义；

（5）"怪"、"怒"、"嗔"、"嫌"都用来表达不满、厌恶之情，如果这种心情直露为言语行为，就获得了责怪义。

分析"称赞"类的来源，可以分为以下几类：

（1）"称"、"谈"、"许"都由一般的称说、评价义演变为表达赞赏之情，突出、肯定人的优点好处，从而产生称赞义；

（2）"赞"、"叹"、"奖"、"赏"都是肯定他人的好处、优点所做出的行为，"赞"是通过推举的方式，"叹"是通过感叹的情态，"奖"是通过鼓励，"赏"是通过物质奖励，它们通过演化具体化为言语行为方式来肯定人的优点，即对人称赞；

（3）"多"、"美"、"褒"、"善"、"嘉"本都是指事物好的性质，因而也可以用来形容人，当它们转成动词用来指出人的优秀特性时，即获得称赞义；

（4）"夸"单列一类，是因为汉语对这一语义特点的重视，即自我"称赞"，还是由别人"称赞"，自我称赞常被认为不合情理，而由别人称赞则比较客观，由此，"夸"产生意义的演变。

对比两类动词的来源和演变方式可以发现，前三种演变方式具有共性，但从其能产性来看，"称赞"类借助行为属性的动词化方式更为常用，而"责怪"类仅仅只有"过"。而第五种演变方式是"责怪"类特有的，"称赞"类动词没有由相应的喜悦、愉快、满意之类的心理动词得到，这应该反映了错误缺点常常引起他人的不满、厌恶之情，而人的优点好处并不对应引起他人的满意、喜悦之情。

比较有意思的是，各自的第四类方式，"责怪"类中，批评的有理、正确与否是确立责怪义和非责怪义的区别性语义特征。而是否自我表扬，是称赞义和夸耀义的区别性语义特征。这反映了我们对某些特定语义特征的关注。批评是否合理这一区别性特征，早就被古人所看重，例如《墨子·经说下》："论诽之可不可：以理之可诽，虽多诽，其诽是也；其理不可非，虽少诽，非也。"其意谓批评的对错在于所批评的是否有其道理。这一区别即分别被词化在不同的词形中，又可发生相互转化。而称赞和夸耀的语义对立，仍然可以从同类词语演变中看到，如"称扬"，唐刘得仁《寄谢观》诗："得失天难问，称扬鬼亦闻。"《燕子赋（二）》："海龙王第三女，发长七尺强。衔来腹底卧，燕岂在称扬？"第一句《汉语大词典》释为

"称许赞扬"，第二句《唐五代语言词典》释为"夸耀"，其区别即在于别人称赞，还是自己称赞自己。

（四）"谈"、"说"的词义演变对比分析

"谈"和"说"本义不同，"谈"本义为和人一起谈话，《说文·言部》："谈，语也。"又《言部》："语，论也。"又《言部》"言"下："论难曰语。"我们认为，"谈"与"语"是有区别的，其共同点，不在于和人论理，而在于答述人言、与人对话，例如《礼记·杂记下》"言而不语"，郑玄注："为人说为语。""说"本义为解说，《说文·言部》："说，说释也。"向人解说即向人陈述自己的观点，所以《言部》："说，一曰谈说。"即和人一起谈话，并表达自己的认识。"谈"与"说"虽本义不同，引申的过程中有趋同的过程，它们都有谈话、谈论义，又都引申有评论、评说义。但在引申的过程中，最终又各自不同，"谈"引申出称誉、称赞义，而"说"则引申出批评、责难义，两者截然相反。以下我们试以典型例句，比较其中的过程。

1. 谈：

（1）早起，施从良人之所之，遍国中无与立谈者。（《孟子·离娄下》）

（2）宾客百余人，人一奏刺，悉书其乡邑名氏，世所谓爵里刺也，客示之，一寓目，使之遍谈，不谬一人。（《三国志·魏志·夏侯渊传》裴注引《世语》）

（3）叔嗣虽亲贵，言忧其败，蔡文至虽疏贱，谈称其贤。（《三国志·吴志·步骘传》）

（4）（于）忠性多猜忌，不交胜己，唯与直阁将军章初瑰、千牛备身杨保元为断金之交。李世哲求宠于忠，私

以金帛宝货事初瑰、保元，初瑰、保元谈之，遂被赏爱，引为腹心。（《魏书·于栗磾传附于忠》）

句（1）是"谈"的一般用法，即与人谈话，句"无与立谈者"意谓没有和良人谈话的人；句（2）"谈"谓评论，即和人在一起谈话时，发表自己的意见，评论人最重要的在于公平，没有倾向性，"凡人之谈，常誉成毁败，扶高抑下"（《三国志·蜀志·姜维传》），所以此句谓让他看到别人的名字后，加以评价，没有错谬的地方；句（3）之"谈"则明显具有了倾向性，其谈论评价只为称述别人的优点和好处，"谈称其贤"即赞誉所论之人有贤才；句（4）"谈"的称誉义更加明显，此句谓李世哲为了向于忠求宠，于是巴结初瑰、保元，而初瑰、保元于是在于忠面前称赞李世哲，李世哲因而被于忠当成心腹之人。我们看到，"谈"由陈述客观意见到只表达赞扬的观点，"谈"的用法逐渐带上了评论者的主观感情。

2. 说：

（1）缪公闻之，素服庙临，以说于众曰："天不为秦国，使寡人不用蹇叔之谏，以至于此患。"（《吕氏春秋·悔过》）

（2）昔儒旧生，著作篇章，莫不论说，莫能实定。（《论衡·本性》）

（3）吾数与平叔共说老、庄及易，常觉其辞妙于理，不能折之。（《三国志·魏志·方技传》）

（4）世论温太真是过江第二流之高者。时名辈共说人物，第一将尽之间，温常失色。（《世说新语·品藻》）

（5）左氏有一个大病，是他好以成败论人，遇他做得来好时，便说他好；做得来不好时，便说他不是。
（《朱子语类》卷八十三）

（6）（正末云）婆婆，陈虎那厮恰才我说了他几句，
那厮有些怪我，我着几句言语安伏他咱。陈虎孩儿，我恰
才说了你几句，你可休怪老夫。我若不说你几句呵，着那
人怎生出的咱家这门？（元张国宾《相国寺公孙合汗衫》
第一折）

句（1）"说"可以理解为解说义，即缪公因为自己的罪
责，向人们解说其中的原因，其意义介于"说"的解释义和
述说、讲述义之间；句（2）"论说"即表明"说"是对某些
问题发表自己的看法；句（3）"与……共说"，与"与……共
谈"相类（如《太平经》卷二百八："天道不通，故遣吾下与
真人共谈，分别道得失。"），即和人一起谈论，向人发表意
见，在这一义上"说"与"谈"的用法相一致；进而"说"
具有评论义，句（4）"说人物"，显然此"说"即评论人物
的得失；句（5）中的"说"，还带有较为客观的评定意味，
"说他好"意味称赞他好，"说他不是"即意味着批评他不对、
不好；但句（6）中"说"的客观意味转成了主观评价，
"说"即责难、批评，"我说了他几句"其实就是我责难了他
几句，甚至是骂了几句。

"谈"的赞誉义和"说"的责难义的形成反映了词义"主
观化"的过程。沈家煊（2001）① 指出："'主观性'是指语

---

① 沈家煊《语言的"主观性"和"主观化"》，《外语教学与研究》2001 年
第 4 期。

言的这样一种特性，说话人在说出一段话的同时表明自己对这段话的立场、态度和感情。'主观化'是指语言为表现这种主观性而采用相应的结构形式或经历相应的演变过程。"通过"谈"和"说"的分析可以看到，"谈"和"说"都由客观地发表对人的意见，演变为表明自己的感情、态度，"赞誉"表明了欣赏的感情和赞同的态度，而"责难"则表明了厌恶的感情和指责的态度，其词义从语境中吸收并凝固了表达主观性的意义特征。另外，"谈"和"说"的演变还反映了"以言行事"的特征。"谈"和"说"最初表达的意义没有"言外之意"，只是述说事实，当人的主观性成为词义的一部分时，说"谈"这个词，即表明赞赏的态度，说"说"这个词，即表明批评的态度，"谈"和"说"不再与语境相联系，独立去表达主观评价这种"言外之意"，它意味着说出某个词即完成了"主观评价"之事。

"谈"和"说"的意义分化并非同时形成，但在共时语言平面上还可以见到。如元代口语中尚可看到，"说"的例子已见上文，以下仅举"谈"的例子：

　　（1）【黄钟尾】我说的是十年尘梦三生话，我啜的是两腋清风七盏茶。非自谈非自夸，我是这在城中第一家。（元郑廷玉《布袋和尚忍字记》第二折）

　　（2）【醉太平】我做聪俊的媒婆，两脚疾走如梭。生得不矮又不矬，人人都来请我。我更要金多银多，绫罗段匹多，方肯做。又且张家李家夸谈①我。〔末〕夸谈你甚

---

　　① "夸谈"这里应该是夸奖、赞扬义。《汉语大词典》"夸谈"条释为"大言，夸夸其谈"，与此义不同。

的？〔五〕道我每须胜是别媒婆。（元高明《琵琶记》第
十二出）

其沿用，在现代汉语中"说"的批评、责难义还可以看
到，但"谈"的赞誉义已难见到。

八　"遮蔽"类动词的来源和词义演变分析

"遮蔽"有两个意义，一为具体意义，一为抽象意义，其
具体意义指事物之间的遮蔽掩盖，如"浮云蔽日"；其抽象意
义指用某种手段遮掩事实或状况，不让人知道，如"掩盖真
相"。我们只讨论其具体意义，即指一物体处在另一物体的某
一方位，使后者不显露。遮蔽可以包括不同的形式，如隐蔽，
指借旁的事物来遮掩；覆盖，指用事物从上面遮盖。

（一）"遮蔽"类动词在变文中的使用

【遮】

（1）飞沙蓬勃遮云汉，清风激浪喻摧林。（《伍子胥
变文》[P.7]）

（2）杨妃亦（一）见，拽得灵衬（榇）在龙床底
下，权时把敷壁遮拦。（《韩擒虎话本》[P.299]）

"遮"本义为遏止、阻拦义，《说文·辵部》："遮，遏
也。"例如，《史记·秦本纪》："遂墨衰绖，发兵遮秦兵于殽，
击之，大破秦军，无一人得脱者。"引申有遮蔽义，其较早用
例如，北魏贾思勰《齐民要术·种麻子》："凡五谷地畔近道
者，多为六畜所犯，宜种胡麻、麻子以遮之。""遮之"指用
胡麻、麻子遮蔽五谷，用以阻挡六畜的侵害。唐代用例渐多，

如唐岑参《省中即事》诗："竹影遮窗暗，花阴拂簟凉。"阻拦义指阻止人前进前行，而遮蔽指阻止视线，因而看不到事物背面的状况，或因为事物的拦挡，使得事物（如太阳光）无法到达事物的背面。

【掩】

（3）致使佛光最胜，掩耀群霞；圣力独超，遮阑宇宙。（《维摩诘经讲经文（一）》[P.766]）

（4）遥瞻帝阙，千重之瑞气腾笼；远望皇宫，一片之祥云掩映。（《维摩诘经讲经文（二）》[P.810]）

（5）奇毛异骨，鼓腾双翅，掩敝（蔽）日月之明，爪距纤长，不异丰城之剑。（《降魔变文》[P.565]）

"掩"在上古汉语即有掩盖、遮蔽义，《说文·手部》："掩，敛也。""掩"之掩盖义多用其抽象意义，如《书·盘庚上》："世选尔劳，予不掩尔善。"孔传："言我世世选汝功勤，不掩蔽汝善。"也可用其具体意义，如《韩非子·内储说下》："荆王新得美女，郑袖因教之曰：'王甚喜人之掩口也，为近王，必掩口。'"

【蔽】

（6）方梁欐木，福塞虚空；捧石擎山，昏蔽日月。（《破魔变》[P.533]）

"蔽"在上古汉语，其常用义为遮掩、掩蔽，与"掩"同义，常用来指意识上受到遮蔽、蒙蔽，因而无法知道，如《战国策·楚策一》："臣入竟，闻楚之俗，不蔽人之善，不言人之恶，诚有之乎？"也可指事物之间的遮盖、遮蔽，不让人看到，如《尉缭子·治本》："今短褐不蔽形，糟糠不充腹，失其治也。"

【盖】

（7）盖得肚皮脊背露，脚根有袜指头串。（《解座文二首》^{P.1191}）

"盖"本义为用以覆盖的一种事物，《说文·艹部》："盖，苫也。"引申为动词，指由外向内或由上而下地覆盖、遮盖，如《大戴礼记·明堂》："以茅盖屋，上圆下方。"忽略其方向性，则指一般的遮盖、遮蔽义，如《淮南子·说林》："日月欲明而浮云盖之。"高诱注："盖，犹蔽也。"

【覆】

（8）面目青黑，且唇不覆齿，发不覆耳，腰不覆胯，既貌观占，不成人也。（《晏子赋》^{P.370}）

（9）又常以衣裳覆盖，不令保露身形。（《维摩诘经讲经文（三）》^{P.836}）

"覆"有遮蔽义，《说文·襾部》："覆，……一曰盖也。"与"盖"义同，指由外向内地覆盖、遮盖，《吕氏春秋·音初》："帝令燕往视之，鸣若谥隘，二女爱而争抟之，覆以玉筐。"又指一般的遮挡、遮蔽义，如《论衡·吉验》："每剑加高祖之上，项伯辄以身覆高祖之身，剑遂不得下，杀势不得成。"

【隐】

（10）忽涌身于霄汉，头上火焰而烋烋；或隐质于地中，足下清波而浩浩。（《佛说阿弥陀经讲经文（一）》P.669）

“隐”本义不让人看见，《说文·阜部》：“隐，蔽也。”徐灏注笺：“隐之本义，盖谓隔阜不相见，引申为隐蔽之称。”“隐”引申出几个相互关联的义项，一指一事物被另一事物所遮蔽不见，如《庄子·人间世》：“支离疏者，颐隐于脐，肩高于顶，会撮指天。”或指事实被用某种方法遮盖，《左传·文公十八年》：“昔帝鸿氏有不才子，掩义隐贼，好行凶德。”一指刻意用某种方法遮蔽人或事物使不被找到，即隐藏、躲藏，如《韩非子·难三》：“不隐贤，不进不肖。”一指不让人知道事实或真相，即隐瞒、蒙蔽，如《论语·述而》：“二三子以我为隐乎？吾无隐乎尔。”

【障】

（11）年年裁剪绫罗，岁岁割截绮彩，以遮丑拙，用障筋骸。（《维摩诘经讲经文（三）》P.836）

（12）譬如长天有月，被浮云障翳不出来。（《八相押座文》P.1140）

“障”本义为阻碍、阻隔，《说文·阜部》：“障，隔也。”例如，《吕氏春秋·上德》：“太华之高，会稽之险，不能障矣。”引申指有阻挡、阻塞，即成为前进的障碍，不让人或事物前进，如《管子·法法》：“令而不行，谓之障。”又《吕氏春秋·贵直》：“人主之患，欲闻枉而恶直言，是障其源而欲其水也，水奚自至？”引申有遮蔽义，即挡住背后的事物，让人无法看到或使事物无法近身，如《论衡·说日》：“夏时阳气多，阴气少，阳气光明，与日同耀，故日出辄无障蔽。”

【闭】

（13）眉间毫彩分明现，闭却庵园万种光。（《维摩诘经讲经文（一）》^{P.767}）

“闭”本义为关门，《说文·门部》：“闭，阖门也。”多用来指关闭门户等，如《韩非子·杨权》：“上固闭内扃，从室视庭，参咫尺已具，皆之其处。”引申有阻隔、阻塞义，如《左传·昭公元年》：“勿使有所壅闭湫底。”孔颖达疏：“闭，谓闭塞，若闭门户也。”可见，闭门即不使人进出，因而引申出阻塞义。如果阻塞的意义重点不在于指明挡住前进的方向，而在于表示挡住后面的事物不被看见，即为遮蔽义，如唐韩愈《重云李观疾赠之》诗：“重云闭白日，炎燠成寒凉。”

【翳】

（14）口吐烟云，昏天翳日，扬眉眴目，震地雷鸣，闪电乍闇乍明，祥云或舒或卷。（《降魔变文》^{P.565}）

“翳”本义为一种遮盖物，引申有遮蔽义，《说文·羽部》：“翳，华盖也。”又《说文》“侍，翳也。”段玉裁注：“翳者，华盖也。引申为凡覆蔽之称。”可见“翳”由名词引申出动词义，例如《楚辞·离骚》：“百神翳其备降兮，九疑缤其并迎。”王逸注：“翳，蔽也。”

【张①】

(15) 人持白刃，突骑争先。须臾阵合，昏雾张天。
(《张义潮变文》^{P.180})

"张"本义为拉紧弓弦，《说文·弓部》："张，施弓弦
也。"拉紧弓弦的动作特点，在于拉开、拉展，因而"张"引
申有展开、铺展义，如《史记·殷本纪》："汤出，见野张网
四面，祝曰：'自天下四方皆入吾网。'汤曰：'嘻，尽之
矣！'"如果尘土、云雾铺展，弥漫于天空，自下视之不见天
空，即为遮蔽天空，如《文选·左思〈蜀都赋〉》："讙哗鼎
沸，则嗁聒宇宙；嚣尘张天，则埃壒曜灵。"李周翰注："车
马之尘昏，上蔽日景也。""张"由此引申有遮蔽义。

【影】

(16) 更深潜至堂阶下，花药园中影树身。②（《捉季
布传文》^{P.92}）

"影"有三义，一为影子、暗影义，如《庄子·渔父》：
"人有畏影恶迹而去之走者，举足愈数而迹愈多，走愈疾而影
不离身。"一为反照、映照出的虚像，如《后汉书·朱浮传》：
"引镜窥影，何施眉目？举措建功，何以为人？"因而反照、

---

① 项楚先生释："按'张'即展开，引申为遮蔽之义。"见《敦煌变文选注
（增订本）》，中华书局 2006 年版，第 314 页。
② 此例项楚先生释："影：隐蔽，遮掩。"见《敦煌变文选注（增订本）》，
中华书局 2006 年版，第 201 页。

映照也称为"影"①，如《高僧传》卷七"竺道生"条："其年夏雷震青园佛殿，龙升于天，光影西壁，因改寺名号曰龙光。"《太平广记》卷二百三十"王度"条"又谓绩曰：'此镜有数种灵相，皆当未见。但以金膏涂之，珠粉拭之，举以照日，必影彻墙壁。'"（出《异闻集》）又《法苑珠林》卷四十五："颂曰：'智人受谏，愚人拒违。譬同明镜，影照瑕疵。'"一为遮蔽、隐蔽义②，南北朝庾信《西门豹庙》诗："漳流鸣磴石，铜雀影秋林。""影"为"景"之后起分化字，"景"本义为日光，《说文·日部》："景，日光也。"段玉裁注："后人名阳曰光，名光中之阴曰景。"例如《文选·江淹〈别赋〉》："日出天而耀景，露下地而腾文。"可见，"影"与"景"的关系、"影"各义项之间的关系，与人对自然光影形成的认知有着密切的关系。

【映（暎）】

（17）龙神引路，菩萨前迎，瑞气盈空，天花映日。（《维摩诘经讲经文（七）》[P.917]）

（18）虑恐此处人相掩，捻脚攒形而暎树。（《伍子胥变文》[P.3]）

"映"，《说文》无字，《说文新附·日部》："映，明也，隐也。"《慧琳音义》卷二十一引《慧苑音义》"相庇映"注

---

① 此义《汉语大词典》收例过晚，引《西游记》第十二回："条条仙气盈空，照彻了天关；朵朵祥光捧圣，影遍了世界。"

② 《现代汉语词典》"影"的第八个义项即为"遮蔽"，被认为是方言用法，如"把棍子影在背后。"由变文用例可知，此义用已久。见《现代汉语词典（第6版）》，商务印书馆2012年版，第1563页。

引字书曰："映，傍照也。"又《小学钩沉·通俗文下》："日阴曰映。"由此，"映"有相联系的四个义项：有照射、照耀义，如晋郭璞《山海经图赞》："光彩流映，气如虹霞。"有暗影义，《文选·王粲〈七哀诗之二〉》："山岗有余映，岩阿增重阴。"李善注："日阴曰映。"有反映、映照义，三国魏曹植《赠友》诗："从容冰井台，清池映华薄。"有隐蔽、遮蔽义，如《文选·颜延之〈应诏观北湖田收〉》诗："楼观眺丰颖，金驾映松山。"李善注："映，犹蔽也。"与"影"各义项一样，这几个意义密切相关，与人对自然光影的认识有关，因而在一个词语范畴内引申。又"暎"与"映"同。

以上诸词在变文中的使用情况：

（1）单用例：遮［12］；掩［3］；蔽［5］；盖［5］；覆［11］；隐［7］；障［2］；闭［2］；翳［2］；张［2］；影［3］；映（暎）［14］。

（2）复用例：遮拦［3］；掩映［2］；掩蔽［1］；覆盖［1］；障翳［1］。

由上可知，"张"、"影"、"映"三词的遮蔽义，为中古新现，变文中的用例集中体现了这一义域中新词的用法和使用情况。

（二）其他"遮蔽"类单音动词

【当】

"当"，有抵当义，指出力阻拦，不让人向前进攻，如《韩非子·奸劫弑臣》："国有无功得赏者，则民不外务当敌斩首，内不急力田疾作。"如果用物体阻挡，即遮蔽其背后的事物，如《韩非子·内储说上》："夫日兼烛天下，一物不能当也。"

【荫】

"荫",本义为树荫,即遮蔽日光而形成的暗影,如《庄子·山木》:"一蝉方得美荫而忘其身。"引申有遮蔽义,如晋陶潜《归田园居》诗:"榆柳荫后檐,桃李罗堂前。"

【扇】

"扇",有一义为名词,指仪仗中障尘蔽日的用具,称为障扇或掌扇。因为其功能具遮蔽作用,引申出动词遮蔽义,如北魏贾思勰《齐民要术·种榆白杨》:"榆性扇地;其阴下,五谷不植。"

(三)"遮蔽"类动词词义演变分析

从词义来源分析,"遮蔽"义的来源大体可分成四类:

(1)"障"、"翳":本义都与障碍物有关,引申指障蔽,遮蔽义。

(2)"遮"、"当":本义都是一种力的作用,指阻拦,即不让人前进,引申有遮挡、遮蔽义。

(3)"覆"、"盖"、"闭"、"张":"覆"、"盖"指从上向下遮盖,引申有遮蔽义,覆盖是遮蔽的一种具体形式;"张"由铺展义,引申有遮蔽义,"铺展"是遮蔽的一种具体显现形式。

(4)"荫"、"影"、"映":本义都与光线有关,引申有遮蔽义。

蒋绍愚先生(1999)在谈到"第二次分类"时指出:"单义词一个词就是一个义位,多义词一个词有几个义位。也就是说,在多数情况下,总是几个义位结合在一起,组成一个词。哪些义位结合在一起组成一个词,这又是一次分类。这就是我们所说的'第二次分类'。这种分类,也是各种语言(或各个不同时期的语言）有所不同的。"①

我们拿"两次分类"的观点来看"遮蔽"类动词的来源，可以发现"遮蔽"概念的表达来源于人类不同的认识领域，"遮蔽"需要实体事物间的阻隔，因而如"障"、"翳"最初表实体事物的词可以引申出遮蔽义；"遮蔽"常常与力的作用有关，"遮"、"当"最初指阻拦，即使力阻止，不让事物前进，如果指阻拦住视线光线，就会使人无法知道遮挡物背后的状况，即为遮蔽义，这是一个事件的两个方面；而"荫"、"影"、"映"，则是因为光无法照见，形成暗影，无法看见，由此引申出遮蔽义。这三种状况反映了人类认知上的差别，而从词义历史演变来看，由暗影义而引申出来的遮蔽义多数出现和使用在中古汉语中，这一方面反映了中古词义系统的变化和发展，另一方面反映了人对事物认知的深化和发展。

（四）"荫"、"影"、"映"如何引申出遮蔽义

"映"在中古出现遮蔽义，这一意义与其映照义意思相反，它们之间缺乏必然的意义联系，所以有人认为"映"是一个假借字。王锳先生即认为："映，遮掩、隐藏，与通常所表示的'映现'义正好相反"，"'映'字不见于《说文》而见于《新附》，释云：'明也，隐也，从日央声。'是此字兼有正反二训。但这种反训可能是由通假所造成的。笔记中另有'影'字，也可用为隐藏义"，"'影'之与'映'，中古声调小异。又'映'与'荫'亦或可通"。② 但是，即使"映"与"荫"、"影"因通假而具有遮蔽义，问题仍然在于"荫"

---

① 蒋绍愚（1999）《两次分类——再谈词汇系统及其变化》，见《汉语词汇语法史论文集》，商务印书馆 2000 年版，第 146 页。

② 见《唐宋笔记语辞汇释》（修订本），中华书局 2001 年版，第 213—214页。

"影"又是如何发展出遮蔽义的。我们认为"荫"、"影"和"映"三词相类，是由于人们对光与影联系的认知，在相似的条件下分别引申出了遮蔽义的。

"荫"本义为树下的暗影，引申有荫覆之义，即在暗影的笼罩下，如《吕氏春秋·先己》："大水深渊成而鱼鳖安矣，松柏成而涂之人荫矣。""荫"指树荫的笼罩。由暗影笼罩义，引申有遮蔽义，如三国魏嵇康《琴赋》："玄云荫其上，翔鸾集其巅。"意谓玄云罩覆其上，即使遮蔽而无法被看到。

"景"与"影"同源，古人认识到光照为"景"，《说文》："景，光也。"而光照在物体上，其背面形成的暗影，最初也称为"景"，如《文选·枚乘〈上书谏吴王〉》："人性有畏其景而恶其迹。"吕延济注："景，影也。"又《玄应音义》卷八："景，光景也。凡阴景者，因光而生，故即谓为景。"可见，这两个意义之间存在着人对光、影认知上的联系。后来为区别词义而新造"影"字。因为物体在暗影的荫蔽下，物体无法被看清，因而引申出遮蔽义，如《老子化胡经》卷十《尹喜哀叹五首》："但见飞仙士，列翼影清天。"

"映"最初指日光照射，如南朝陈江总《洛阳道》诗："花障荡舟笑，日映下山逢。"但因为认知上的联系，暗影的投射也称为"映"，如《法显传》："其道东有外道天寺，名曰影覆，与论议处精舍夹道相对，亦高六丈许。所以名影覆者，日在西时，世尊精舍则映外道天寺；日在东时，外道天寺影则北映，终不能得映佛精舍也。"第一个"映"指世尊精舍在日光照射下形成的暗影投射向外道天寺，第二个"映"指外道天寺的暗影向北投射，第三个"映"的意思则具有了荫覆之义，指外道天寺的暗影无法荫覆、笼罩住佛精舍。可见，"映"由日照投射发展为暗影投射，再引申，在暗影的荫蔽下，则有荫影笼罩之义。由荫覆、笼罩义，引申即有遮蔽义，如《南史·宋本纪》："三十年正月乙亥朔，会群臣于太极前殿，有青黑气从东南来，覆映宫上。"此例中"覆映"可以解释为黑气罩覆在皇宫之上，其实质即指黑云遮蔽了皇宫。

第二节　多义词演变分析

本节主要以词为视点，考察词语多义性发展的过程和模式，试图从中分析得到词的多义性发展的动因和影响词的多义性发展的诸种因素。

我们认为，一词多义是词汇共时现象，但同时是词义历时发展的结果。Sweetser（1990）曾将语用歧义、一词多义和词义演变纳入同一框架进行解释。束定芳（2000）则指出，描述多义现象需要采取历时和共时相结合的研究方法，描述多义现象而不提及多义的来源是不大现实的。因此，如何有效地揭示多义之间的概念联系，解释多义演变发展的过程和趋向，成为我们研究的一个侧重点。

一　"追、逐、趁"的多义性及其词义演变分析

"追"、"逐"、"趁"本义相同，引申义序列相类，我们试图从中归纳出它们的引申模式。

（一）"追"、"逐"、"趁"在变文中的使用

【追】

"追"本义为追赶，即朝着既定目标快速行进，其目的是追上，《说文·辵部》："追，逐也。"上古即有用例，《左传·僖公二十五年》："楚令尹子玉追秦师，弗及。"引申有寻求义，即为获取既定目标而搜寻，例如《韩非子·外储说右

上》："臧获之所愿托其足于骥者，以骥之可以追利辟害也。"
又特指抓捕在逃的人，如果所搜寻的既定目标为在逃的人，即
有抓捕义，唐代有用例，如《太平广记》卷四百三十四"戴
文"条："既而文子以牛身无验，乃讼邻人妄称牛犊有字。县
追邻人及牛至，则白毛复出，成字分明。"（出唐皇甫氏《原
化记》）又引申有追随、跟随义，如果所追逐的目标变成主体
对象，而追逐者变成客体对象，即追逐者自己成为被追逐者的
从属、支配对象，则追逐者称自己追随被追逐者，《方言》卷
十二："追，随也。"上古已有用例，如《楚辞·离骚》："背
绳墨以追曲兮，竞周容以为度。"王逸注："追，随也。"另，
"追"又有驱赶义，极少应用，如《文选·左思〈蜀都赋〉》：
"神农是尝，卢跗是料；芳追气邪，味蠲疠痟。"刘良注："此
药芬芬，能退去气病与邪病。"

　　"追"在变文中用有四义：

追赶义：

　　（1）凶（匈）奴得急于先走，汉将如云押背追。
（《李陵变文》^{P.128}）

　　（2）其贼不敢拒敌，即乃奔走。仆射遂号令三军，
便须追逐。（《张义潮变文》^{P.180}）

寻求义：

　　（3）终朝逐色贪声，每日追欢恋醉。（《佛说观弥勒
菩萨上生兜率天经讲经文》^{P.961}）

　　（4）悟了只于心上取，心迷何处漫追寻。（《维摩诘
经讲经文（三）》^{P.826}）

（5）阙事如来日已远，追放（访）纵（踪）由天地遍。（《大目乾连冥间救母变文》^{P.1031}）

抓捕义：

（6）同姓同名有千姟，煞鬼交错枉追来。（《目连变文》^{P.1073}）

（7）专忧煞鬼相追捉，怕被无常一念催。（《父母恩重经讲经文（一）》^{P.972}）

（8）傥若在后被追收，必道女子相带累。（《伍子胥变文》^{P.4}）

跟随义：

（9）追朋伴亲侣，滥乌不相过。① （《燕子赋（二）》^{P.413}）

【逐】

"逐"本义为追赶，《说文·辵部》："逐，追也。"如《左传·隐公十一年》："公孙阏与颍考叔争车，颍考叔挟辀以走，子都拔棘以逐之。"引申亦有寻求义，《国语·晋语四》："厌迩逐远，远人入服。"韦昭注："逐，求也。"亦有抓捕义，《太平广记》卷三百九十"奴官冢"条："入县大叫云：'贼劫吾墓。'门主者曰：'君墓安在？'答曰：'正奴官冢是也。'

---

① 项楚先生释："'追'即陪随之义，如云'追朋逐友'。"见《敦煌变文选注（增订本）》，中华书局 2006 年版，第 541 页。

县令使里长逐贼，至皆擒之。"（出唐戴孚《广异记》）又引申有追随，跟随义，《玉篇·辵部》："逐，从也。"如《庄子·胠箧》："故逐于大盗，揭诸侯，窃仁义，并斗斛、权衡、符玺之利者，虽有轩冕之赏弗能劝，斧钺之威弗能禁。"成玄英疏："逐，随也。"又引申有驱赶义，追赶目标其目的如果在于迫使目标离开原地，即有驱赶义，如《左传·哀公十八年》："夏，卫石圃逐其君起，起奔齐。"

"逐"在变文中用有五义：

追赶义：

（10）贪逐胡蝶抛家远，为钓青苔忘却归。（《父母恩重经讲经文（一）》^{P.974}）

寻求义：

（11）□（冬）天逐暖，即向山南；夏月寻凉，便居山北。（《王昭君变文》^{P.156}）

（12）苍忙寻逐，不知所去之踪；遍问街衢，莫委游行之处。（《降魔变文》^{P.562}）

抓捕义：

（13）楚王捕逐于子，捉获赏赐千金。（《伍子胥变文》^{P.8}）

跟随义：

（14）珠逐恶人星夜去，血随干竹草头霖（淋）。（《双恩记》^{P.938}）

（15）高声责曰："你若在寺舍伽蓝，要念即不可；今况是随逐于我，争合念经！"（《庐山远公话》^{P.257}）

驱赶义：

（16）臣亦不敢使王太子禁止拘闭也，但乃逐出宫城，置野山中十二年，起坐伏身，经遭苦事，合生惭愧矣。（《须大拏太子好施因缘》^{P.502}）

（17）身子言知，化一力士，执持铁杖，驱逐作人不得停憩。（《祇园因由记》^{P.603}）

【趁】

"趁"，中古之后用为追赶义，《玄应音义》卷十九"趁而"注引《纂文》："关西以逐物为趁也。"可见"趁"字流行似与方言有关。其较早用例如，《梁书·曹景宗传》："常与少年数十人泽中逐麛鹿，每众骑趁鹿，鹿马相乱，景宗于众中射之。"又有寻求、追求义，如北魏贾思勰《齐民要术·杂说》："凡秋收了，先耕荞麦地，次耕余地，务遣深细，不得趁多。"又有追随、跟随义，如唐白居易《初到洛下闲游》诗："趁伴入朝应老丑，寻春放醉尚粗豪。"又有驱赶义，唐韩愈《宿神龟招李二十八冯十七》诗："荒山野水照斜晖，啄雪寒鸦趁始飞。"

变文中用有四义：

追赶义：

（18）单于亲领万众兵马，到［范］夫人城，趁上李陵。（《李陵变文》^{P. 128}）

寻求义：

（19）已后与儿索妇，大须隐审趁逐，莫取媒人之配。（《齖䶒新妇文》^{P. 1216}）

跟随义：

（20）远公曰："恐将军怪迟。"走出寺门，趁他旌旗，随逐他后。（《庐山远公话》^{P. 256}）

驱赶义：

（21）衣裳脱挂树枝傍，被趁不交（教）时向立。（《大目乾连冥间救母变文》^{P. 1027}）

以上三词在变文中，单用例使用情况如下：

义项 词例	追赶义	寻求义	跟随义	驱赶义
追	6	6	1	0
逐	4	24	26	7
趁	30	0	1	4

复合用例使用情况如下：

追赶义：追逐［2］。

寻求义：追寻［2］；追放（访）［2］；寻逐［3］；趁逐［1］。

跟随义：随逐［6］。

抓捕义：追捉［2］；追收［2］；捕逐［4］。

驱赶义：驱逐［3］。

综合以上分析，可以发现：

（1）虽然三词具有相同的四个义项，但在变文的使用各有分工。追赶义主要由中古出现和使用的新词"趁"来承担，由上古沿用下来的"追"和"逐"也承担部分责任，这与变文使用中古词汇系统的特点相符；寻求义、跟随义主要由"逐"承担，"追"有少量用例，主要作为与"逐"相对应的同义词出现[①]；驱赶义由"逐"和"趁"来承担。

（2）从其复合用例看，"逐"的复合用例多于"追"、"趁"，其五个义项都有复合用例，其抓捕义只出现在"捕逐"一词中。我们认为这是由于"逐"在变文词汇系统中承担较多义项的缘故。王力先生曾经指出："同一时代，同一个词有五个以上的义项是可疑的（通假意义不在此例），有十个以上的义项几乎是不可能的。"[②]那么，为了使单音词的义项更为显明，用复合词来分担义项，是一种更好的办法。

这些词的使用和分工应该与各词的词义特点有关，虽然类同引申出相同、相似的义位，但由于各词的词义特点不同使得

---

① 变文中常以"追欢"、"逐乐"相对应。

② 王力：《〈诗经词典〉初版序》，向熹：《诗经词典》（修订本），四川人民出版社1997年版。

它们可以向着不同的方向引申，并重点承担某一义位。例如
"追"和"逐"在上古汉语中即同义，两者的区别大体在于
"追"追赶的多是人，"逐"追赶的是野兽之类，在词义特点
上"逐"与"追"相比更多带有较力、竞争的意味，因而抓
捕义，"逐"少用例，而"逐"因为付出更多的精力，较多用
为寻求、追求义，因为竞争而产生排挤，更多用为驱赶、驱
逐义。①

（二）"追"、"逐"、"趁"的词义演变分析

动作动词是在概括具体动作过程的基础上形成的，其概念
的形成具有相应的意象图式。我们着眼于追赶义、跟随义和驱
赶义三义的具体动作过程，可以将三义抽象图式如下：

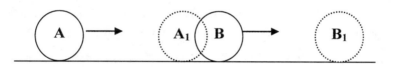

首先，A、B 分别是主体和客体，A_1 是 A 动作之后的新位
置，B_1 是 B 动作之后的新位置。（1）追赶义描述的是 A 向 B
的位置快速移动，以求赶上或截获 B；（2）如果 A 移动到 A_1
位置，并且 A_1 不对 B 构成威胁，而是与 B 相伴而行，即 A_1 跟
随 B 一起行动；（3）如果 A 继续移动，目的是为了占取 B 的
位置，从而逼迫 B 不得不向 B_1 位置移动，那么就 B 而言是被

---

①　王凤阳《古辞辨》论及"追"、"逐"的不同："'追'的双方可以处于
敌对关系、角逐关系中，也可是友好关系；'逐'的双方，一般处于敌对关系或
者竞争、角逐关系中。"又"'追'重在赶上，'逐'重在赶跑"。与我们的论述
可相参证。见《古辞辨》，吉林文史出版社 1993 年版，第 734 页。

A 驱赶离开。当我们明白了以上描述的位置关系，我们会发现，"追"、"逐"、"趁"三词之所以能够引申出的三个义项，正是依照意象图示的描述来实现的。三个义项之间的引申关系，来源于互有联系的具体的动作过程。由此可见，词义的演变引申并不是任意的，词义的演变引申具有现实的理据。动作动词的词义演变和引申更多依据了我们从现实生活中认识到的一般动作过程。①

这一词义演变模式不仅作用在这三个词语上，汉语史中还有一些动词或多或少，或具体或抽象地应用这一演变模式实现词义运动和演变。

意义与"追"、"逐"、"趁"全同，出现在近代汉语中的两个新词：

【赶】

（1）追赶义：唐张鷟《朝野金载》卷二："庄曰：'昔有人相庄，位至三品，有刀箭厄。庄走出被赶，斫射未死，走得脱来，愿王哀之。'"

（2）跟随义：《三国志平话》卷上："曹操笑曰：'赶我复回！倘破贼臣，建立大功，何官不做？'"

（3）驱赶义：南唐刘崇远《金华子》卷下："厨人馈

---

① 林达青、苑全驰在《动作类反训词的意象模式》一文中指出："反训词产生的最根本原因在于人的认知规律"，而动作类反训词之间的意义联系是基于动作的意象模式。他们将动作类反训词的意象模式归纳为六类：（1）动作主体的相同位移—反向位移；（2）动作主体的相向位移—静态维持；（3）静态意象—动态建构；（4）静态意象—不定向的同向位移；（5）静态意象—定向的同向位移；（6）静态意象—受事意象的位移。并认为这六种模式之间又存在着联系可以构成更大的系统模式。我们发现，运用这种方法，观察动作动词的词义运动和演变同样具有解释力。载《淮南师范学院学报》2001年第1期。

食于堂，手中盘馔，皆被群禽搏撮，莫可驱赶。"

【撵①】

（1）追赶义：周立波《暴风骤雨》第二部十四："刘桂兰走不多远，白玉山撵出门外，把她被子送给她。"

（2）驱赶义：《金瓶梅词话》第二十一回："趁早与我出去，我不着丫头撵你。"

意义与"追"、"逐"、"趁"稍异，但在一定程度上借助了动作图式的词：

【驱】

（1）A 向 A_1 位移："驱"本义为鞭马向前，如《诗·唐风·山有枢》："子有车马，弗驰弗驱。"孔颖达疏："走马谓之驰，策马谓之驱。"与"追赶"之间的

不同在于，"驱"本义是被迫向前，而"追"等是主动向前。"驱"引申也有主动向前义，如《仪礼·士昏礼》："妇乘以几，姆加景，乃驱，御者代。"郑玄注："驱，行也。"又引申有追求义，伯 3730《吐蕃午年十二月僧道菀请免寺职牒》：

"牒道菀虽曰纪纲，缉理☐☐☐☐☐虽驱禄终日，无益於于☐☐☐"。

（2）A 挤占 B 的位置，迫使 B 向 B_1 位移："驱"有驱赶义，如《左传·桓公十二年》："明日，绞人争出，驱楚役徒

---

① 按：项楚先生释："《集韵》上声二十七铣：'蹍，乃殄切，蹈也，逐也。或作胗、趁。'知'趁'同'蹍'，即今'撵'字。"见《敦煌变文选注（增订本）》，中华书局 2006 年版，第 15 页。所以与"趁"有相同的引申义。又我们在口语中还用到"撵"的跟随义，例如"你甭撵着我，我想自己出去溜溜。"但可能是方言、口语用法。《大字典》、《大词典》未收此义。

于山中。"①

【走】

（1）A 向 A₁ 位移："走"有前行、前往义，如《仪礼·士相见礼》："某子命某见，吾子有辱，请吾子之就家也，某将走见。"郑玄注："走，犹往也。"

（2）A 挤占 B 的位置，迫使 B 向 B₁ 位移："走"有迫使离开义，即驱逐、赶走，《史记·穰侯列传》："秦使穰侯伐魏，斩首四万，走魏将暴鸢，得魏三县。"

【奔】

（1）A 向 A₁ 位移："奔"本义为急走，急走向某一目标，即有追逐义，如《文选·王褒〈四子讲德论〉》："收秋则奔狐驰兔，获胡郭刘则颠倒殪伊计仆。"李周翰注："奔、驰皆追逐也。"

（2）A 挤占 B 的位置，迫使 B 向 B₁ 位移："奔"有驱逐义，如《谷梁传·宣公十八年》："捐殡而奔其父之使者，是以奔父也。"

【逼】

（1）A 向 A₁ 位移："逼"有迫近义，即向某一目标趋近，如《尉缭子·攻权》："男女数重，各逼地形而攻要塞。"

（2）A 挤占 B 的位置，迫使 B 向 B₁ 位移："逼"有驱逐义，《孟子·万章上》："而居尧之宫，逼尧之子，是篡也，非天与也。"孙奭疏："逼逐尧之子。"

由此，我们认为，细致地分析和描写词义演变引申的路

---

① 变文中用例：（1）《大目乾连冥间救母变文》："耳里唯闻唱道急，万众千群驱向前。"（P. 1027）（2）《大目乾连冥间救母变文》："地狱之中，锋剑相向，涓涓血流。见狱主驱无量罪人入此地狱。"（P. 1029）

径，发现其中的内在联系，具有重要的意义。一方面我们可以藉以认识到更多词和词义之间的内在联系，另一方面我们通过探索这一内在联系的必然性，去发现人在某一认知方向上的现实性。

二 "捉、把、握、执、持"的多义性和词义演变分析

"捉、把、握、执、持"都有用手抓握义，它们在上古即为同义词①，在类同引申的作用下，它们又演变出具有相类的引申序列，但其中也有许多差别。本节首先对这组词在变文中的多义性和使用特点进行描写和分析，然后通过其词义演变过程的考察，分析影响其义位形成和演变的因素。

（一）"捉、把、握、执、持"在变文中的使用
【捉】

"捉"有抓握义，《说文·手部》："捉，搤也。一曰握也。"先秦已有用例，但只与"发"搭配使用，且用例极少，如《左传·僖公二十八年》："叔武将沐，闻君至，喜，捉发走出。"此义直到中古之后，特别是中古佛典中，用例渐多，搭配范围也逐渐扩大，如三国支谦《菩萨本缘经》："妻便答言：'随意自在，我今属君何得自从。'即捉妻手授婆罗门。"又《三国志·魏书·张鲁传》："太祖捉其须曰：'老贼，真得汝矣！'"引申有捕捉义，即当所抓握的内容不再仅仅是人身体或事物的某个部位，而是整个人或动物，如《三国志·蜀志·马超传》："曹公与遂、超单马会语，超负其多力，阴欲突前捉曹公。"又引申有掌管、控制义，即抓握的内容可以得到任意操控和处置，如《隋书·李浑传》："浑大臣也，家代

---

① 如王政白《古汉语同义词辨析》，黄山书社 1992 年版，第 391 页。

隆盛，身捉禁兵，不宜如此。"如果所掌握掌管的是一个具体的关隘的通行，即为把守义，如《隋书·刘昉传》："欲于蒲州起事，即断河桥，捉黎阳之关，塞河阳之路。"又有捉摸、猜测义，即从思想意识上掌握到要知道的内容，如五代王定保《唐摭言》："元和中长安有沙门，善病人文章，尤能捉语意相合处。"

变文中使用三义，用例如下：

抓握义：

（1）于时行至大荒郊，手捉金匙而自哺。（《大目乾连冥间救母变文》[P.1036]）

捕捉义：

（2）捉蝴蝶，趁猧子，弄土拥泥向街里。（《父母恩重经讲经文（一）》[P.974]）

（3）州官县宰皆忧惧，捕捉惟愁失帝恩。（《捉季布传文》[P.93]）

（4）凤凰令遣追捉，身作还自祇当。（《燕子赋（一）》[P.376]）

（5）刘家太子被人篡位、追捉之事，诸州颁下，出其兵马，并乃擒捉。（《前汉刘家太子传》[P.243]）

（6）自拟到东都，见及上下经台，陈论过状，道我是贼，令捉获我。（《庐山远公话》[P.257]）

掌管义：

（7）忽遇汉帝崩后，于内官不放言语漏泄；遂于街

衢教示童儿作童谣。歌曰："王莽捉天下，竹节生铜马。"（《前汉刘家太子传》[P.243]）

【把】

"把"本义即为抓握，《说文·手部》："把，握也。"又《庄子·人间世》"其拱把而上者"，郭象注云："两手曰拱，一手曰把。"先秦用例不广，两汉用例渐多，如《史记·宋微子世家》："周武王伐纣克殷，微子乃持其祭器造于军门，肉祖面缚，左牵羊，右把茅，膝行而前以告。"引申有掌管、控制义，即掌握了权势，如《晏子春秋·谏上第十二》："晏子辞，不得命，受相退，把政，改月而君病悛。"如果具体控制某一关隘或通道，即有把守义，如唐贯休《古塞下曲七首》："下营依遁甲，分帅把河隍。"另"把"亦有捕捉义①，如《韩擒虎话本》："单于亦（一）见，忽然大怒，处分左右，把下王子：'便掰腹取心，有挫我蕃家先祖！'"

变文使用三义，用例如下：

抓握义：

（8）于是道安手把如意，身座（坐）宝台，广焚无价宝香，即宣妙义，发声乃唱。（《庐山远公话》[P.264]）

捕捉义：

---

① 《汉语大字典》、《汉语大词典》皆未收此义，可能此种用法过于口语化，不见于一般文献。根据我们对变文的考察，仅有四例，且仅见于《韩擒虎话本》中，除上举两例，另外两例罗列于下：（1）《韩擒虎话本》："将士亦（一）见，当下擒将，把在将军马前。"（P.302）（2）《韩擒虎话本》："陈王闻语，大怒非常，处分左右，令交（教）把入。"（P.302）

（9）责而言曰："旪耐遮贼，心生为倍（违背），效（淆）乱中圆（原），今日把来，有甚李（理）说!"（《韩擒虎话本》[P.302]）

把守义：

（10）下手研营之时，左将丁腰，右将雍氏，各领马军百（余）骑，把却官道，水切（楔）不通。（《汉将王陵变》[P.68]）

【握】

"握"本义即抓握义，《说文·手部》："握，搤持也。"《韩非子·内储说下》："共立少见爱幸，长为贵卿，被王衣，含杜若，握玉环，以听于朝。"引申指掌握权势，即掌管、控制义，如《左传·闵公二年》："衣身之偏，握兵之要，在此行也，子其勉之。""握"在后代用例主要也只是这二义，因而使用范围有限。

变文中使用二义，用例如下：

抓握义：

（11）季布握刀："奉霸王当直!"（《汉将王陵变》[P.67]）

掌管义：

（12）陈王书曰："阿奴本任金璘（陵）之日，地管

五十余州，三百余县，握万里山河，权军百万，便拟横行天下，自号称尊。"（《韩擒虎话本》^{P.302}）

【执】

"执"本义逮捕、拘捕，《说文·幸部》："执，当罪人也。"先秦用例甚多，如《韩非子·外储说左下》："卫君欲执孔子，孔子走，弟子皆逃。"引申有抓握义，如《韩非子·五蠹》："乃修教三年，执干戚舞，有苗乃服。""抓握"的事物不同，有具体的事物，也有抽象的事务，随事物和受事不同有不同的引申义。有捕捉义，指追捉动物，如《韩非子·杨权》："使鸡司夜，令狸执鼠，皆用其能，上乃无事。"引申有掌控、掌权义，指能够掌握力量、权势等，如《韩非子·杨权》："事在四方，要在中央。圣人执要，四方来效。""执"的抓握在于牢固，引申指从事，指长久地进行某一工作，其表现的特点是掌握的时间长久，如《吴越春秋·勾践入臣外传》："乃赦越王得离其石室，去就其宫室，执牧养之事如故。"由于"执"的词义特点的不同，其引申义表现出很多不同之处，"执"可引申出持守、坚持义，如《礼记·中庸》："诚之者，择善而固执之者也。"《管子·心术》："执一之君子，执一而不失，能君万物。"以此基础上，引申向事情的反面，即过于坚持，而有固执义，《庄子·人间世》："将执而不化，外合而内不訾，其庸距可乎?""执"义顽固不化。

变文中用有四义：

抓握义：

（13）是时远公来至市内，执标而自卖身。（《庐山远公话》^{P.257}）

捕捉义：

（14）走不择险，逢孔即入。暂投燕舍，免被拘执。（《燕子赋（一）》^{P.378}）

掌管义：

（15）内侍黄门辈，无非执化权。（《维摩诘经讲经文（三）》^{P.832}）

执着义：

（16）众生执我为实有，世尊为说总皆空。（《金刚般若波罗蜜经讲经文》^{P.643}）

【持】

"持"本义即用手抓握，《说文·手部》："持，握也。"如《庄子·秋水》："庄子持竿不顾。"引申指随身携带，即不再仅仅用手拿，如《史记·项羽本纪》："项羽乃悉引兵渡河，皆沉船，破釜甑，烧庐舍，持三日粮，以示士卒必死，无一还心。"由抓握义引申有掌控权势义，如《韩非子·外储说右上》："善持势者，蚤绝其奸萌。"因为"持"的词义特点在于抓握时力的平衡，而不像"执"那样强调一方出力紧紧地抓握，所以其引申义多取此特点。引申有相持、对抗义，即两力平衡，相互抗衡，如《左传·昭公元年》："子与子家持之。"孔颖达疏："持其两端，无所取与，是持之也。弈棋谓不能相害为持，意亦同于此也。"由此引申有维持、保持义，即使事物能够保持某一状态，如《荀子·富国》："直将巧繁拜请而畏事之，则不足以持国安身。""持国"谓维持国家的存在。在此基础上引申有坚持义，如对某一主张的坚守，如《荀子·非十二子》："然而其持之有故，其言之成理，足以欺惑愚众。"又引申有支撑义，即支点和被支撑物之间维持平衡，如《庄子·渔父》："有渔父者……左手据膝，右手持颐以听。"在此义基础上，引申有扶持义，即一方对另一方从旁出力支持，如《论语·季氏》："危而不持，颠而不扶，则将焉用彼相矣？"由此引申有保护、照顾义，如《荀子·荣辱》："今以夫先王之道，仁义之统，以相群居，以相持养。"杨倞注："持养，保养也。"

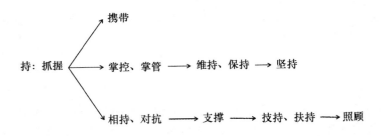

变文中用有三义：

抓握义：

（17）宝盖手持光慢慢，金冠顶戴色融融。（《维摩诘经讲经文（一）》^{P.770}）

相持义：

（18）连年战败江河沸，累岁相持日月昏。（《捉季布传文》^{P.91}）

坚持、坚守义：

（19）舜子三年池（持）孝，淡服千日寡（挂）体。（《舜子变》^{P.200}）

对以上诸词共同义位单用使用情况统计如下：

义项 词例	抓握义	捕捉义	掌管义
捉	8	54	1
把	30	4	0
握	5	／	2
执	35	0	1
持	61	／	0

通过比较可发现，在用手抓握一义上，以"把"、"执"、"持"最多，而由于变文接近佛教文献的性质，其中"执"和"持"与宝盖、香花搭配较多，如果排除这一特点，应该说"把"用作抓握义更具有口语性。而"捉"用作捕捉义应该反

映了当时的口语特性。在掌管义上，这五个词应该都失去了口语性。

在变文中，"执"和"持"的使用情况更为复杂，因为它们成为佛教文献的常用词，其中有些意义成为佛教专有名词，如"执"的执着义被佛教用来专指固执人我的迷执；"持"的坚持义及其引申义被用来专指"持斋"、"持戒"等宗教活动，并被复音化为"修持"、"坚持"来使用，其保护义及其引申义多被复音化"保持"、"护持"、"扶持"等。

（二）"捉、把、握、执、持"的词义演变分析

"捉、把、握、执、持"作为一个多义词，其引申的源头都在于"用手抓握"这一意义，其引申有趋同，有分化，我们更关注造成各词引申方向分化的因素，以下试做分析。①

"捉"与"把"的引申序列较为接近，两者的区别在于，"捉"的抓握常常是从整体来掌握，而"把"侧重于特定部位。因而"捉"有捕捉义，"捕捉"并不在于抓住人或动物某个部位，而是整个事物被掌握，也正是这一语义特点使"捉"能够后来引申到抽象意识领域（例如，宋陈亮《朱晦庵画像赞》："置之钓台捺不住，写之云台捉不定。"），捉摸义即指从思想意识上整体掌握到某种信息。正因为如此，其他词不能引申出此义，而现代汉语具有整体把握这一语义特征的词"抓"、"把握"、"把捉"、"掌握"②，则同样引申出对抽象事

---

① 王凤阳对"把"、"握"、"捉"、"执"、"持"的相关论述可与本节内容相参证。见《古辞辨》，吉林文史出版社1993年版，第671页。

② 《现代汉语词典》："掌握：了解事物，因而能充分支配或运用。"见《现代汉语词典（第6版）》，商务印书馆2012年版，第1641页。

物的掌握和在意识上的认识、了解义，这应该不是偶然的①。
"把"的搭配事物一般只为物体，而且多是从局部抓握，因而
物体常被抓握的部位即称为"把"。

　　"握"与"捉"其抓握特点相同，都是用手掌抓握，如有
"一沐三捉发，一饭三吐哺"（《史记·鲁周公世家》），也有
"一沐三握髪，一饭三吐哺"（《韩诗外传》），可见两者最初
义近。但"握"使用局限性较大，只除了抓握义外，其常用
义只有掌权义。

　　"执"和"持"在抓握义上区别不大，但比较其引申义，
可以看出两者的不同所在。从历时的比较可以看出，首先，
"持"由用手抓握义引申有随身携带义，这是"执"所没有
的。这反映了，"持"的义域要比"执"宽，也就是所"持"
的事物种类比较多，因而不再局限于用手拿。在掌管义上，
"持"没有"执"用例多，且由于"执"表掌管义上所表现
的特点，长时专注于某一项工作因而引申有从事义。两者在坚
持义上有共同之处，如都可指"坚守心意"，《太平经》卷一
百九十九："各有其职，宜有其心，持志不违，明其所为。"
《论衡·祀义》："执意以为祭祀之助，勉奉不绝，谓死人有
知，鬼神饮食，犹相宾客，宾客悦喜，报主人恩矣。"但
"持"更多在于保持，即持续某种心意不改变，而"执"则在
于固执地执守某种心意，不知变通，因而"执"在这一用法
上向着贬义方向发展，如《魏书·慕容白曜传》："然执守愚
迷，不能自革。"在佛经的翻译中保留了"执"、"持"的各自
特点，因而在佛经文献中"执"常常用来形容过于固守，趋

---

　　①　有意思的是，英语动词"grasp"、"seize"，也是由用手抓握义引申出领
会、理解义，可见这一演变在语言中具有共性。

向于贬义用法，而"持"则形容能够持续坚守，趋向于褒义用法，如变文中的用例，《金刚般若波罗蜜经讲经文》："众生执我为实有，世尊为说总皆空。""执我为实有"指人不能透彻地理解佛教真义，因而总是固守自性，不悟虚空之理。《佛说观弥勒菩萨上生兜率天经讲经文》："盖为曾持不煞戒，今朝果报得如斯。"本句谓人能够坚守不杀生的戒条，因而得到了好的果报。由此可见其中区别。

三　"消"的多义性及其词义演变分析

"消"本义为除去、除尽，《说文·水部》："消，尽也。"其常用义为消除、消解、消灭。"消"在中古和近代汉语中出现了几种新义，值得我们注意。先看其在变文中的用例和解释：

（1）居士感荷曰："……此者死生多辛，襄（曩）劫有缘，早蒙领纳陈词，何感（敢）更消礼谢。"（《维摩诘经讲经文（二）》P. 812）

（2）（善德）三白世尊："世尊，世尊，世尊！适蒙慈父发言，何销（消）如来推奖。"（《维摩诘经讲经文（六）》P. 904）

（3）"阿罗汉"者，释有三义：……弟三云应共（供），堪消人间广大供养。（《佛说阿弥陀经讲经文（一）》P. 668）

（4）母泡（胞）胎而不受，人间供养而堪消，现大身而儦塞虚空，化少（小）身形如芥子。（《佛说阿弥陀经讲经文（一）》P. 669）

（5）须臾之间，敢（感）得帝释化身下来，作一个崔相公使下，直至口马行头，高声便唤口马牙人："此个量口并不得诸处货卖，当朝宰相崔相公宅内只消得此人。若是别人家，买他此人不得。"（《庐山远公话》[P. 257]）

（6）门人问牙人曰："甚人交（教）来。""奉亲随唤来。缘此个生口，不敢将别处货卖，特来将与，相公宅内消得此口。"（《庐山远公话》[P. 258]）

（7）远公进步向前启相公曰："若要贱卖奴身，只要相公五百贯钱文。"相公曰："身上有何伎艺，消得五百贯钱？至甚不多，略说身上伎艺看。"（《庐山远公话》[P. 258]）

（8）信如师子乳、皮：乳一滴入于众兽血中，尽变为水；……若遇西天师子脂，不销（消）一滴皆成水。（《双恩记》[P. 924]）

（9）如似积柴过北斗，车牛般载定应迟，当风只消一把火，当时柴堆便成灰。（《佛说阿弥陀经讲经文（二）》[P. 681]）

黄征、张涌泉在解释例（2）"销"字时，指出："销，用同'消'。慧琳《一切经音义》卷十一引《考声》云：'销，或作消。'文中为值得、配得之意。宋晏殊《菩萨蛮》：'销得曲中夸，世间无此花。''销'字义同。"解释例（5）"消"字时，指出："消：需要，盖二字合音。下文'只消得此人'、'身上有何伎艺消得五百贯钱'，皆同。"解释例（8）"销"字时，指出："不销，犹'不消'，不需要也。"[①] 又《唐五代

---

① 黄征、张涌泉：《敦煌变文校注》，中华书局1997年版，解释分见于第279、909、924页。

语言词典》释例（7）"消"字义为值得，释（6）"消"字义
为受用、消受，与黄、张之说有异。①

又董志翘、蔡镜浩的研究指出："'消'作助动词，表
'必须'、'须要'之义，实乃'须'之音近通假。'消'中古
为心母宵韵；'须'中古为心母虞韵。'消'、'须'双声。
'消'这一用法，在宋、元诗、词、曲、文中常见，比较多的
场合，是与否定副词'不'连用，作'不消'，为'不须'、
'无须'、'不必'之义。"② 在这里，有关"消"需要义来源
的探讨，董、蔡的看法与黄、张的说法不一样。

又张相在《诗词曲语辞汇释》中也讨论到"消"字诸新
义，他分列为四义，现排比如下，每义各举一例：

（1）消，犹须也：苏轼《六月乞会稽将去》诗："断
送一生消底物，三年光景六篇诗。"消底物，犹云须何
物也。

（2）消，犹抵也；值也；配也：柳永《玉女摇仙佩》
词："且任相偎倚，未消得怜我多材多艺。"言看似偎倚
情深，实抵不得怜我材艺之情尤深也。

（3）消，犹禁也，犹云禁当也：《南宋六十家》，施
枢《午梦》诗："午梦惊回槐国远，浮生消得几斜阳！"
消得，禁得也，意言禁不得几度斜阳也。

（4）消，犹受也，犹云消受也：赵长卿《念奴娇》

---

① 江蓝生、曹广顺编著：《唐五代语言词典》，上海教育出版社 1997 年版，
第 386 页。

② 董志翘、蔡镜浩：《中古虚词语法例释》，吉林教育出版社 1994 年版，第
552 页。

词："高唐云雨，甚人有分消得？"①

由上可见，"消"的词义和用法在汉语的历史上发生了较大变化。本节试图探讨"消"字在中古近代出现的新义与其常用义有没有引申演变关系，以及几个新义之间是否有联系，如果各义之间都有联系，那么到底是一种什么样的联系，本文将寻求一种统一的解释。并据此认为"消"的需要义，是词义演变的结果，而不是合音或通假产生的。

从人的体验性出发，Johnson 曾描述力意象图式的几个特征：（1）力是一种互动关系；（2）力具有矢量性，即力产生的运动和变化具有方向性；（3）力产生单一的移动路径；（4）力具有来源和施力对象；（5）力具有强度差异；（6）力具有因果关系结构和顺序。② 根据这些描述，我们认为"消"是一种作用力，这使得它在句中的意义和句法组织关系符合力意象图式的描述。

我们设一个受力体 A，仅出现一个作用力则设为 X，出现第二个作用力则设为 Y，X、Y 的施力者不同，受力者可以相同。我们得到下面的力意象图式：

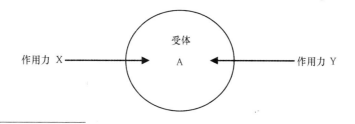

①　张相：《诗词曲语辞汇释》，中华书局 1979 年版，第 207—211 页。

②　Johnson，M. The Body in the Mind（《心中之身》）. Chicago：The University Of Chicago Press，1987，p. 43.

依据这一抽象图式，我们将演示"消"的语义扩展和词义演变过程。

首先，需要说明的是，"消"作为一种作用力，可以表现在不同的语义域中，随语义域的不同"消"所涉及对象的抽象程度不同。

（1）东汉王充《论衡·书虚》："自令身死，筋力消绝，精魂飞散。"此句中，所"消"之筋力指人体的力量，是一种物理力。

（2）西汉刘向《新序·杂事》："唐且一说，定强秦之筴，解魏国之患，散齐楚之兵，一举而折冲消难，辞之功也。"此句中，所"消"之难是一种社会纠纷，是一种社会作用。

（3）南朝宋谢镇之《与顾欢书折夷夏论》："但镜复逾三，未消鄙惑。"此句中，所"消"之惑，是人的心理想法，所以"消"的作用对象也更为抽象。

其次，根据力意象图式特征的说明，"消"作为一种作用力会产生相应的结果，"消"的作用结果是使事物变小、变少、变弱直至消失，所以"消"的概念结构中常常含蕴结果。

（4）《汉书·礼乐志》："是以诈伪萌生，刑罚无极，质朴日消，恩爱浸薄。""消"指减少。

（5）《汉书·五行志》："人君能修政，共御厥罚，则灾消而福至。""消"指消灭。

由此，我们下面所论"消"遵循力图式的方式进行演变是在抽象意义上来讲的，只取其近似值，以减少论述的复杂性，增加论述的明晰性。

依据这一抽象图式，我们将演示各义在这一图式中所占据的位置：

消除义：A 以 Y 力消除 X 力或 X 力消除 A ——A 以 Y 消除 X 或 X 消除 A

（1）石崇《赠枣腆》诗："消忧以觞醴，娱耳以名娼。"此句中，受力体 A 不出现，Y = "觞醴"，X = "忧"，"消"义为消除、消解，句义为以觞醴的作用来消解忧愁的作用。

（2）《三国志·吴志·华核传》："昼夜催民，委舍佃事，遑赴会日，定送到都，或蕴积不用，而徒使百姓消力失时。"此句中 A = "百姓"，Y = "昼夜催民，委舍佃事，遑赴会日，定送到都，或蕴积不用"，X = "力"，"消"义为消解，句义为百姓为诸事所累而民力消解。

（3）《抱朴子·极言》："夫损之者，如灯火之消脂，莫之见也，而忽尽矣。"此句中，A = "脂"，X = "灯火"，"消"义为消耗，句义为灯火的燃烧作用来消耗油脂。

消受义：A 承受 X 或 Y 力——A 承受 X 或 Y

（1）《佛说阿弥陀经讲经文（一）》："'阿罗汉'者，释有三义：……弟三云应共（供），堪消人间广大供养。"[①] 此句中，A = "阿罗汉"，X = "人间广大供养"，"消"义为消受，句义为阿罗能够消受人间广大供养。

（2）赵长卿《念奴娇》词："高唐云雨，甚人有分消得？"此句中，A = "人"，X = "高唐云雨"，"消"义为消受，句义为什么样的人才能消受得起高唐云雨那样的深厚感

---

① "堪消"与"堪受"同，比较：《佛说阿弥陀经讲经文（二）》："唯有释迦弟子，是其（真）出家，堪受人天广大供养。"（P. 681）

情啊。

禁受义：A 承受 X 或 Y 力──→A 承受 X 或 Y

"禁受"和"消受"图式解释相同，其不同之处在于所承受的内容，"禁受"所承受的作用多是消极的作用，"消受"则是积极的作用。

（1）施枢《午梦》诗："午梦惊回槐国远，浮生消得几斜阳！"此句中，受力体 A 省略，即为作者，X＝"几斜阳"，"消"义为禁受，句义为在我的浮生之中，我禁受得了几次这种斜阳落日般的愁怅。

（2）杨炎正《蝶恋花》词："昨日解醒今日又。消得情怀，长被春僝僽！"此句中，受力体 A 省略，即为作者，X＝"春僝僽之情怀"，"消"义为禁受，句义为我哪能长时间地受得了"春僝僽"的作用。

值得义：在 A 身上的 X 力和 Y 力相配相抵──→在 A 身上的 X 和 Y 相配相抵

（1）《庐山远公话》："远公进步向前启相公曰：'若要贱卖奴身，只要相公五百贯钱文'相公曰：'身上有何伎艺，消得五百贯钱？至甚不多，略说身上伎艺看。'"此句中，A＝"远公"，X＝"伎艺"，Y＝"五百贯钱"，"消"义为值得，句义为（远公）身上有什么样的伎艺值得五百贯钱的花费。

（2）柳永《玉女摇仙佩》词："且任相偎倚，未消得怜我多材多艺。"此句中，A＝"我"，X＝"偎倚"，Y＝"怜我多材多艺"，"消"义为抵，你对我的偎倚之情抵不上对我材艺的赞赏之情。

需要义：A 不能承受 X 的作用成 B = A 只需要 X 的作用成 B ──→A 只需要 X 会产生结果

（1）《双恩记》："信如师子乳、皮：乳一滴入于众兽血中，尽变为水；……若遇西天师子脂，不销（消）一滴皆成水。"此句中，A = "众兽血"，X = "西天师子脂"，B = "水"，"消"义为承受或需要，众兽血不能承受一滴西天师子脂的作用而就会变成水，其意义在这里等价于众兽血只需要一滴西天师子脂的作用而就会变成水。由此句我们可以体会到"消"由承受义向需要义的转变。

（2）《佛说阿弥陀经讲经文（二）》："如似积柴过北斗，车牛般载定应迟，当风只消一把火，当时柴垛便成灰。"此句中，A = "柴垛"，X = "一把火"，B = "灰"，"消"为需要义，句义为在风中柴垛只需要一把火烧过就会变成灰。

（3）苏轼《六月乞会稽将去》诗："断送一生消底物，三年光景六篇诗。"此句中，A = "一生"，X = "三年光景六篇诗"，结果为"断送"，"消"义为需要，句义为一生只需要三年光景六篇诗这样的生活来潦倒地度过。

通过上面的分析，我们认为"消"的多义性和词义演变是有规则可循的，从消除义到消受义只是意味着作用力方向的变化，就消除义的作用而言，一方面可能是受体 A 即是 X 力的承受者，又是 Y 力的施出者，因而在句中"消"的前项出现受体 A 和 Y 力，后项为 X 力。另一方面可能是作用力 X 只作用到受体 A 上，因而在句中"消"的前项为 X 力，后项为受体 A；而在消受义上，正与前者有相反之处，在句中"消"的前项为受体 A，后项为作用力 X。其他义项依此分析比较得出。因此，如果能够掌握到这些信息，我们就可以得到"消"词义演变的规则。

在以上分析的基础上，下面我们进一步说明"消"的需要义是词义演变的结果。我们认为"消"的需要义的出现是语用意义的词汇化过程。如前所述，"A 不能承受 X 的作用成 B＝A 只需要 X 的作用成 B"，我们比较下面三个句子：

（1）A 不消（承受）X 成 B

（2）不消（需要）X，A 成 B

（3）只消（需要）X，A 成 B

我们可以说，X 的作用是 A 成 B 的充分条件，"消"由"承受"义演变为"需要"义正是为了明确 X 作为充分条件的意义。"消"表需要义时常常与"不"、"只"连用，也是因为它的语义演变来源要求出现在充分条件句语境中，这样才具有表义的清晰性。当然，我们也可以看到，当一个词语的新义规约化之后，其限制性语境会消失。例如宋苏轼《六月乞会稽将去》诗："断送一生消底物，三年光景六篇诗。"句义为"过完这样一生需要什么东西呢，三年时间六篇诗作就可以了。"

在以上分析的基础上，我们考察变文中九例"消"字的意义。我们认为，例（1）到（6）可以解释为消受义，其"消"之前项为受力者，而后项看作作用力；例（7）为值得义，即"消"的前项和后项相抵相当；例（8）介于承受义和需要义之间，显示了"消"字意义演变中的特征，例（9）为需要义，即"消"字前项为受力者，后项为作用力和结果。我们的解释与黄、张解释稍异，其"消"为"需要"合音而成应该是不成立的，而对例（2）的解释着眼点不同，黄、张的解释强调"善德"自己认为没有什么优点与"如来推奖"相配相抵，我们强调"善德"作为受到推奖的事物自己认为自己难以消受这种推奖的作用。

"作用力"图式做为一种抽象的解释性图式，不仅表现在单个词的多义性和演变分析中，而且会不同程度地表现在其他词的词义引申之中，以下试举两例。

【禁】

"禁"作为一种阻力，对外去阻止、遏制事情的发生，在内则抵受外力的作用。

禁止、阻止义：

（1）《韩非子·外储说右上》："以景公之势而禁田常之侵也，则必无劫弑之患矣。"此句中，Y＝"景公之势"，X＝"田常之侵"，受力者没有出现，"禁"义为阻止，句义为凭借齐景公的权势而去阻止田成子的侵夺。

（2）《韩非子·外储说右上》："晏子不使其君禁侵陵之臣，而使其主行惠，故简公受其祸。"此句中，X＝"君（之力）"，A＝"侵陵之臣"，"禁"义为阻止，句义为晏子不要他的主上出力阻止那些犯上的臣子们。

禁受义：

（1）贾思勰《齐民要术·笨曲并酒》："酒色似麻油，甚酽。先能饮好酒一斗者，唯禁得升半，饮三升大醉。"此句中，A＝"先能饮好酒一斗者"，X＝"（酒之）升半"，"禁"义为禁受、承受，句义为之前能饮好酒一斗的人，现在如果喝这种酒，只能承受一升半这种酒的酒力。

（2）白居易《杨柳枝词》："小树不禁攀折苦，乞君留取两三条。"此句中，A＝"小树"，X＝"攀折（之力）"，"禁"义为禁受、耐受，句义为小树无法禁受人们随便攀折之力。

【当】

"当"是一种抗力，向外以平衡两力的作用，在己用以承受外力的侵袭。

抵御、抗拒义：

（1）《左传·桓公五年》："郑子元请为左拒，以当蔡人、卫人；为右拒，以当陈人。"此句中，A 不出现，X ="左拒"，Y ="蔡人、卫人"，X ="右拒"，Y ="陈人"，"抵"义为抵御，句义为郑子元请求组成左方阵来抵御蔡人和卫人的进攻，组成右方陈来抵御陈人的进攻。

承当、承受义：

（1）《韩非子·人主》："今人主非肯用法术之士，听愚不肖之臣，则贤智之士孰敢当三子之危而进其智能者乎?"此句中，A ="贤智之士"，X ="三子之危"，"当"义为承当，句义为贤智之士哪一个敢承当起那三个人所经历过的危险来展现出他们的智慧呢。

当然，我们应该看到，本文所选取的例句多只能取其近似值，我们目的只在于说明词语某些义位演变的关键点遵循了作用力关系的某些方面，词语在进一步的演变中会进一步抽象化，因而不再看得出与具体作用力的关系。

第三节　义位推源

本节主要以词的某一义位为视点，追溯这一义位形成过程，我们可以看作推源研究。

张联荣（1995）曾论及推源有三个方面的工作：一是注意词语的"始现"时间，有些词语实际上"古"已有之。二是要注意从声音入手进行分析，注意形式上的贯通。三就是要注意词义的引申关系。本论题试图以某一中古新义作为考察对象，新义的来源主要在于词义的引申演变及由此产生的一词多义，因而主要涉及第三个方面的研究内容，即我们试图对新义来源的词义演变过程进行具体的历史考察，对新义出现的理据给予合理的分析和解释。

一　"吃"何以有承受义

"吃"的常用义为吃食物，在唐五代时有承受义，《汉语大字典》、《汉语大词典》皆引宋代例证。我们发现，"吃"的承受义，在敦煌变文中已有不少用例。共 5 例，用例排比如下：

（1）昭王被考，吃苦不前，忍痛不胜，遂即道父之墓所。（《伍子胥变文》[P.12]）

（2）起（岂）为（谓）差充兵卒，远筑长城，吃苦不襟（禁），魂魄归于蒿莗（里）。（《伍子胥变文》[P.61]）

（3）但知免更吃杖，与他祁摩一束。（《燕子赋（一）》[P.378]）

（4）解事速说情由，不说眼看吃杖。（《庐山远公话》[P.261]）

（5）火急离我门前，少时终须吃捆。（《燕子赋（一）》[P.376]）

并进一步发展出虚化的用法和意义：

（6）黄羊野马捻枪拨，麋鹿从头吃箭川（穿）。

（《王昭君变文》^{P.157}）

例（6）中，"吃"为介词，表被动，句义为麋鹿身体被利箭贯穿。这一用法，正是由承受义发展而来的。

董为光（2004）认为，"汉语把'吃什么饭'，与'受到怎样的待遇'联系起来。唐宋时期'吃'出现了一种俚俗化的带幽默讥嘲口气的比拟用法。《太平广记》卷二百五十六：'尝按中丞魏元忠曰"急承白司马，不然即吃孟青"。白司马者，洛阳有坂曰白司马坂；孟青者，将军姓孟名青，曾杖杀琅琊王冲也。'这句隐语的意思是，赶快承认谋反之事，（坂'反'音近），不然就请吃将军孟青式的无情杖。……现代类似的说法还有'吃火腿'（挨踢），'吃栗子'（被人屈中指食指用力弹打额头）……'吃'在此基础产生了'遭受'义。"① 并把这一演变现象归纳为"与修辞有关的相似联想引申"。

我们认为，这一论断总体成立。但问题在于，汉语如此多的表吃喝义动词，是否存在同类用法，并进一步思考这一"比拟"用法是在怎样的语境条件下产生的。我们试图通过具体文献的考察和同类事例的排比分析，加深对汉语"吃什么饭"与"受到怎样的待遇"之间联系的理解。

汉语发展史中，有多个可表达吃喝义的动词，具有享受、承受义。

【服】

饮用、食用（药物）义：

---

① 见董为光《汉语词义发展基本类型》，华中科技大学出版社2004年版，第155页。

（7）医不三世，不服其药。(《礼记·曲礼下》)

承受义：

（8）五罚不服，正于五过。(《书·吕刑》)

（9）尚其不昧，服此茂恩。(宋曾巩《左仆射门下侍郎王珪追封三代并妻制》)

【食】
吃食义：

（10）骥不骤进而求服兮，凤亦不贪餧而妄食。(《楚辞·九辩》)

享受、承受义：

（11）食旧德，贞厉，终吉。(《易·讼》)

（12）仁者耻贪冒，受禄量所宜。无能食国惠，岂异哀癃罢。(唐韩愈《寄崔二十六立之》)

（13）顾其妾年犹少，自生殁，脂泽不去手，又不惯食苦。(清朱翊清《埋忧集》)

【尝】
吃食义：

（14）王事靡盬，不能艺稻粱，父母何尝？(《诗·唐风·鸨羽》)

承受义：

（15）晋侯在外十九年矣，而果得晋国，险阻艰难，备尝之矣！（《左传·僖公二十八年》）

（16）吾自陷蛮夷，备尝艰苦，肌肤毁剔，血泪满地。（《太平广记》卷一六六"吴保安"条）

【茹】
吃食义：

（17）食于舍而茹葵。（颜师古注："食菜曰茹。"）（《汉书·董仲舒传》）

承受义：

（18）衔冤茹戚，志雪雠耻。（《周书·文帝纪上》）

（19）呜呼苦哉将军母，受气之心如（茹）辛苦。①（《汉将王陵变》）

【餐】
吃食义：

（20）维子之故，使我不能餐兮。（《诗·郑风·狡童》）

---

① 项楚先生释："原文'如'当作'茹'，'茹辛苦'即含辛茹苦。"见《敦煌变文选注（增订本）》，中华书局 2006 年版，第 182 页。

承受义：

（21）李献臣好为雅言……献臣曰："不问孙待制。官人餐来未？"其人惭沮而言曰："不敢仰昧，为三司军将日，曾吃却十三。"盖鄙语谓"遭杖"为餐。（宋沈括《梦溪笔谈·谬误》）

【饮】
喝义：

（22）宜言饮酒，与子偕老。（《诗·郑风·女曰鸡鸣》）

享受、承受义

（23）温江人饮公之化，逋者复，疲者悦，善者劝，不善者知耻。（唐独狐及《唐故朝散大夫河南独狐公灵表》）

（24）沧州长揖之谈，玉溪独往之兴，竟迫身世，永孤愿言，傥魂而有知，当饮痛泉下。（唐独狐及《祭滁州李庶子文》）

【饮食】
承受义：

（25）自缨弁至於椎髻，鲐背至於稚齿，莫不冠带其

法制，饮食其恩信。（唐符载《五福楼记》）

分析以上事例，我们能够得到以下三点认识：

（1）汉语吃喝义与承受义有着密切的联系；

（2）从时代来看，"吃"由吃食义发展出承受义并不是最早的演变事例，"吃"演变出承受义，应受到"服"、"食"、"尝"等动词用法的影响；

（3）"承受"有积极和消极两个方面，可受德受恩，也可受苦受痛。

那么，为什么这类动词能够由吃喝义发展出承受义呢？我们认为，这与人的通感有着密切的联系。人对外界的"体验"可以以"口感"为概念化基础。人经历的自然、社会事件被赋予两种"体验"，即积极的感受——如甘、恩、德、利，消极的感受——如苦、痛、恨、戚，其中"甘"与"苦"的概念化基础来源于"口感"。因此，人的"吃喝"不仅仅只是吃喝食物的动作，在语用中常常会凸显吃喝后给人带来的主观感受，这就使得吃喝义与承受义产生了密切的联系。

以下，我们进一步以"食"、"吃"为例，考察其在语境中发生的演变。

【食】

（26a）但饮冰励节，食蘗（檗）苦心。（唐薛逢《与崔况秀才书》）

（26b）顾其妾年犹少，自生殁，脂泽不去手，又不惯食苦。（清朱翊清《埋忧集》）

（26c）苟在饮公之化食人公之德，莫不叩心绝气，行号巷哭。（唐卢虔《御史中丞晋州刺史高公神道碑》）

【吃】

（27a）甘甜美味与儿餐，苦涩一般母自吃。（《父母恩重经讲经文（二）》）

（27b）算来吃苦辛，其实难过遣。我痛伤悲，只得强相劝。（元高明《琵琶记》）

（27c）每于山中两钱买柴，赴江下一钱价卖与人，自云吃利不尽。（五代刘崇远《金华子杂编》）

例（26a）"食檗"（檗，黄柏，一种苦涩的植物。）之"食"为吃食的动作，吃这种苦涩的植物其目的是为了"苦心"，而（26b）"不惯食苦"，根据上下文则不是为了吃食具体的事物，而是遭受、体验生活的辛苦，（26c）"食人公之德"则是享受到人公的恩德。同理，例（27a）所"吃"苦涩为具体的食物，而（27b）"吃苦辛"则是指对生活的感受，（27c）"吃利不尽"则是享受到无尽的利益好处。由这些事例可以清楚地看到，在语境中，"食"和"吃"所要表达的语用目的，固化在词义中，从而转化为生活体验和感受，从而演变出承受义。

另外，特别需要指出的是，从用例考察来看，"吃"的承受义更多与消极感受相联系，变文中"吃杖""吃掴"都是遭受苦难，也因此能够进一步虚化引申出被动用法①；"食"则与积极感受联系更多。

---

①　王力先生指出："被动式的作用基本上是表示不幸或者不愉快的事情。"见《汉语史稿》，中华书局1980年版，第433页。

二 "助"何以有问候义

变文中"助"有一组相关的用法，各家解说不同，收集诸例，排比如下：

（1）侯瓔拜舞辞金殿，来看季布助欢忻："皇帝舍您收敕了，君作无忧散惮身！"（《捉季布传文》P.97）

（2）新妇欲拜谢阿婆，便乃入房中，取镜台妆束容仪，与夫相见。乃画翠眉，便拂芙容，身着嫁时衣裳，罗扇遮面，欲似初嫁之时。行至堂前设礼，助婆欢喜。（《秋胡变文》P.235）

（3）啼树晚莺同助哭，语檐秋燕共添哀。（《维摩诘经讲经文（一）》P.770）

（4）梁王肘行膝步，拜谢子胥："……今闻将军伐楚，臣等惠贺不胜，遥助快哉，深加踊跃。"（《伍子胥变文》P.14）

（5）启和尚曰："……且喜贼军抽退，助和尚喜！"（《庐山远公话》P.256）

（6）［旨臣］答曰："助大王喜，合生贵子。"（《太子成道经》P.436）

（7）其大臣齐云："助大王喜！"（《悉达太子修道因缘》P.470）

（8）答曰："……助弟喜庆，莫至劳心。"（《双恩记》P.936）

（9）遂问阿娘："久居地狱，受苦多时，今乃得离阿鼻，深助娘娘。"（《目连缘起》P.1015）

（10）舜子叉手启阿娘："……昨从寮杨（辽阳）城来，今得阿耶书信。两拜助阿娘寒温，两拜助阿娘同喜。"（《舜子变》[P. 200]）

蒋礼鸿先生解释诸例为"贺喜、问候"义，指出"贺喜叫做'助'，六朝唐宋间都有这个说法"，"《史记·外戚世家》记文帝窦皇后早年与弟广国失散，后得相聚，'于是窦后持之而泣，泣涕交横下。侍御左右皆伏地泣，助皇后悲哀。'意思和变文相同，不过是一喜一悲而已。这又可见这个字的用法，其来甚古了。"[①] 项楚先生在注释例（4）时指出："助，这里是祝贺之意。……按'助'的本义是表示与别人有同感，用于喜庆则为助喜之意，用于哀丧则为助哀之义。"[②]《汉语大词典》列"助"字义项，其中"增加、增添"义下引《史记·外戚世家》一句为例句。罗维明在研究中古墓志资料时发现"助哀"、"助泣"等同类用法，他认为《大词典》释《史记·外戚世家》中"助"字为"增加"义是错误的，当释为"陪伴"义，并认为："'助'之本义当为'辅佐'、'帮助'，并由此引申为'增添'、'增加'，再进而引申为'陪伴'、'陪同'。"[③] 诸说有异，我们应该如何看待"助"的这些用法和它的词义呢？

我们认为，想要求得"助"字这类用法的解释，首先应该对"助"的这些用法进行分析和归类，其次需要追溯"助"

---

① 见蒋礼鸿《敦煌变文字义通释》（增补定本），上海古籍出版社 1997 年版，第 264—266 页。

② 见项楚《敦煌变文选注（增订本）》，中华书局 2006 年版，第 109 页。

③ 见罗维明《中古墓志词语研究》，暨南大学出版社 2003 年版，第 251—253 页。

字用法的来源，并对比与其同类的"庆"、"贺"的来源，显示其区别和联系，最后对比汉语史上其他问候语的形成揭示其演变过程的普遍性。

对变文中"助"字用例进行归纳，大致可以分为以下四种用法：（一）例（1）、（2）为一类，"助"字用在叙述语中，用为动词，可以解释为陪伴义或增添义，这一用法与"助"的本义相关；（二）例（3）"同助哭"与"共添哀"相对为文，亦可解释为陪伴义或增添义，用法与（1）、（2）相同，只是内容上相反，反映了"助"字这一意义上的概括性；（三）例（4）到（8），只出现在直接引语中，表达贺喜之义，其语用功能略相当于现在对别人喜事说"祝贺……"；（四）例（9）"深助娘娘"，例（10）"助阿娘寒温"两句也出现在直接引语中，表达问候之义，其语用功能略相当于现在久别重逢问候"您好啊！"。从用在叙述语中到用在直接引语中，从表达贺喜义到表达问候义，我们认为其中有一个用法演变的过程。

"助"的（一）、（二）类用法可以追溯到上古汉语。《周礼·秋官司寇·大行人》："大行人：掌大宾之礼及大客之仪，以亲诸侯。……间问以谕诸侯之志，归脤以交诸侯之福，贺庆以赞诸侯之喜，致襘以补诸侯之灾。"① 郑玄注："此四者，王使臣于诸侯之礼也。……赞，助也。"又《礼记·曲礼上》："邻有丧，舂不相；里有殡，不巷歌。"郑玄注："助哀也。"《礼记·檀弓上》："食于有丧者之侧，未尝饱也。"郑玄注：

---

① 林尹《周礼今注今译》"贺庆以赞诸侯之喜"译为："向诸侯贺庆，增加他们的喜悦气氛。"（书目文献出版社 1985 年版，第 403 页）；许嘉璐《文白对照十三经·周礼》翻译此句为："向诸侯贺庆，帮助诸侯增加喜庆。"由此可见"赞"之一词表达了方式和目的，从方式看是"帮助"，从目的看是为了"增加气氛"。（广东教育出版社等，1995 年版，第 126 页）

"助哀戚也。"由此可见，所谓"赞喜"、"助哀"之事皆是古礼，如果别人有喜事、丧事，周围的人要表达祝贺之情或者哀恸之情，为了显示同感，使用一种从旁辅助的形式，称为"赞……"或"助……"。在这里，还可以体会到"赞"、"助"意义的实在性，其意义为辅助或陪同，目的是为了显示同喜同悲之感。

需要指出的是，从上古汉语对"赞"、"助"的用例来看，"赞"、"助"虽然同义，但使用上有很大的区别。古礼有"助葬"（如《礼记·曲礼上》："适墓不登垄，助葬必执绋。"）之说，因而往往多是"助哀"，未见"助喜"之例。"助"应该是后来取代了"赞"的位置，而逐渐成为"助哀"、"助喜"的通用词，这种替换存在着普遍性，例如，在上古汉语中有"天赞我也"（《左传·僖公二十二年》）的说法，在后来变为"富贵忘贫，黄（皇）天不助。"（《伍子胥变文》）这说明在上古汉语多用"赞"字表达的词义，后来可以替换为"助"①。

由（一）、（二）类用法到（三）、（四）类用法则反映了"助"字原有意义的消失，进而演化出新义。在叙述语中，"助"可以理解为"辅助"、"陪伴"，但"助和尚喜"则应理解为说者向听者说"祝贺……"，在这里，"助"原有的意义被模糊了，代之而起的意义为"祝贺"，形式上是"动词＋人"，侧重于语用意义的表达。这一变化同样发生在"助"的同类词"庆"、"贺"身上，例如：

---

　　①　但"赞喜"之说后代仍然可以见到，例如蒋礼鸿先生在解释"助喜"字亦说到"赞喜"一词，所举为宋代用例，王安石《上宋相公书》："当合下以三公归第，四方奔走贺庆之时，而某尚以衰麻之故，不能有一言自献，以赞左右之喜。"《苕溪渔隐丛话》前集卷四十引《高斋诗话》："（郑）待问得官而归，盛集为庆。亲姻毕集，众皆赞喜。"这应当是古语的留存。

【庆】

（1a）正爵既行，请立马。马各直其算。一马从二马，以<u>庆</u>。庆礼曰："三马既备，请<u>庆</u>多马。"（《礼记·投壶》）

（1b）（齐侯）<u>庆</u>子家驹，曰："<u>庆</u>子免君于大难矣。"（《公羊传·昭公二十五年》）

【贺】

（2a）世之人主，得地百里则喜，四境皆<u>贺</u>；得士则不喜，不知相<u>贺</u>：不通乎轻重也。（《吕氏春秋·不侵》）

（2b）北面载拜曰："臣敢<u>贺</u>君。天之处高而听卑。君有至德之言三，天必三赏君。今夕荧惑其徙三舍，君延年二十一岁。"（《吕氏春秋·制乐》）

（1a）、（2a）为一类，"庆"、"贺"概括的是一类行为，它可以用言语方式，也可以礼物方式，还可以举行仪式；（1b）、（2b）为一类，"庆"、"贺"所概括的仅仅是一种言语行为，即说"祝贺……"。当然，与"助"相比，"庆"、"贺"相对较多地保留了其原有意义，而"助"表"祝贺"义，其原有意义基本消失，在意义上发生了较大变化。

进一步，由（三）类到（四）类的用法，表明"助"的语用意义发生了转移，由表达贺喜之义，转化为类似套语形式的问候语，即成为一个表"问候"的动词，问候别人现在怎么样，两者的语用场合稍有不同。

如果比较其他问候语的形成，可以看到由实义动词演化

成侧重语用的问候语是一个普遍的过程①。变文中另一重逢
见面时使用的问候语"不审"的演化过程可相参证。看一组
例句：

　　（1）<u>不审</u>天中这个身，前身未委种何因？（《难陀出
家缘起》^{P. 592}）

　　（2）重重礼敬，问谇起居："<u>不审</u>维摩尊体万福？"
（《维摩诘经讲经文（四）》^{P. 865}）

　　（3）树神亦（一）见，当时隐却神鬼之形，化一个
老人之体，年侵蒲柳，发白桑榆，直至庵前，高声<u>不审</u>和
尚。远公曰："万福！"（《庐山远公话》^{P. 253}）

　　"不审"本为一个实义动词，即"不知道"，如例（1）；
常常可以用在见面时的问候语这一场合，如例（2）义为"不
知你身体是否安好"由此"不审"演化出问候义，如例（3）
带人作宾语，在这个句子中，"不审"的原有实义消失了，而
成为一个表"问候"的动词。

　　总之，我们认为"助"由原有意义演化出问候义有一个
发展过程，必须通过细致的考察来分析其演化过程。

三　"遮"何以有请托义

　　在口语性较强的唐代文献中，"遮"有请托义，如在变文
中此义共现两例：

---

　　①　李明《从言语到言语行为——试谈一类词义演变》考察了一些问候语的
形成，发现具有相似的发展过程。又，他总结"不审"的演变过程为："不知道
（问候语中常出现）＞单用为问候语＞说'不审'、问候（不及物动词）＞向
……说'不审'、问候（及物动词）。"载《中国语文》2004 年第 5 期。

（1）汝今未得清雪，所已留在黄沙。我且忝为主吏，岂受资贿相遮！（《燕子赋（一）》[P.378]）

（2）他家头尖，凭伊觅曲。咬啮势要，教向凤凰边遮嘱。（《燕子赋（一）》[P.378]）

蒋礼鸿先生在《敦煌变文字义通释》中解释为"用贿赂去请托"[①]。其他如：王梵志诗〇六二首："世间何物平，不过死一色。老小终须去，信前业道力。纵使公王侯，用钱遮不得。"项楚先生释为"请托"[②]。可见"遮"的请托义是唐代口语的常用用法，那么这一词义用法是怎样出现的呢？

"遮"本义为遏止，《说文·辵部》："遮，遏也"，引申有阻拦、阻挡义，又引申为遮蔽、掩蔽义，上古中古汉语中此二义为常用义。此二义与"遮"的请托义相距较远，较难判定其间的引申关系，我们需要详细地考察前代用法来追溯其渊源。

我们认为"遮"的请托义，是由其阻拦、阻挡义演变而来的。"遮"的阻拦、阻挡义是指挡住别人的去路，另外有所行动，例如：

（1）遂墨衰绖，发兵遮秦兵于殽，击之，大破秦军，无一人得脱者。（《史记·秦本纪》）

---

① 蒋礼鸿《敦煌变文字义通释》（增补定本），上海古籍出版社1997年版，第192页。《汉语大词典》释此二例皆误，第一例《大词典》释为"掩盖、掩饰"，第二例"遮嘱"《大词典》释为"用手遮着嘴在别人耳边嘱托事情"，其实"遮"、"嘱"义同。

② 项楚：《王梵志诗校注》，上海古籍出版社1991年版，第221页。

（2）上罢布军归，民道遮行上书，言相国贱强买民田宅数千万。（《史记·萧相国世家》）

（3）遣汉使去，令其东边郁成王遮攻，杀汉使，取其财物。（《汉书·张骞传》）

（4）介子至楼兰，责其王教匈奴遮杀汉使。（《汉书·傅介子传》）

（5）博本武吏，不更文法，及为刺史行部，吏民数百人遮道自言，官寺尽满。（《汉书·朱博传》）

（1）、（2）例"遮"其义只为拦阻别人，使人不得前进；（3）、（4）、（5）例"遮"不单纯为拦阻义，其用法主要是为了突出拦阻后之所为，因而出现"遮杀"、"遮攻"、"遮道自言"这种动词连用形式，"遮"后面的动词"杀"、"攻"、"自言"表示"遮"这一行为的目的。这些用法使得"遮"能够从语境中吸收部分语义，获得演变的基础。

词语某一用法的语境义常常被该词语选择吸收，压缩到词义中，使词义理解发生转化，最后这一词语的转化义不再借助语境出现而独立成一个义项。"遮"由于常常与表目的动词连用而吸收了其中一部分意义，使词义理解发生了转化，如《史记·高祖本纪》："新城三老董公遮说汉王以义帝死故。汉王闻之，袒而大哭。"张守节正义引乐产云："横道自言曰遮。"由"遮"的这一解释，我们看到"遮"吸收了"说话"这一目的意义，词义发生了转化，虽然在《史记》原句中"遮"并没有完全脱离开其原有词义，但人们的理解已经发生了变异。

由此我们来看"遮"的请托义，请托这一行为，当是拦阻别人所发生的应有目的行为，拦阻别人常常是为了表达某种请求，如《旧唐书·薛嵩传》："至是入觐，百姓遮道乞留，数日乃得出。"又《旧唐书·潘好礼传》："后王将鹰犬与家人出猎，好礼闻而遮道请还。"而"遮"恰恰是选择吸收了"请求"这一目的行为，而使词义发生了变异，并产生出"请托"义。

那么，为什么"遮"只选择吸收了"请求"义，并向这一词义方向转化呢？我们可以看到在汉语的历史上由行为义向目的义转化并不是单独的过程，而由拦阻义向请求义的演变也不是单个的事实。例如：

要：

（1）拦阻义：《六韬·必出》："车骑要我前，勇士击我后，为之奈何？"

（2）求取义：《吕氏春秋·直谏》："言极则怒，怒则说者危，非贤者孰肯犯危？而非贤者也，将以要利矣；要利之人，犯危何益？"

邀：

（1）拦阻义：《孙子·军争》："无邀正正之旗，勿击堂堂之陈，此治变者也。"

（2）请求义：《庄子·在宥》："黄帝退，捐天下，筑特室，席白茅，闲居三月，复往邀之。"王先谦集解："邀，求请也。"

微：

（1）遮拦义：《史记·司马相如列传》："然后围驺虞之珍群，徼麋鹿之怪兽。"裴骃集解引《汉书音义》曰：

"徼，遮也。"

（2）求取义：《论语·阳货》："恶徼以为知者，恶不孙以为勇者，恶讦以为直者。"刘宝楠正义："徼，引申为凡遮取之义。"

以上这些事例中，虽然"请求"这一语义成分在各词义项的表现不完全相同，但演变过程应该具有相似的特点，即在汉语使用者意识当中，行为和目的可以构筑在一个词语范畴之中，而"拦截"和"请求"构成一个过程表明行为和目的的趋向。

通过上面的分析，我们可以认识到"遮"的拦阻义和请托义，是"拦截"和"请求"这一过程在词义演变中的具体化，而"遮"的请托义不是简单的表达请求，而常常是用钱财等物贿赂别人，求请别人开恩。

四 "留"何以有赠送义

《王昭君变文》："附（驸）马赐其千匹彩，公主仍留十斛珠。"项楚先生在其《敦煌变文选注》中指出："留，赠。"即"留"有赠送义，并另举三例，证明了唐代"留"确实有赠送之义①。吕叔湘、江蓝生先生《评项楚〈敦煌变文选注〉》一文以为确论②。另外，笔者在变文其他篇目中检得"留"字两例，亦较为接近给予义。

---

① 见项楚《敦煌变文选注（增订本）》，中华书局2006年版，第289页。
② 吕叔湘、江蓝生《评项楚〈敦煌变文选注〉》，见《中国语文》1990年第4期。

（1）遂唤夫人向前，有其付嘱："别无留别。<u>留</u>一瓣美香，若有灾难之时，但烧此香，望雪山会上，启告于我。"　（《太子成道经》[P.439]）

（2）耶输遂于裙带头取得太子所<u>留</u>美香一瓣，只于手中焚烧，其香烟化为一盖，直诣灵山。（《悉达太子修道因缘》[P.474]）

其中"留"字并不仅仅指太子留下放在某个地方的东西，而是太子所给予的东西，"一瓣美香"正是太子为了保护耶输而留给她的，这一"留给"并不同于一般的留下，而是特意给予，因而"留"当有赠送意味。

"留"本义为停止不动，《说文·田部》："留，止也。"引申指把人或事物留在某个地方不离开，如《庄子·秋水》："此龟者，宁其死为留骨而贵乎？宁其生而曳尾于涂中乎？"《史记·秦本纪》："我兄弟多，即君百岁后，秦必留我，而晋轻，亦更立他子。"由留在空间不动，即时间长久，所以"留"可转指时间长久，《礼记·儒行》："遽数之不能终其物，悉数之乃留，更仆未可终也。"郑玄注："留，久也。""留"一方面可指空间中不动，一方面可指时间中的长久，这两种用法是"留"的两种基本意义。

上古汉语中常用为赠送义的词语有"赠"、"送"、"遗"，它们虽然在赠送一义上同义，但其来源和词义特点不同，因而其引申义也各不相同。试比较其异同如下：

（1）"赠"，《说文·贝部》："赠，玩好相送也。"徐锴系传："赠，增也。既辞，又以此赠益之。"可见其词义特点在于把别人没有的东西送给别人。

（2）"送"本义为送行，《说文·辵部》："送，遣也。"

即把人送走，如《诗经·邶风·燕燕》："之子于归，远送于野。"引申有赠送义，其词义特点在于把礼物送达别人手里，如《史记·仲尼弟子列传》："越王大说，许诺。送子贡金百镒，剑一，良矛二。"

（3）"遗"，《说文·辵部》："遗，亡也。"段玉裁注："《广韵》：'失也，赠也，加也。'按皆遗亡引申之义也。""遗"本义为东西遗失不见，如《庄子·天地》："黄帝游乎赤水之北，登乎昆仑之丘而南望，还归，遗其玄珠。""遗"有赠送义，如《韩非子·说林下》："吾尝好音，此人遗我鸣琴；吾好佩，此人遗我玉环；是振我过者也。"根据"遗"这一义的来源来看，其赠送义强调从自己这里失去，而送给了别人。另外，与"遗"相类似，"贻"有赠送义，如《诗·邶风·静女》："静女其娈，贻我彤管。"同时又有遗留义，如《书·召诰》："若生子，罔不在厥初生，自贻哲命。"因而，我们认为在汉语使用者的意识中，"遗留"概念与"赠送"概念之间存在着对应关系。

通过比较"留"的义项，可以看出，"留"与"遗"义近，如"遗"引申有遗留义，《史记·孝文本纪》："太仆见马遗财足，余皆以给置传。"司马贞索隐："遗，犹留也。"那么，我们有理由认为，由于"留"与"遗"义近趋同，使"留"产生出赠送义。下面我们将通过"留"与"遗"趋同演变过程的对比，看看"留"是如何具有了赠送义的。

"赠送"指人把某物送给其他人，其动词用法必须带宾语，因而我们只考察"遗"与"留"带宾语的用法。"赠送"义的核心意思为给予，因而我们着重考察"留"是如何演变出给予义的。

"遗"在上古表赠送义，其句法格式有以下几种：

（1）用"以"引进所给予的事物：晋献公将欲袭虞，遗之以璧马；知伯将袭仇由，遗之以广车。故曰："将欲取之，必固与之。"（《韩非子·喻老》）；乃令梨且以女乐二八遗哀公，哀公乐之，果怠于政。（《韩非子·内储说下》）

（2）双宾语：君非自知我也。以人之言而遗我粟，至其罪我也又且以人之言，此吾所以不受也。（《庄子·让王》）

（3）只出现一个宾语，且宾语为人：盛黄金于壶，充之以餐，加璧其上，夜令人遗公子。（《韩非子·十过》）

因而，只出现一个宾语，且宾语为物，"遗"为丢失、遗弃义。

在上古，"留"带宾语，无论出现的为人，还是物，都只表把人或事物留在某一个地方，例如上言，也因此"留"常常会带处所宾语或补语，如《史记·孔子世家》："孔子贤者，所刺讥皆中诸侯之疾。今者久留陈蔡之间，诸大夫所设行皆非仲尼之意。"《史记·信陵君列传》："魏王恐，使人止晋鄙，留军壁邺，名为救赵，实持两端以观望。"

到了中古，"留"某物，不再仅仅指把物留放在某个地方，而常常出现连动结构，表述所留事物的作用，如《魏书·高祖纪下》："巡幸淮南，如在内地，军事须伐民树者，必留绢以酬其直，民稻粟无所伤践。"其隐含的内容不再仅仅指"留某物于某地"，而可以表达"留某物给某人"，如《陈书·马枢传》："寻遇侯景之乱，纶举兵援台，乃留书二万卷以付枢。"即指"王纶留给马枢二万卷书"。但是我们可以在下面的用法中，看出"留"与"遗"的区别和联系，如《三国志·魏志·吕布传》裴注引《英雄记》曰："既渡淮北，留书与术曰……"《韩非子·内储说下》："太宰嚭遗大夫种书曰……"可见，"留……与"才相当于"遗"的意义。

另一方面，"遗"在后来的演变中，带事物宾语也表赠送、给予义，如汉刘歆《西京杂记》卷六："（秋）胡至郊而不识其妻也，见而悦之，乃遗黄金一镒。"我们认为，正是在这种用法上，"留"与"遗"语义逐渐趋同。在形式上，"留"与"遗"都带事物宾语，而"遗"表给予义，"留"由最初表留某于某处，演化出留某物给某人义，最终与"遗"语义趋同，可以直接表达给予义。

下面的句子中"留"就可以明显看出给予义了，南朝宋鲍照《拟古八首（之三）》："汉虏方未和，边城屡翻覆。留我一白羽，将以分虎竹。"

总之，我们认为，"留"本指把某物留于某地，而留某物于某地，其目的常常是给予某人，在"留"与"遗"用法趋同的过程中，"留"逐渐演化出给予义。

第四节　综合考察

本节综合运用当前词义描写和分析方法，重点考察了变文中两例表现较为凸出的词义演变现象，追溯其来源，考察其演变，并试图深入解释其演变动因。

一　"穿"表穿衣义的来源和演变
（一）"穿"表穿衣义的出现和来源

"穿"表穿衣义在变文中多有用例，前文已述（见本书第51页），本节重点追溯其来源过程。

"穿"表穿衣、穿鞋义在现代汉语中常用，但是关于这一意义的来源和使用情况仍未有一个详尽确切的研究。目前学界对"穿"的穿衣义的出现和使用年代，归纳起来有三种意见：

（1）主张出现在南北朝时期，学界多主此说；

（2）主张出现在唐代，如，祝敏彻、尚春生（1984）、蒋绍愚（1994）；

（3）认为出现在宋元白话文中，如王凤阳（1993）。

鉴于此，本文试图通过文献材料的具体考察，就"穿"这一意义的来源、使用情况作出较为详尽的说明，并提出一些相关主张。

考察穿衣义的起源，《辞源》、《汉语大字典》、《汉语大词典》的引例不足为据。《辞源》"穿"立项穿戴义，最早例引《世说新语·雅量》："太傅于众坐中问庾，庾时颓然已醉，帻堕几上，以头就穿取。"《汉语大字典》"穿"之"着上衣物"义首引例同此。这一例子常被用作证明"穿"之穿衣义起源于南北朝。但是，我们认为，此例语境特殊，"穿"解释为"穿戴"义或"穿通"义两可，且穿的对象与"衣服鞋袜"（现代汉语"穿"的对象）无关，于中古时代亦为孤例。①《大字典》第二例引唐韩愈《酬卢云夫望秋作》："自知短浅无所补，从事久此穿朝衫。"细玩"穿"在句中的文义，似为"穿破"、"破敝"义更为恰当，指"长久充任差役之事，连朝衫都已破敝了"，而不当为"穿着朝衫"义。《汉语大词典》所立义项为"把衣、帽、鞋、袜等套在身体相应部位上"，最早例引宋梅尧臣《观邵不疑学士所藏名书古画》诗："系衣穿袴靴，坐立皆厮吏。"此例确当，但不足以溯源。可以看出，三本词典对"穿衣"的内涵理解不尽相同，所立义项既有不

----

① 学界证明"穿"最早有穿衣义多举此例，然祝敏彻、尚春生《敦煌变文中的几个行为动词》（1984）一文即对此例即持否定态度，蒋绍愚《近代汉语研究概况》（1994）对此例亦持否定意见。

同，例证也不尽恰当。现代汉语中"穿"可指穿衣、穿鞋、穿袜，而不用来指"戴"什么东西，而词典立项穿戴义或把"戴"的意思一并归入"穿"义中，似为不妥。因此，我们认为，要弄清楚"穿"的穿衣义的起源，重点在于考察"穿"所搭配的对象和衣服的内涵。古代衣服形制"上衣下裳"，又可分为公服、常服、戎服、甲胄，"裤"、"鞋"、"袜"之类各有起源，衣服观念古今应有不同，那么"穿"所搭配的对象不同，其分项立义的边界即应有所区别。

从"穿"的意义演变来看，"穿"本义为穿透，《说文·穴部》："穿，通也。"由此发展出两方面意义，一是把事物穿凿出洞来，如《庄子·德充符》："为天子之诸御，不爪翦，不穿耳；取妻者止于外，不得复使。"在穿洞这一意义上，会给事物带来两种结果，一个结果是形成事物，如《吕氏春秋·察传》："及其家穿井，告人曰：'吾穿井得一人。'"即凿穿土地来形成井，第二个结果则是破坏事物，如《庄子·山木》："士有道德不能行，惫也；衣弊履穿，贫也，非惫也；此所谓非遭时也。""履穿"指鞋破出洞来。二是从孔道通过，如《太平广记》卷二百三十一"晋惠帝"条："咸见此剑穿屋飞去，莫知所向。"（引《异苑》）指事物由孔洞通过。也可指人从孔洞通过，如《史记·袁盎晁错列传》："内史府居太上庙壖中，门东出，不便，错乃穿两门南出，凿庙壖垣。"在这里，整个人从孔洞中通过被称为"穿"，人体部位从孔洞通过也称为"穿"，如《太平广记》卷三百八十二"支法衡"条（引《冥祥记》）："于是仰首，见天有孔，不觉倏尔上升，以头穿中，两手搏两边，四向顾视，见七宝官船及诸天人。"由此我们可以理解到《世说新语》中"以头就穿取"帻，其实正是这一动作的具体化，即试图将头从帻的孔洞穿过。"穿"

作为一个动作，指把人体部位由事物孔洞中穿过，而穿的穿衣义，即把身体由衣物的孔洞中穿过附着于身，我们有理由认为两个意义密切相关。

考察文献，"穿"与衣物发生联系的时代很早，但并不就是"穿衣"义。《论衡·论死》："如审鬼者死人之精神，则人见之宜徒见裸袒之表，无为见衣带被服也。何则？衣服无精神，人死与形体俱朽，何以得贯穿之乎？"这句话是说，"衣服是没有精神的，人死后衣服与人的形体一起腐朽了，凭什么衣服能够被贯穿在形体之上？"这里，"贯穿"为穿着衣服时的动作方式。又《颜氏家训·书证》："《礼·王制》云：'赢股肱。'郑注云：'谓揎衣出其臂胫。'今书皆作擐甲之擐。国子博士萧该云：'擐当作揎，音宣，擐是穿着之名，非出臂之义。'"其中以"穿着之名"解释"擐"的意义，"穿着"为"擐"的动作方式，"擐"为以穿贯的方式披挂铠甲的意思，所以《慧琳音义》卷一"擐铠"注引《桂苑珠丛》："以身贯穿衣甲曰擐。"因此，"擐是穿着之名"指"擐的意思是以贯穿的方式着上（铠甲）的术语。"我们认为，作为动作方式的"穿"与"穿衣"义仍然是有区别的。"着"在中古搭配对象广泛，"着"可以着上器械，南朝宋刘敬叔《异苑》卷六："须臾便至，两脚着械。既至，脱械置地而坐。"因此"穿着"的对象也更为广泛。例如，南朝宋张演《续光世音应验记》："执妇系狱……妇人惊觉，身贯三木忽自离解。见门犹闭，阍司数重守之，谓无出理。还自穿着，有顷得眠，复梦向人曰：'何以不去？门自开也。'"这里"穿着"的对象是之前的"身贯三木忽自离解"中的"三木"，即羁押犯人所用的器械，其中"穿"与"贯"相互呼应。

蒋绍愚（1994/2005：284/299）根据《慧琳音义》卷三

十九"为掼"条引《考声》云："掼，穿，穿衣也"，认为"唐代已有'穿衣'这一说法了"，"所以，'穿'的'穿衣'义应产生在齐梁隋唐之间。"但未详举唐代文献用例。更为可靠的具体用例，来源于祝敏彻、尚春生（1984）对敦煌变文的考察。例如《汉将王陵变》："其夜，西楚霸王四更已来，身穿金钾（甲），揭上头牟，返去衙（牙）床如（而）坐，诏钟离末附近帐前。"根据我们对《敦煌变文校注》中"穿"这一意义的穷尽调查，共有六例，全部与"金甲"、"锁甲"搭配，可见其用例不广、用法固定。其他五例罗列于下：

（1）骏马雕鞍穿锁甲，旗下依依认得真。（《捉季布传文》[P.92]）

（2）霸王亲问，身穿金钾（甲），揭去［上］头牟，搭箭弯弓，臂上悬剑。（《汉将王陵变》[P.69]）

（3）化为一大将军，身穿金甲，陣上兜鍪，身长一丈，腰阔数围。（《叶净能诗》[P.334]）

（4）忽有一将军，身穿金甲，陣上兜鍪，拔剑上殿，拟斩岳神。（《叶净能诗》[P.334]）

（5）感得北方大圣□□（毗沙）门天王身穿金甲、掌安宝塔，弯明月之宫（弓）、□（佩）琨吾之剑。（《八相变（二）》[P.524]）

敦煌文献中另有两例特殊搭配的用例[①]：

[①] 此两例转引自叶娇《敦煌文献服饰词研究》，博士学位论文，浙江大学，2009年，第14页。

（1）永比自江东，十六而学，……被受饥荒，衣穿襫鼻。（斯811号《□永书札》）

（2）罗衣不挂因虫啮，半臂休穿为酒伤。（伯3618《秋吟一本》）

我们对唐代传世文献的调查，"穿"与"铠甲"搭配另有两例，其一，唐胡曾《咏史诗》卷一《垓下》同时人陈盖注："《汉书》云：'项羽垓下大败，汉相张良唱吴楚之歌，将士溃散。王欲起军，军已散矣。王乃揽辔备乌骓而出，身穿金甲，五仗兼备，则别虞姬。"① 其二，《全唐文》卷九百九十八杨承和《邠国公功德铭》："忍铠常穿，四魔不胁。"又有一例与"青衣"搭配，《全唐文》卷三百七十一苏师道《司空山记》："见一金童，身穿青衣，头绾鬟髻，捧玉册一道，仙衣一通。"但是《司空山记》出处不明，是否唐代原录碑文早有疑问。《（光绪）湖南通志》卷二百六十九："《志》据《全唐文》载苏师道司空山碑，系于天宝十四年十月。此碑称旧祠颓废，粗存基构之余绝，不言及古碑，知苏碑在尔时已亡，无怪今兹之遍搜不得也。"所以此例只能存而不论。

由此可见，"穿"的穿衣义在唐代使用应该局限性很强。铠甲虽可算着身衣服之一类，但与一般衣服的穿着方式仍有不同。从历史联系来看，"穿"这一意义的来源与"摜"、"贯"一脉相承。

"摜"，《说文·手部》："摜，贯也。《春秋传》曰：摜甲执兵。"又《淮南子·要略》："躬摜甲胄"高诱注："摜，贯着也。"《广雅·释诂三》"摜，着也"王念孙疏证："摜者，

---

① 见《新雕注咏史诗》卷一，四部丛刊三编景宋钞本。

贯之着也。"即以穿贯的方式着上铠甲。"贯"本字为"毌"，《说文·毌部》："毌，穿物持之也。"后此义常用"贯"字，与"擐"相同，引申可指穿用铠甲，如《淮南子·主术》："是犹贯甲胄而入宗庙，被罗纨而从军旅。"又"贯"与"掼"同，例如《抱朴子·外篇·博喻》卷三十八："抱朴子曰：'盘旋揖让，非御寇之容，掼甲缨胄，非庙堂之饰。'"根据我们考察隋代之前，"擐"、"贯"只与甲胄搭配使用。①

　　"擐"、"贯"、"穿"一脉相承，其动作特点在于"穿物持之"，而铠甲这类衣物最初的穿用特点正在于此，多是自头贯穿而下，以身着之，并不像一般衣服"交领右衽"披裹着身。② 如周锡保《中国古代服饰史》："铠甲形制以前后两相连缀的似裲裆甲式，但亦有只有前身的，其中以自首往下套者为多。"③ 杨泓《中国古兵器论丛》："在两腋下甲片相连处作固定编缀，证明铠甲在穿着时，都是由头部向下套的。"④ 他们都说明了中国早期铠甲因形制而来的穿用特点。后代铠甲的穿用或保持了早期形制或代有更革变化，但其穿用动作特点的描述则由"擐"、"贯"、"穿"保存了下来。

　　通过上面的分析，我们认为，"穿"之穿衣义与"擐"、"贯"之得义相类，又存在先后替换关系。从使用特点和使用

---

　　① "贯"有两例例外，东汉王充《论衡·祀义》："以所见长大之神贯一尺之衣，其肯喜而加福于人乎？"此例"贯"语境特殊，不一定就是穿衣义，看作动作方式更恰当一些。又东汉荀悦《汉纪·武帝纪六》："遂身贯戎服，亲御鞍马。"这一例"贯"的对象为"戎服"，其实正说明了铠甲与戎服的穿用特点可能是一致的，这里"贯"应为穿衣义。

　　② 朱庆之《也说"擐"》一文，亦有此论。"如果我们了解古代铠甲的这种形制特点和穿法，就会明白为什么古人要用'贯'来解释'擐'，因为'擐'的基本动作也恰恰就是'穿物'。"

　　③ 见周锡保《中国古代服饰史》，中国戏剧出版社1984年版，第121页。

　　④ 见杨泓《中国古兵器论丛》，文物出版社1985年版，第18页。

范围看，三者有替换关系，"摄"的穿着义最早，搭配固定，文言色彩较浓，所以后代只是承继用法；而"贯"在魏晋南北朝的史书中多有"贯甲"的用例（如《宋书》、《晋书》、《魏书》等书的用例），对"摄"形成替换之势；到了唐代，可能"贯"的书面语色彩变浓，因而此义又由"穿"承继下来（如敦煌变文中的用例）。

（二）"穿"表穿衣义的发展

"穿"如果只与铠甲搭配，不可能演变为表穿衣义的常用词，其搭配对象不断扩展、使用范围不断扩展。我们在五代北宋时期文献中仅找到下面三个用例（我们的考察范围包括五代北宋的禅宗语录、笔记小说、《三朝北盟会编》、著名作家文集等）：

（1）先是，永安监灶户陈小奴棹空船下瞿塘，见崖下有一人，裹四缝帽，穿白缺衫、皂义襕、青袴，执铁蒺藜，问李公之行迈，自云"迎候"。（宋孙光宪《北梦琐言》卷七①）

（2）系衣穿袴靴，坐立皆厮吏。（宋梅尧臣《观邵不疑学士所藏名书古画》诗）

（3）谁能饮堂上，解带不穿袍。（宋苏辙《次韵子瞻题长安王氏中隐堂五首（之四）》诗）

可见，北宋年间用例依然很少。北宋至南宋之交用例渐多：

---

① 《太平广记》卷三百一十二引《北梦琐言》作："裹四缝帽，着窄白衫、青袴，执铁蒺藜。"

（4）子厚曰："今饮酒者，令编札斟酒亦可，穿衫着带斟酒亦可饮酒，令妇环侍斟酒亦可饮酒，终不若美人斟酒之中节也。"（宋王铚《默记》卷下）

（5）羔繻继辟不容避，聊脱黄帽穿征衫。（宋葛胜仲《送许师德》诗）

（6）儒冠忽忽垂五十，急装何由穿裤褶？（宋陆游《闻虏乱有感》诗）

（7）新凉可穿衣，出门造谁家。（宋章甫《雨后十小绝以一雨洗残暑万家生早凉为韵》诗）

（8）客生富豪家，妙年穿青衫。（宋强至《送纯甫仙尉》诗）

（9）六花飞舞似鹅毛，丞相身穿御赐袍。（宋汪元量《西湖旧梦》）

（10）徐伟官京兆，梦二老人，白首而长身，身穿绿袍，谓伟言："某他日有斧斤之厄，幸为保全之。"（金元好问《续夷坚志》卷四"高白松"条）

通过考察可以发现，"穿"在文言作品中的使用数量仍然不多，可以从宋人的诗歌和笔记小说中找到不多的用例。

我们通过南北戏剧作品中"穿"与"着"的对比统计可以发现，"穿"的使用地域存在着南北方的差异。详参下表：

用词	南方地区（67008 字）			北方地区（74166 字）	
	张协状元	小孙屠	宦门子弟错立身	刘知远诸宫调	西厢记诸宫调
穿	0	0	0	3	6
着	11	0	1	2	4

宋代以来白话创作的话本作品渐多，我们对其中“穿”和“着”的用例对比统计如下①：

	京本通俗小说（六篇）	清平山堂话本（三篇）	《全相平话五种》	万秀娘仇报山亭儿	宋四公大闹禁魂张
穿	6	1	10	0	2
着	3	3	8	1	8

可以看出，两词在白话作品中“穿”的使用数量渐多，与“着”形成替换之势。

而到了元代，白话作品中“穿”已基本完成对“着”的替换。如：《大宋宣和遗事》中“穿”有11例，“着”有3例；《元刊杂剧三十种》中“穿”有35例，而“着”仅得4例。

另外，“穿”用为穿鞋义与穿衣义发展时代相当或略晚。②如《太平广记》卷一百九十六“潘将军”条：“时春雨初霁，有三鬟女子，可年十七八。衣装褴褛，穿木屐，于道侧槐树下。”（出唐末康骈《剧谈录》）唐末范摅《云溪友议》卷中“澧阳宴”：“长林公主闻之，不待穿履，奔出而救之，曰：‘尚书不念诸子学文，拟陪李秀才砚席。岂有饮筵而举人细过？待士如此，异时那得平阳之誉乎。’”“穿鞋（靴、履、屐）”一义在两宋有广泛的应用，例不备举。“穿袜”义，我

① 话本语料选取，依据高小方《汉语史语料学》，高等教育出版社2005年版，第222—223项。

② “擐”无此用法，“贯”在汉代即有穿鞋义，如《汉书·辕固传》：“冠虽敝必加于首，履虽新必贯于足。”

们考察所得最早用例为，南宋贺铸《席上分韵寄陈传道》诗：
"忍穿布袜与青鞋，困走京尘十二街。"

（三）"穿"表穿衣义流行原因试探

词汇史研究不仅要求正确描写词语的出现和发展演变，更为重要的是说明为什么此时出现，何以朝着这个方向发展。我们这里仅就所得材料，做一推测，冀得一孔之见。

根据我们的考察所得，唐代不仅是"穿"表穿衣义出现的年代，也是"擐"、"贯"意义扩展的时代。

（1）上言酒味酸，冬衣竟未擐。（唐韩愈《崔十六少府摄伊阳以诗及书见投因酬三十韵》）

（2）此则专车凭轼，可擐朝衣；单马御鞍，宜从亵服。（《旧唐书·刘知几传》①）

（3）此呪加持衣服而贯着之。（唐阿目佉跋译《佛说不空胃索陀罗尼仪轨经》卷下）

（4）贯着新净衣，牛黄郁金香。（唐菩提流志译《不空羂神变真言经》卷二十七）

（5）老母便与前裳串着身上，与食一盘吃了。（《舜子变》②）

可见"擐"、"贯"的搭配对象不再仅限于铠甲，越出了前代使用常规。

---

① 此例有异文，《文苑英华》"擐"作"服"；又《册府元龟》"擐"作"袭"。如果说《旧唐书》此例反映了"擐"词义的发展，那么异文则说明这一用法并没有得到所有人的承认。

② （清）李慈铭：《越缦堂读书记·南史》："《宗悫传》：'宗军人串噉粗食。'此串字最古。串，即毌之隶变……古串、贯、掼通用。"

词义演变的发生可以归结为语言内部的原因和语言外部的原因。我们认为，"穿"在"摜"、"贯"的趋同作用下发展出穿着铠甲义，这是语言内部的原因。但是三词的语义扩展，特别是"穿"在其后的发展中逐渐取代"着"成为表穿衣义的常用词，则很难从语言内部找到相应的原因。按照蒋绍愚（1999）"两次分类"的观点，中古表穿戴的"着"和表示附着的"着"结合在一起，组成一个词；而现代表示穿衣的"穿"和表示穿透的"穿"结合在一起，组成一个词，这应该与人们的认知有密切的关系。我们认为"穿"由穿着铠甲的专用术语发展到一般的穿衣义，正是受到人们对社会文化认知的影响。

中国古代衣服形制代有更革，宋赵彦卫《云麓漫钞》卷四："古人戴冠，上衣下裳。衣则直领而宽袖，裳则裙。秦汉始用今道士之服，盖张天师汉人，道家祖之。周武帝始易为袍，上领、下襕、穿袖，幞头，穿靴，取便武事。五代以来，幞头则长其脚，袍则宽其袖，今之公服是也。"根据古代文献记载，隋、唐、宋三代的衣服形制多有取自戎服，为了行动方便，其公服、常服把戎服的一些形制特点纳入到制衣之中。宋朱熹《朱子语类》卷九十一："今之朝服乃戎服盖自隋炀帝数出幸，因令百官以戎服。……后世循袭遂为朝服。……至渡江戎马乃变为白凉衫，绍兴二十年间士人犹是。白凉衫至后来军兴，又变为紫衫，皆戎服也。"又"今之公服，皆古之戎服。"清恽敬《大云山房杂记》卷一载："缺襟袄子，即窄袖紫衫，古以为军中之服。宋南渡后，始服以朝，以前后衩便乘骑，故曰缺胯耳。"宋袁文《瓮牖闲评》卷六："今之紫衫，下吏之服也。自南渡以前，士大夫燕服止是冠带，惟下吏便于趋走则服紫衫。既而金人南下，兵革扰攘，以冠带不甚轻便，士大夫亦尽服紫衫，且欲便事，不以为非也。迨绍兴末，有臣僚上言，今天下承平而百官如扰攘时常服紫衫，不称，于是，朝廷之上、郡县之间悉改服凉衫纯白之衣。未几，显仁升遐亦其验已。又有臣僚上言，凉衫近丧服不可用，仍合只用紫衫，故至今皆服而不疑。天下事固有循习之久而不可改者，如本朝衣制，亦尝屡更矣。独恨前后臣僚既言紫衫、凉衫不可用而略无一言，仍用冠带，坐使承平之风不复见于后世。"由以上记述可以看到，宋代凉衫、紫衫的穿用年代和更革情况，这里我们特别需要注意的是南渡这一情势，它带来了服制上的很大变化，这与"穿"开始流行使用增多的时代相一致。由此我们有理由推测，"穿"的使用流行，是服制变化在人们认知上的反映。

　　还有其他一些衣服形制也与戎服有关。有所谓"背子"，宋米芾《画史·唐画》："近又以半臂军服披甲上，不带者谓之背子，以为重礼，无则为无礼。"又有所谓"袴褶"，明方以智《通雅》卷三十六："古袴上连衣，故戎衣谓之袴褶。吕范自请为孙策都督，出便释褠，着袴褶。师古所解重衣，在上正谓今之罩甲半臂，而短戎衣也。戎衣或从边塞之制，故有曰左衽者。"所以周锡保《中国古代服饰史》认为："根据宋代人的说法，宋时的公服，乃是唐末的战袍，是窄袖紧身及短的袍，而公服则是大袖而其下又有横襕者。因此可知唐时之战袍非如铠甲形制者。又清代学者认为六朝以后，将士多用袄，多以袍袄为武服。又《中华古今注》云：隋文帝征辽，诏武臣服缺胯袄子，取为军用。所谓缺胯袄子，即宋时的窄袖紫衫，前后开衩，便于乘骑。从这点来看，所谓战袍不过是与一般袍异其制而已，非是战甲式者。明于此，则战袄的形制当较短且窄可知了。"①

　　古人把"擐"、"贯"戎服与穿着铠甲的动作视同一类，所以有东汉荀悦《前汉纪·武帝纪六》："遂身贯戎服，亲御鞍马。"唐白居易《悲哉行》诗："手不把书卷，身不擐戎衣。"又从前述文献记载可以看出，常服、公服形制为了适应行动方便的需要也变得紧身、"穿袖"，正所谓"新衣尚穿束，旧衣变褒博。"（宋梅尧臣《宿州河亭书事》诗）在此社会文化背景下，"穿"的动作特点扩展到带有戎装形制的袍衫之类的衣物上。

　　我们对前述"穿衣"用例试做如下分析：

　　（1）先是，永安监灶户陈小奴棹空船下瞿塘，见崖下有一人，裹四缝帽，穿白缺衫、皂义襕、青袴，执铁蒺藜，问李公之行迈，自云"迎候"。（宋孙光宪《北梦琐言》卷七）

　　"裹四缝帽，穿白缺衫、皂义襕、青袴"实即戎装打扮，"铁蒺藜"为用以拦截车马的兵器。又宋孟元老《东京梦华录》卷十"驾宿太庙奉神主出室"条："挟辂卫士皆裹黑漆团顶无脚幞头，着黄生色宽衫、青窄衬衫、青裤，系以锦绳。"其卫士打扮正与此同。

　　（2）系衣穿袴靴，坐立皆厮吏。（宋梅尧臣《观邵不疑学士所藏名书古画》诗）

---

① 见周锡保《中国古代服饰史》，中国戏剧出版社1984年版，第159页。

"厩吏"为管理马匹的官员，"穿袴"为了乘马方便，袴以"穿贯"为动作特点，《释名》："裤，贯也，贯两脚上，系要中也。""裤"，古"袴"之名，《方言》卷四"裤"钱绎笺疏："按，裤即今之满裆绔也。"所以，"裤"、"袴"穿用特点应是一贯相承。

（3）谁能饮堂上，解带不穿袍。（宋苏辙《次韵子瞻题长安王氏中隐堂五首（之四）》诗）

根据这句诗的语境，"饮堂上"当指宴饮于堂上，是指非正式场合，所以能够"解带不穿袍"，即不必穿着公服、正装。如前文所述，"根据宋代人的说法，宋时的公服，乃是唐末的战袍，是窄袖紧身及短的袍，而公服则是大袖而其下又有横襕者。"所以也具有可"穿贯"的特点。

南宋之后，所"穿"衣服范围愈广，但其中仍不乏戎服之制，如"征衫"、"裤褶"。

所以，我们有理由认为"穿"表穿衣义的流行在于，随着衣制的变更，衣服以"穿束"、"穿贯"为动作特点，人们为了适应这一变化需要，最终选择了"穿"做为表达穿衣义的常用动词，使得"穿通"与"穿衣"结合在一个词语中。

二　"填"的偿还义的来源和演变
（一）"填"的偿还义在变文中的使用情况
变文中"填"有偿还义，其用例排比如下：

（1）直至三日复墓了，拜辞父母几田常（已填偿）。（《董永变文》[P.174]）

（2）帝释官中亲处分，便遣汝等共田常（填偿）。（《董永变文》^{P.174}）

（3）当时卖身葬父母，感得天女共田常（填偿）。（《董永变文》^{P.175}）

（4）相公前世作一个商人，他家白庄也是一个商人，相公遂于白庄边借钱五〔百〕贯文。是时贫道作保，后乃相公身亡，贫道欲拟填还，不幸亦死。（《庐山远公话》^{P.268}）

（5）若是冤家托荫来，阿娘身命逡巡失。如此思量，一场苦事。万劫千生，酬填不异（易）。（《父母恩重经讲经文（一）》^{P.971}）

（6）为人何处是聪明，莫若酬填养育情。（《父母恩重经讲经文（一）》^{P.978}）

变文中"填"多与"偿"、"还"诸词组成复合词"填偿"、"填还"，为唐宋间常语，诸家已有说明。如《敦煌变文集·董永变文》："直至三日复墓了，拜辞父母几田常。"王重民校记："此变文中'田常'凡三见，……王庆菽、周一良疑当作'填偿'，谓填偿董永的卖身价。"① 蒋礼鸿先生在《敦煌变文字义通释》解释："'田常'即'填偿'，抵偿，偿还"，"'填偿'盖亦唐宋间常语。"②《敦煌变文选注·庐山远公话》："相公前世作一个商人，他家白庄也是一个商人，相公遂于白庄边借钱五百贯文。是时贫道作保，后乃相公身亡，

---

① 见王重民等编《敦煌变文集》，人民文学出版社 1957 年版，第 113 页。

② 见蒋礼鸿《敦煌变文字义通释》（增补定本），上海古籍出版社 1997 年版，第 252 页。

贫道欲拟填还，不幸亦死。……弟子自负他人债，即合自己偿填，劳使上人之身，弟子若遇此身死后，必沈地狱。"其中"填还"、"偿填"项楚先生亦皆解释为偿还义，即偿还债务。① 又"填"亦可单用为偿还义，如《太平广记》卷二三八"李全皋"条："李将军为左道所误"条："俄经再宿，初且讶其不至，不得已启炉而视之，不见其金矣。事及导引小校，代填其金，道人杳无踪迹。"（出唐冯翊子子休《桂苑丛谈》）又伯2917《乙未年后常住什物交割点检历》："至乙未年九月十一日领入故宅官王保住填贷粟债肆斗、伯师壹口。"

"填"在古汉语常用义为填平、填实、填补空缺，何以在此基础上发展出偿还义（特别指偿还债务），我们首先通过"填"与其同义词的分析，揭示其来源的不同和引申的理据。然后，具体考察了"填"的偿还义的演变过程和条件。最后，展示了由"填"的概念隐喻而来的相关用法，及其在此基础上所引起的词义发展。

（二）汉语"清偿债务概念"的表达

因为债务形成原因、方式的不同（包括出借、花费、耗损等），从概念上看，我们说"清偿债务"，包括了三种相互关联的形式，即"偿还、归还"、"抵偿"、"赔偿、补偿"②，统而言之，它们都表示债务人完成了对债权人的义务，清除了债务。但从概念的内涵来看，（1）偿还侧重强调财物的往还，即负债人从债主那里收到的东西又归还给了债主，以此来完成清除债务的方式；（2）抵偿强调以某种等价形式，完成负债

---

① 见项楚《敦煌变文选注》，中华书局2006年版，第1943页。

② 参看《现代汉语词典》对此三类词义的解释。"偿还：归还（所欠的债）；归还：把借来的钱或物还给原主。""抵偿：用价值相等的事物作为赔偿或补偿。""赔偿：因自己的行动使他人或集体受到损失而给予补偿；补偿：补足。"

人对债主的义务，达到债务双方的利益平衡；（3）赔偿、补偿强调对亏空的弥补，负债人因为使用了债主的财物，对债主利益造成了损害，因而必须通过填补损失的方式来清除债务。

"清偿债务"这一概念，在汉语史上有多个动词予以表达，我们认为根据它们语义来源和语义特点的不同可以分为四类：（1）还、归、复；（2）当、抵、准；（3）填、赔；（4）偿。前三类的来源正对应我们分析"清偿债务"概念时所得到的三类概念内涵，而"偿"作为这一概念的原生词，其意义涵盖了三种概念内涵，我们可以从"偿"的词义训释和具体使用上理解其意义。以下我们就各词展开具体分析，揭示各词的来源和引申理据。

1. 还、归、复：

"还"本义为返回，《说文·辵部》："还，复也。"即人由目的地返回到出发点的移动，如《左传·宣公六年》："楚人伐郑，取成而还。""还"即谓楚人由郑国返回楚国。引申有归还之意，即从别人那里拿取东西，再物归原主，如《韩非子·外储说左上》："楚人有卖其珠于郑者，为木兰之柜，熏以桂椒，缀以珠玉，饰以玫瑰，辑以翡翠，郑人买其椟而还其珠，此可谓善卖椟矣，未可谓善鬻珠也。"因为债务是从别人那里借得而来，由此引申，归还债务亦可称"还"，如晋葛洪《抱朴子·内篇·微旨》："假借不还，换贷不偿。"

"归"本义为女子出嫁，《说文·止部》："归，女嫁也。"一方面女子出嫁夫家，即到往夫家为"归"，另一方面女子回返娘家亦称为"归"，如《谷梁传·隐公二年》："妇人谓嫁曰归，反曰来归。"又《诗·邶风·燕燕》："之子于归，远送于野。"毛传："归,归宗也。"即返回娘家,由此引申"归"有归返,归回义,例如汉刘邦《大风歌》:"威加海内兮归故乡。"又引申有归还义,如《史记·蔺相如列传》:"城不入,臣请完璧归赵。"因而还债亦可用"归",如《太平广记》卷三百三十二"茹子颜"条:"子颜为之召债家,而归其负。"(出《纪闻》)

又"归"与"还"同义,组成"归还"亦有还债义,例如《二十年目睹之怪现状》第九十六回:"这笔款子等你的爸爸死了,就本利一律清算归还。"

"复"有还、返回义,如《谷梁传·宣公八年》:"公子遂如齐,至黄乃复。"引申有偿还义,如《汉书·陈汤传》:"贰师将军李广利捐五万之师,靡亿万之费,经四年之劳,而廑获骏马三十匹,虽斩宛王毋鼓之首,获不足以复费。"颜师古注:"复,偿也。""复"的引申遵循本组演变规律,但此义用例极少,不作典型用例讨论。

通过以上分析可知,"还"、"归"本义在于强调事物由此到彼的来往过程,在"清除债务"一义上,则强调事物的往还,以此来表达清偿债务。

2. 当、抵、准:

"当"本义为数量对等,《说文》:"当,田相值也。"段玉裁注:"引申之,凡相持相抵皆曰当。"如引申为权位相当,《礼记·王制》:"小国之上卿,位当大国之下卿,中当其上大夫,下当其下大夫。"引申为两力相当,互相抗拒,《左传·桓公五年》:"郑子元请为左拒,以当蔡人、卫人;为右拒,以当陈人。"债务和债权是对等相当的,因而债权人对债务人的要求必须等价才能清除债务,所以引申"当"有抵偿义,如《唐律疏议》卷二十六"以良人为奴婢质债"

条疏议："'仍计庸以当债直'，谓计一日三尺之庸，累折酬其债直。"

"抵"本义为排挤，即两力相互作用，《说文·手部》："抵，挤也。"段玉裁注："排而相距。"例如，《大戴礼记·夏小正》："昆小虫抵蚳。……万物至是动而后着。抵，犹推也。"引申指两事物相互对应，如《史记·高祖本纪》："杀人者死，伤人及盗抵罪。"司马贞索隐："抵，当也。谓使各当其罪。"这里"抵"特指相应的罪责受到相应的惩罚。因此，用相应的事物抵偿相应的债务即指还债，"抵债"，例如明孙继皋《宗伯集》："始西桥公雅负债，乃其终颇亦遗少资，公画而三之，吾兄弟两抵债，一诸债家来受偿大喜过望，不知公固哀私钱阴佐之也。"

"准"本义为水平，《说文·水部》："准，平也。"段玉裁注："谓水之平也。天下莫平于水。"引申有相等，相当义，如《汉书·朱博传》："刺史位下大夫，而临二千石，轻重不相准，失位次之序。"引申有抵偿义，如《全梁文》卷四十三南朝梁任昉《奏弹刘整》："米未展送，（刘整）忽至户前，隔箔攘拳大骂，突进房中，屏风上取车帷准米去。""准"的引申遵循本组引申规律，但此义用例很少，不做典型用例讨论。

通过以上分析可知，"当"、"抵"主要强调相等，在"清除债务"一义上，可以表达不同方式的等值偿还。

3. 填、赔：

"填"本义为填塞、填充，即填塞空隙，把空处塞实，《说文·土部》："填，塞也。"例如，《大戴礼记·易本命》："故帝王好坏巢破卵，则凤凰不翔焉；……好填溪塞谷，则神龟不出焉。"引申指填补空缺，弥补损失，如《魏书·食货

志》：“若效充其说，则附例酬庸，如其不验，征填所损。” 又
《太平广记》卷八十一“梁四公”条：“使者具陈实情，面为
经年色败，至宕昌贸易填之。”（出《梁四公记》）债务多是因
为亏损财物而成，因而填补损失即可意指清偿债务，如唐杜佑
《通典》卷一百七十：“开皇十六年，有司奏合川仓粟少七千
石，命斛律孝卿鞫问其事，以为主典所窃。复令孝卿驰驿斩
之，没其家为奴婢，鬻粟以填之。”

　　“赔”字出现较晚①，具体指赔偿义，《字汇·贝部》：
“赔，古无此字。俗音裴，作赔补之字。”《正字通·贝部》：
“赔，补偿人财物曰赔。” 又清吴玉搢《别雅》卷一：“备补，
赔补也。杨用修曰：‘备音赔，义同。’ 昔高欢立法，‘盗私家
十备五，官物十备三，后周诏盗官物虽经赦免，征备如法。
备，补偿也，俗用赔。” 可见“赔”的语源为“备”，所以
“赔”义为补偿损失，归还欠负。“赔”古无此字，因而常写
作“陪”，如《唐律疏议》卷十五“应输课税”条疏议：
“‘应输课税’，谓租、调、地税之类及应入官之物，而回避诈
匿，假作逗留，遂致废阙及巧伪湿恶，欺妄官司，皆总计所阙
入官物数，准盗科罪，依法陪填。” 又写作“倍”，如伯 3636
《社人吴怀实遣兄王七承当社事凭》：“若物不充，便将田地租
典，取物倍（赔）社。” 又写作“裴”，如北生 25 背《慈惠乡
百姓窦跂蹄雇工契》：“若作儿手上使用笼具镰刀铧镠鏊鑺袋
器什等，畔上抛挟打损，裴（赔）在作儿身，不关主人

――――――――――

　　① 关于“赔”字的起源，有说晚至清代，如蒋绍愚（1994/2005：258/
277）；有说起于元代，如王学奇、王静竹（2002：806）：“陈垣《校勘学举例》
卷三第二六条：‘“赔”字后起，元时赔偿之“赔”，均假作“陪”或“倍”。’ 其
实这也不尽然，观《黄粱梦》《两世姻缘》两例，便可证明。” 但谭耀炬（2005：
23—30）亦否定了元代的用例，认为比较可靠的年代当在明宣德至嘉靖年间。

之事。"

通过分析可知，"填"、"赔"的偿还义，强调对亏空、欠负的补充、完备，以此来表达"清除债务"义。

4. 偿：

"偿"在偿还义上具备了三个方面的概念特征，可以从古书训释和具体用例上体会得到。"偿"本义为偿还，《说文·人部》："偿，还也。"表还债义是其常用义，例如，《史记·苏秦列传》："初，苏秦之燕，贷人百钱为资，及得富贵，以百金偿之。""偿"与"贷"相对，即以百金还归债主。又《广韵·阳韵》："偿，当也。"《史记·货殖列传》："乌氏倮畜牧，及众，斥卖，求奇缯物，间献遗戎王。戎王什倍其偿，与之畜，畜至用谷量马牛。"王念孙《读书杂志》按："偿之为言犹当也。""偿"谓用等价物抵偿，其语义重点在于等值。还债必须是等值的，所以《吕氏春秋·应言》："孟卬令秦得其所欲，秦亦令孟卬得其所欲，责以偿矣，尚有何责？"即债务双方各以同值等价物来清偿债务，各取所需。又《广韵·漾韵》："偿，备也。"《慧琳音义》卷六十五"欲偿"注引《广雅》："偿，复旧也。""偿"有补还损失义，如《唐律疏议》卷十五"放畜损食官私物"条疏议："'各偿所损'，既云'损食官私之物'，或损或食，各令畜主备偿。若官畜损食官物，坐而不偿。"可见"偿"有赔还损失的意思。

由上面的历史考察和分析可以看出，通过不同的来源，四类词语各以本身特点表达"清偿债务"这一概念。

（三）汉语"清偿债务概念"的意象图式

词义演变研究的一个重要目的在于，解释词语引申序列之间的联系，并通过对相关词义联系和区别，达到对词义系统及其演变的深入认识。认知语言学利用意象图式（image schema）简化人们对语言和世界关系的认识，指出："意象图式是在对事物之间基本关系的认知的基础上所构成的认知结构，是人类经验和理解中一种联系抽象关系和具体意象的组织结构，是反复出现的对知识的组织形式。"① 如果我们比较汉语中表达"清除债务"这一概念的三类词，可以发现，它们的本义和引申义来源于三种不同的意象图式。它们分别是"路径"图式、"平衡"图式和"满—空"图式②（见图1、图2、图3）：

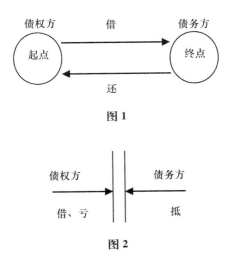

图 1

图 2

---

① 见赵艳芳《认知语言学概论》，上海外语教育出版社 2000 年版，第 68 页。

② 意象图式的名称见张敏《认知语言学与汉语名词短语》，中国社会科学出版社 1998 年版，第 114 页。

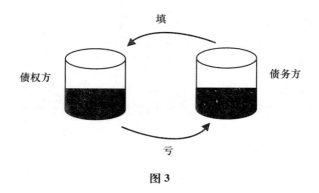

图3

　　通过考察可以发现，汉语表达"清偿债务"概念，其来源具有不同的理据，"还"最初表事物的往还运动，发展出偿还义，即用事物运动往还这一具体意象隐喻地组织表达了债务人和债权人债务往来这一抽象的社会事件；"当"最初表数量相等，发展出抵偿义，即用具体的数量相当隐喻债务人和债权人关于债务清偿必须债值相当的社会事件；"填"则运用另一种意象表达了"清偿债务"概念，即用具体的空间满缺的意象隐喻地表达了债务人和债权人债务往来时财物出缺与财物回补之间的社会事件。意象图式对社会经验的不同组织方式表明意象图式的转变为词义演变提供了相应的理据，而这几种表达形式因为表达共同的概念，从而形成了一个相互联系的词汇语义系统。

（四）"填"的偿还义的演变过程

　　"填"何以具有这一意义呢？通过第一节的分析，我们可以看到，"填"具有偿还义与"赔（备）"相类，是通过"偿还债务如填满空缺"的概念隐喻而来。但其具体演变过程和条件并没有得到充分说明。语言使用是词义演变的条件，而社会文化可能决定词义演变的方向。以下我们通过《敦煌契约文书辑校》① 中的系统用例，试图寻绎出演变的线索。

便贷类敦煌契约文书作为当时经济活动的重要资料，生动地展示了当时人们的债务关系。

> （1）丑年十二月廿八日百姓曹先玉为少粮用，今于便小麦贰硕。其麦自限至秋八月内<u>还</u>足。如违，即任掣夺家资牛畜等，用充麦直。（历博《百姓曹先玉便小麦契》）
>
> （2）辛丑年十月廿五日，贾彦昌缘往西州充使，遂于龙兴寺上座心善面上贷生绢壹疋……西州回日<u>还</u>利头好立机两疋……若路上般次不善者，仰口承人弟彦祐于尺数<u>还</u>本绫，本绵绫便休。（伯3453《贾彦昌贷绢契》）

以上两例做为敦煌便贷类文书的典型格式，可以反映债权人与债务人之间债务关系的形成与解除。根据法国学者童丕的研究，敦煌当时的借贷以实物形式为主，"我们发现货币借贷在整个西域大量地被证实，甚至好像在7和8世纪的借贷中占优势，而它在敦煌，不论是哪个时期都付之阙如。""借贷契约与从其他文书得出的结论相符：8—9世纪粮食借贷占优势，反映了自然经济和自给自足状态。10世纪织物借贷的发展显示了商业交往的恢复。事实上，织物在此时被当作一种支付手段，而不是一种商品。"②

我们认为，实物形式的债务关系是"填"词义演变发生的社会条件，因为"填"最初只作为债务偿还的具体手段，

---

① 以下用例皆取自沙知《敦煌契约文书辑校》，江苏古籍出版社1998年版。

② 见［法］童丕著《敦煌的借贷：中国中古时代的物质生活与社会》，余欣、陈建伟译，中华书局2003年版，第17页。

而正是因为这种实物形式的借贷、偿还关系，使得便贷契约
文书在清除债务上的用词有其具体特点。契约文书作为一种
具有较强约束力的书面形式，其语言表达较为固定，但通过
同类词语的使用和替换，可以观察到词语使用上的细微
变化。

（3）寄将麦参硕。亦无只（质）典，至秋纳麦陆硕。
其秋只（质）纳得麦肆硕，更欠麦两硕。（斯5811《索
猪苟贷麦契》）

（4）自限至秋七月还纳。（斯1291《中元部落百姓
曹清奴便麦豆契》）

（5）其麦自限至秋，依时进国自勾当输纳。如违限
不纳，其斟㪷请倍。（北咸59《灵修寺寺户团头刘进国等
请便麦牒》）

例（3）、（4）、（5）中"纳"、"还纳"、"输纳"意义可
以解释为交纳送还（所欠豆麦），都是清除债务关系的形式。
在这种语境下，"填"做为解除债务关系的形式，可以与其他
词语替换使用。

（6）右件人户粮食罄尽，种子俱无，阙乏难为，交
不存济。请便麦贰拾驮，至秋依数填纳。（北咸59背
《金光明寺寺户团头史太平请便麦牒》）

（7）邓善子欠少疋物，遂于邓上座面上贷生绢壹
疋……其绢限至十一月填还。若违时不还，于乡元生利。
（伯3124《邓善子贷绢契》）

其中"填纳"、"填还"，都说明了以"填补空缺"地形式偿还实物，解除其债务关系。进一步演变"填"即可隐喻地表达偿还义，如以下用例：

（8）悉宁宗部落百姓王晟子为负官债，填纳不办，今于有□□刈参拾畝。（斯5998《悉宁宗部落百姓王晟子预取刈价契》）

（9）所有农［具］遗失，亦仰庆顺填倍（赔）。或若疮出病死，其物本在，仰二弟填还。"（伯3150《慈惠乡百姓吴庆顺典身契》）

（10）右缘当寺虚无，家客贫弊，寺舍破坏，敢不修营。今现施工，未得成办。粮食罄尽，工直未填。（沙洲文录补《金光明寺直岁僧明哲请便麦粟牒》）

（比较：斯5827《令狐晟子帖》："东西远行，不及还功，亦仰所由等及晟子陪（赔）还功直。"）

"填"的词义演变未必仅局限在敦煌文献中，我们这里的考察只能说明词义演变发生时可能的语言环境和社会条件，为词义演变的发生提供一种可能的解释。

（五）"填"的概念隐喻与汉语表达中的相关现象

意象图式通过具体的经验结构来组织和理解事物抽象关系，形成了相应的隐喻投射，从而影响了相应的语言表达。例如，"填"以空间满缺意象组织表达了债权人与债务人往来时财物出缺与财物回补之间的社会关系，其中隐喻了人持有财物如同空间容纳事物，而财物的出借即为亏失，财物的回补即为填充，这一隐喻内容也影响到了汉语句子表达、词义引申和词汇使用。

1. "填"的用法

我们看下面两个例子：

（1）敢道是凶年岁，瘦骨骸，便剋将来也填不满一餐债。（元秦简夫《宜秋山赵礼让肥》第三折）

（2）自古道：船载的金银，填不满烟花债。（清吴敬梓《儒林外史》第五十四回）①

这两句的"填"似可作双重理解，"填不满"本义为填补不了空缺，但与"债"相连，"填"义又可做引申理解，"填不满"即还不清之义。

2. "欠"的词义引申

"欠"有不足、缺少义，《广韵·梵韵》："欠，今借为欠少字。"唐颜师古《匡谬正俗》卷六："今人谓物少不充为欠，义何所取？今为欠者，本为欺耳。"又清朱骏声《说文通训定声》："欠，叚借为歉，按今亏欠字盖即歉字之转注。"不论"欠"是哪个字的假借，在唐代有缺少、不足义，例如：

（3）《唐律疏议》卷二十六："若'作具未备'，谓有所欠少，未堪铸钱者，杖一百。"

（4）《太平广记》卷四二九"申屠澄"条："澄因

---

① 有意思的是，这一句在《金瓶梅词话》第十二回中，又有不同的变化，"常言说的好：船载的金银，填不满烟花寨。""寨"与"债"未知孰是，按我们的分析来看，"寨"为"债"的音讹似更为合理。这一古语中"填"的偿还义不被理解或使用，由此引起"债"被音讹为"寨"，而"填"在句中代之以填平、填实义。

曰：'座上尚欠小娘子。'父妪皆笑曰：'田舍家所育，岂可备宾主？'"（出唐薛渔思《河东记》）

引申有欠债义，如：

（5）唐段成式《酉阳杂俎》卷十五："驴忽然曰：'我姓白名元通，负君家力已足，勿复骑我。南市卖麸家欠我五千四百，我又负君钱数亦如之，今可卖我。'"

（6）《敦煌变文·庐山远公话》："从今已后，更不复作苦。劝门徒弟子欠债，直须还他。"

从一意义引申来看，人自己缺乏某物为"欠"，缺少应该给别人的物品即为"欠债"，因而填补别人的应得所缺即为偿还，这样"填"与"欠"的引申是基于同一隐喻的两个方面，即清偿债务就如填补空缺，而欠负债务为出现空缺。

3. "空"指欠债、"空子"指债务

"空"的词义引申与"欠"相同，"空"有空缺义，引申有欠债义，也是用空间出缺隐喻债务关系。但多用于方言，现代汉语普通话中似乎没有这种用法。① 如：

（7）清韩邦庆《海上花列传》第六十回："我末出来包房间，倒空仔三百洋钱债。"

"空子"喻指债务，如：

---

① 见许宝华、宫田一郎主编《汉语方言大词典》，中华书局1999年版，第3694页。

（8）清李宝嘉《官场现形记》第三十九回："不瞒寄娘说：你女婿自从弄了这个官到省，就背了一身的空子。"

4. "恩情"、"仇怨"如债务

值得注意的是，汉语将人们之间的"恩情"和"仇怨"关系也视为一种债务关系，因而产生了相互关联的表达方式。

表达报答恩情，可用"偿"、"还"、"填"。例如：

（9）问曰：夫君臣恩深，师资义固，所以沾荣涂施，提饰荷声。故刳心流肠，捐生以亢节；火妻灰子，埋名以偿义。（《宋书·顾觊之传》）；俶既葬，还曰："蒙君子之施，愿为奴以偿德。"（《新唐书·卓行传·阳城》）

（10）裂帛系书，誓还汉恩。（《全梁文》卷三十三南朝梁江淹《恨赋》）；您孩儿今生无处报答大恩，来生来世，当做狗做马赔还叔叔、婶子哩。（元秦简夫《东堂老劝破家子弟》第四折）

（11）为人何处是聪明，莫若酬填养育情。（《父母恩重经讲经文（一）》）；多亏了老人家救了我性命。今生已过，那生那世，做驴做马，填还你的恩债也？（元张国宾《相国寺公孙合汗衫》第一折）

表达报复仇怨，亦可用"偿"、"还"、"填"、"抵"。如：

（12）且杀人偿死，合于古制。（《三国志·魏志·陈

群传》)；建中时，山东之乱兴，宰相朋党，杨炎为元载复雠，卢杞为刘晏偿怨，兵连祸结，天下骚然。(《新唐书·韦处厚传》)

　　(13) 谁着你使英雄忒使过，做冤仇能做毒，少不的一还一报无虚误。(元纪君祥《赵氏孤儿大报仇》第四折)

　　(14) 他说："杀人者死，以命填命，再无别说！"(清西周生《醒世姻缘传》第三十回)；这西门大官人不是好学的，杀一命还一命，淫一色报一色，骗一债还一债。(清丁耀亢《续金瓶梅》第一回) 律上说："殴打平人，因而致死者抵命。"；既是不关亲，你岂不闻得"杀人偿命，欠债还钱"？(明凌濛初《初刻拍案惊奇》第三十三回)

　　·

　　这些词的出现和使用最初并不在一个历史层次上，但我们的论述重点在于说明其中语义内容的相关性。通过考察可以肯定，只有当其具备了还债义，才产生相关的引申用法。我们认为这一引申用法的语义基础在于，其中存在的两个隐喻，"恩情如债务"（特别是例句（10）中"恩债"一词，更富意味），"仇怨如债务"。

　　综上所述，一方面，通过"填"与其他表偿还义动词的历史考察和对比分析，我们试图找出"填"发展演变的理据，并揭示出汉语"清偿债务"概念类动词来源的机制。并在此基础上描写和解释一些汉语表达中出现的相关现象。另一方面，通过这一考察和研究我们可以看到，对词汇语义现象加以适当地分析和描写，能够使许多相关的事实联系起来，展示出词汇语义方面的系统性，特别是词义之间的语义结构是按照一定的规则组织在一起的，词义的组织关系是有理据的。

第三章　变文词义演变的理论分析

以上章节我们从具体材料的分析出发，看到变文词义系统中几类动词和一些单个词语的使用和演变情况，以下章节将从理论角度，观察和分析词义演变在变文词义系统形成中所起的作用，分析动词演变中的一些动因和规则。如果说前面章节我们试图具体展示动词演变的路径、过程和分类等，即"词义演变是怎样进行的"，以下章节我们将结合变文词义演变所体现的一般问题，讨论"词义演变是怎样影响词汇系统的"，"词义演变为什么这样发生及其遵循的规则是怎样的"。

第一节　词义演变与变文词汇系统的形成

词义演变作为词汇系统形成和发展的一个动态因素，影响着词汇系统的基本面貌。词汇系统的基本构成材料如多义单音词、并列式复合词可以通过词义演变的研究探得渊源，词汇系统的基本表现形式同义词群可以通过词义演变的研究得到梳理，其他如新词新义的出现，口语词汇系统的特点等也可以从词义演变这一窗口得到适当的观照。本节内容以词义演变为核心，考察和分析词义演变这一因素在变文词汇系统形成中的作用和影响。

一 词义演变与变文单音词的多义化和复合词的形成

徐时仪（2000）指出："多义化是汉语词汇增强表达力的重要手段之一，这在古白话中成为一个显著的趋势，诸多新产生的词不久就变成了多义词。"又认为："古白话词语的来源和范围既有时代演变的因素，也有地域差异的因素，因而古今词义异同的辨析是古白话词语研究的一项重要工作。"①

我们的考察最为重要的方面即体现在对变文单音动词词义来源及其多义化的分析。从中可以发现以下三种倾向：

（1）"类同引申"（或称"同步引申"）是中古单音词产生新义的重要方式。

许嘉璐先生（1987）指出："语言使用者以原有的语义及其演变的知识为前提，把某词语的引申用法推广到与之相关的词语身上，于是后者引申的方向与阶段性就被前者'同化'了。因此同步引申的一个词群中总有一个是'先驱'、'带路人'，其余的都是被动者。"② 从我们的考察中可以看出，中古新义的产生很多都是在上古词义演变知识的促动下发生和完成的。例如，谢/惭、愧，摞、贯/穿，怒/嗔，要/邀，通、达/洞，邀、微/遮等等。我们还可以看到，这些词的产生多数与其口语用法相关，因为在口语使用中同类相关词其用法表现相对灵活，比书面语具有更加广阔的语境，因而更容易发生相互影响。

---

① 徐时仪：《古白话词汇研究论稿》，上海教育出版社 2000 年版，第 161、164 页。

② 许嘉璐：《论同步引申》（1987），见《未辍集——许嘉璐古代汉语论文选》，中国社会科学出版社 2000 年版，第 341 页。

（2）上古词义与中古新义的混和状态。

我们以东汉做为上古和中古的界限，统计分析九类单音词词义使用频率，列表如下：（词数/词频）

	"感谢"类	"病愈"类	"穿衣"类
上古已现词义	1/36（谢）	2/8（愈、除）	5/52 （衣、服、披、着）
中古新出词义	4/31 （感、惭、愧、荷）	3/12 （可、差、校）	4/23 （挂、穿、垂、串）

	"知道"类	"邀请"类	"欺骗"类
上古已现词义	7/496①（知、识、察、审、明、晓、解）	5/51（请、延、要、呼、召）	3/19 （欺、谩、诳）
中古新出词义	6/60（谙、悉、委、了、会、洞）	4/73（邀、唤、命、屈）	2/4 （和、赚）

	"责怪"类	"称赞"类	"遮蔽"类
上古已现词义	4/54（责、数、呵、怒、怪②）	6/46（赞、叹、称、多、美、谈）	7/45（遮、掩、蔽、盖、覆、隐、翳）
中古新出词义	3/28 （嗔、喝、嫌）	2/3（许、奖）	5/23（障、闭、张、影、映）

① 此类词频使用差距在于"知"的单用例就有四百多次，如果排除"知"的情况，旧义与新义之间对比关系就较为接近了。

② "怪"单用表责怪义，是个很口语化的用法，现代汉语都在一直使用，此义虽然出现上古，但只有在口语性较强的文献中才能看到较多使用。在变文中"怪"单用就有 28 例。

分析可知，上古承用下来的词义不论是词数还是词频都仍然占有优势，但每一类词义中都可以发现中古新义的使用，虽然并不均匀，有的义类使用新词较多，如"穿衣类"，有的则较少，如"称赞类"。可见，变文中的词义是上古和中古成分发展演变的混和物。这正与研究者们对变文语言整体状态的论证相一致。这种状态的原因，归根结底在于语言发展的渐变性，而变文语言混合状态应该处于由量变到质变的临界点上，因为从以上几类词义新出和使用看，有逐渐取代旧词的趋势，这也是语言发展的必然。

（3）变文词语显示和使用的新义，成为近代汉语乃至现代汉语中的常用义。

从我们第二章的分析可以看到，变文使用的新义，有些处在发展阶段，如"穿"，从使用来看数量很少，搭配固定，应该是使用的初起阶段；有些词语直到现在还活跃在人们的口语中，如"消"、"影"、"怪"，与我们现代口语使用相差无几。

汉语词汇系统发展到中古之后，一个显著特点就是复音词的增加，许多单音词汇形式演变成为同义的复音词汇形式，这一过程发生和实现同单音词词义演变有一定的关系。我们认为，单音词词义演变的考察有助于对复音词合成理据的研究和复音词词义发展演变的研究。

（一）为并列式复合词的形成提供可选形式

并列式复合词是汉语复音词的主要存在形式之一，其复合的动因即在于意义的相同或相近，词义演变是汉语同义或近义词形成的主要动力，为了体现语言使用上的新鲜感，人们常常拿新获得的同义词与旧的同义词组成并列式复合词，一方面从形式上看使用了一个新词语，但因为旧同义词的存在，又不会对这一新形式的内容感到陌生。

荷/感荷、愧荷、惭荷："感"、"愧"、"惭"皆有感谢义，与"荷"同义连用。

（1）荷：《长兴四年中兴殿应圣节讲经文》："感百灵之消疹灾祥，荷三宝之祷祈福祚。"

（2）感荷：《金刚五女因缘》："我得今朝端正相，感贺（荷）灵山大法王。"

（3）愧荷：《伍子胥变文》："愧贺（荷）大王，仰王无尽。"

（4）惭荷：王梵志诗二七六首："新人食甘果，惭荷种花人。"

屈/屈请、延屈："请"、"延"皆有邀请义，与"屈"同义连用。

（1）屈：《晋书·隐逸传·张忠》："先生考盘山林，研精道素，独善之美有余，兼济之功未也。故远屈先生，将任齐尚父。"

（2）屈请：《八相变（一）》："既见菩萨语了，大王感取儿（而）言：'来日屈请仙人。'"

（3）延屈：《降魔变文》："为当亲姻聚会？为复延屈帝王？因何大小匆忙，严丽铺置？"

会/晓会："晓"、"会"同义连用。

（1）会：《庐山远公话》："弟子虽听一年，并不会他

《涅盘经》中之义，终也不能说得姓名。"

（2）晓会：《维摩诘经讲经文（一）》："禅定乃一心不乱，狂迷者睹相皆除；智惠使万法不移，愚暗者教招晓会。"

委/知委："知"、"委"同义连用。

（1）委：《维摩诘经讲经文（四）》："慈悲隔事相提挈，未委何方是道场。"

（2）知委：《伍子胥变文》："自拙为人，幸愿先生知委。"

（二）为复合词的词义演变提供演变模式

"类同引申"作用，不仅影响义同、义近的单音词有趋同的引申方向，与单音词义同、义近的复音词也会沿着已有演变路径发生引申。我们结合其他材料，来看一些实例。

感/感激："感"有三义，"感激"与之同类引申亦有三义。

（1）感奋激发义：《吕氏春秋·音初》："凡音者，产乎人心者也。感于心则荡乎音，音成于外而化乎内，是故闻其声而知其风，察其风而知其志，观其志而知其德。"汉刘向《说苑·修文》："感激憔悴之音作而民思忧。"

（2）感伤义：汉应劭《风俗通义·愆礼》："九江太守武陵陈子威，生不识母，常自悲感。"西秦圣坚《太子须大拏经》："王闻是语，感激悲哀，涕泣交进，言：'我负汝，汝何故不就我抱。恚我乎？畏婆罗门耶？'"①

（3）感谢义：《三国志·吴志·士燮传》"弟壹，初为郡督邮。刺史丁宫征还京都，壹侍送勤恪，宫感之，临别谓曰：'刺史若待罪三事，当相辟也。'"《维摩诘经讲经文（七）》："特蒙慈父会中宣，感激牟尼争不专。"

追/逐/追逐："追"、"逐"分别有三义，与"追逐"义同。

（1）追赶义：《墨子·备穴》："穴未得，慎毋追。"《商君书·定分》："一兔走，百人逐之。"《张义潮变文》："其贼不敢拒敌，即乃奔走。仆射遂号令三军，便须追逐。"

（2）跟随义：汉张衡《归田赋》："谅天道之微昧，追渔父以同嬉。"汉王充《论衡·寒温》"故曰以形逐影，以龙致雨。"《后汉书·方术传下·蓟子训》："其追逐观者常有千数。"

（3）追寻义：汉桓宽《盐铁论·力耕》："故乃商贾之富，或累万金，追利乘羡之所致也。"《荀子·王霸》："今君人者，急逐乐而缓治国，岂不过甚矣哉！"唐齐己《送玉泉道者回山寺》诗："应悲尘土里，追逐利名僧。"

趁/趁逐：

（1）追随义：唐王维《留别丘为》："亲劳簪组送，欲<u>趁</u>莺花还。"唐陆龟蒙《夜泊咏栖鸿》诗："可怜霜月暂相依，莫向衡阳<u>趁逐</u>飞。"

（2）追求义：王梵志诗二七五首："白日<u>趁</u>身名，兼能夜<u>逐</u>乐。"《㚛䜌新妇文》："已后与儿索妇，大须隐审<u>趁逐</u>，莫取媒人之配。"

二　词义演变与同义词群的共时变化

特定时期的特定文献总是能够依据词语的使用特点，从众多同义词中选取出来需要的形式完成交际和表达，这使得同义词群的准备成为必要，而词义演变是同义词群能够存在的重要推动力。蒋绍愚先生（1993）在《白居易诗中与"口"有关的动词》一文中，通过四组同类动词的历史演变考察指出，词义间的互相影响将导致近义词的"趋同"和同义词的"分异"。①

我们认为，近义词的"趋同"和同义词的"分异"反映了语言经济性的两个方面。近义词的"趋同"其原因在于人们的归类意识，人在认识事物时总是趋于把有相似内容的东西归为一类，语言使用中人们为了减轻记忆负担也常常把相同或相近的形式归纳在一起，重视其同而忽视其异。但是在一个同义词群内部随着"可通用形式"不断增多，反而使语言的羡馀成分增加，这时语言的经济性再次发挥作用，一般会产生两种作用，要么较为新兴的形式代替旧有的形式，将旧形式淘汰或限制在某一使用范围之内，要么同义形式逐渐"分异"各

---

① 蒋绍愚：《白居易诗中与"口"有关的动词》，载《语言研究》1993 年第 2 期。又见于《蒋绍愚自选集》，河南教育出版社 1994 年版，第 147 页。

司其职。

我们通过变文单音动词的类聚考察，可以在这些词群内部不同程度地看到"趋同"和"分异"的现象。例如，"追"、"逐"、"趁"的引申序列基本相同，特别是"逐"和"趁"更为接近，但是作为中古出现的新词，"趁"更多使用其本义，即追逐义，而承担此义的旧词"追"和"逐"则更多的使用各自的引申义；又如"邀请类"中的"要"和"邀"，从历时材料的比较来看，变文中"邀"已逐渐完成对"要"的替换，逐渐成为表达邀请义的主要词汇形式。又如"知道类"动词中，"委"和"审"表知道义与"知"不同，几乎只在否定句中，具有特殊的用法规则，这使得变文中"知道类"动词虽然丰富，但各司其职。

三 古白话词汇系统的形成与词义演变

古白话是一种与"文言"相区别的，萌芽于汉魏，成熟于晚唐五代的书面语形态，它较多的反映了当时的口语，因而受到汉语研究者关注。古白话语体与文言语体一个重要的区别即在于词汇系统较多地使用了新词新义，因而追溯这些新词新义的来源和使用成为汉语研究者关注的重点。新义的产生是词义演变的结果，因而词义演变研究应该成为古白话词汇系统形成研究的重要方面。

词义演变研究要求特别注意词语在特殊场合的使用，因为这种新奇的用法，可能正是词义演变的契机。布龙菲尔德（1933）指出："如果想要了解（意义的引申），第一步就非得找出新意义首次出现的上下文，假使我们能够找到的话。这总是办不到的，因为这要求学者很仔细地观察一个形式曾经出现过的一切场合的所有意义；特别困难的是，想要抓住那些消极的特征，例如直到某个时期，某种微妙的意义色彩何以没有出现。并且在大多数情况下，这种企图是注定要失败的，因为文献记载并不包括那些关键性的话语。""文献记载只给我们提供了说过的话语的极微小的一部分，而这微小部分所包括的几乎总是很讲究的雅语，避免了带有新奇成分的说法。"① 这就是说历史文献并不是为了研究的方便而特殊定制的，文献所记录下话语形式只能是语言使用中的极少部分。因而我们的研究所能做到的就是选择尽量反映口语程度较高的，具有鲜活的语言形式的文献来做为研究的起点。

正是由于以上两点，我们可以说古白话词汇系统是词义演变研究的基础，而只有透过词义演变研究这一视角，我们才能更加清楚地看到古白话词汇系统形成的过程。变文作为较多反映了当时口语的书面文献，在白话词汇系统形成和词义演变的研究中具有重要的作用。

一方面变文词汇集中反映了中古以来新义的使用状态，为古白话词汇系统的形成提供了阶段性表现形式。古白话词汇系统是一个逐渐形成的过程，一般认为晚唐五代是古白话成熟的时代，而变文恰是反映这一时期语言的最重要材料，我们可以看到它较为集中地使用一批中古以来出现的新义。例如，"惭"、"愧"的感谢义，其意义的变化至迟可以追溯到东晋，而其集中和较为成熟的使用应该出现在唐代。蒋礼鸿先生在解释"惭"、"愧"时除了变文材料外，多举唐宋用例。入矢义高先生在《白居易作品中的口语表达》一文中，通过考察白居易诗中的口语表达，认为："有同一语成了文言与口语相异

---

① ［美］布龙菲尔德：《语言论》，袁家骅等译，商务印书馆1980年版，第543、545 页。

的两种意思"，其举例指出："'惭愧'作为口语，是'感谢'、'庆幸'、'不胜感激'之义，而且主要用于口头叙述。"① 可见"惭"、"愧"的感谢义作为唐代口语是不成问题的，而对这一词语系统的大量地使用，能够提供最有力的证明，还应当是变文材料。通过"感谢"类动词的分析，我们可以看到"惭"、"愧"不仅有大量单用的句例，而且还能与多个同义词联合使用，可见它们已经相当普遍存在于唐代口语中，成为一种流行的表达形式，甚至与承自上古的"谢"分庭抗礼②，这反映了词语使用上的竞争。

另一方面变文词汇通过对词语活跃的口语使用形态的反映，为词义演变提供了不少可证材料。词义发生演变往往与其口语使用有关，变文作为较多口语的书面形式，或多或少真实地反映了当时口语的使用状态，因而其中所提供的词义演变事实具有极为重要的意义。例如，通过我们对"穿"的考察，发现前说未密，认为"穿"的穿衣义在唐代中晚期的使用仍为初起阶段，因为根据变文对"穿"的使用来看，其搭配具有固定性，所以其穿衣义的使用应该尚在初起阶段，而其用例应该为"穿"之"穿衣"义目前所能见到的最早文献用例。由此我们可以看到变文材料在词义演变研究中的重要地位。另外，因为变文采自鲜活的口语素材，其中有对个别词语的特殊使用，如"把"的抓捕义，词典多未立义项，变文中可见四例，但仅出现在《韩擒虎话本》一篇当中，可见"把"的抓捕义应该与词义类化有关，而属于特殊用法，因而不可多得。

---

① 入矢义高：《白居易作品中的口语表达》，董志翘译，见董志翘《中古文献语言论集》，巴蜀书社 2000 年版，第 390 页。

② 变文表达"感谢"义，"谢"单复用共出现 60 例，"惭、愧"单复用共出现 36 例，两者的使用频率远远多于其他词语。

另外，如"留"的给予义、赠送义都应该是采自口语的材料。

总之，我们认为，词义演变研究有利于深入探讨白话词汇系统的形成，而变文词义演变研究能够为这一方面的探讨提供助力。我们选取的内容仅仅是变文单音动词的研究，其他如形容词、副词的研究也应当关注，而无论哪一词类其复音词的研究都是其中不可缺少的组成部分。

第二节　词义演变的历史考察和认知分析

上节我们主要讨论了词义演变作为一种外力作用是如何改变和影响词汇系统的，本节试图借助相关的词汇语义理论归纳和概括词义演变考察过程中的几点认识。

一　词义演变的历史考察

汉语发生初期一直以单音词为主，为了适应表达的需要单音词通过词义演变运动逐渐多义化，这一系统演变的过程及其所遵循的规律一直都是学界研究者关注的焦点。他们通过多角度、多侧面的认识，试图描画出汉语发生发展的全图，虽然这种探寻非常困难，但学者们都在不懈地努力。

许嘉璐先生（1987）指出："同步引申说是对词与词间在意义发展演变过程中所发生的关系的考察。如果我们从研究单个词意义引申的轨迹出发，找出词与词间的同步关系，并逐步系联出词在其意义演变的不同阶段与不同的词所发生的不同的同步关系，形成多层次多趋向的网络，这将是对词间关系、因而也是对词汇系统的另一角度的描写。"①

蒋绍愚先生（1999）指出："同一个词的几个义位之间意义总是联系的，从历史发展来看，一个词的意义由少变多，由本义产生出若干个引申义，形成一个词包含若干义位，这应该说是一种联想的过程，为什么把一个词包含几个义位说成是'第二次分类'的结果呢？这是因为有联系的意义可以有很多，把哪些意义归在一起组成一个词，把哪些意义另归在一起组成另一个词，这在不同语言（或不同时期的语言）又是有所不同的。"②

李佐丰先生（2003）指出："历史词义系统反映的是某个历史阶段的民族对世界的认识和切分，不同历史阶段的人们对世界的认识和切分，通常是不相同的。由于词义系统的这种历史性，现代汉语的词义系统不是我们研究历史词义系统的基础框架，而只能是研究历史词义的借鉴。由于不同时代的人们对于世界的认识和切分并不相同，所以如果从现代汉语的词义系统出发来思考、分析历史词义系统，我们就有可能改变历史词义系统的固有特点，从而给历史词义增加或减少某些语义特征。"③

基于以上认识，我们完成了以下工作：

（1）我们将词义演变过程放置在历史语境中，尽可能合理地恢复词语演变所经过的义位演变阶段。我们在第二章第一

①　许嘉璐：《论同步引申》（1987），见《未辍集——许嘉璐古代汉语论文选》，中国社会科学出版社 2000 年版，第 336 页。

②　蒋绍愚：《两次分类——再谈词汇系统及其变化》，见《汉语词汇语法史论文集》，商务印书馆 2001 年版，第 143 页。

③　李佐丰：《试谈汉语历史词义的系统分析法》，见《语言学论丛》（第二十八辑），商务印书馆 2003 年版，第 61 页。

节分析了九类词义概念的来源，并进行了相应的词义演变分析。除了对所涉及到各词的分析外，我们还特别对"惭、愧"，"详、委、悉"，"会"，"屈"，"遮"，"留"等词的演变过程进行了具体考察。我们认为词义演变发生动因的考察是词义演变研究的一个方面，而对词义演变发生具体过程的考察同样具有不可替代的重要作用。

（2）以词义所表达的概念为视点，类聚了变文中表达同一概念的词语形式，并尽可能补充了汉语史中出现的同类动词。可以发现，表达这一概念动词的来源有很多遵循"类同引申"（或称"同步引申"）规则，如："感谢类"：戴/荷、谢/惭、愧；"病愈类"：减/损，差/校；"穿衣类"：摆、贯/穿，怒/嗔；"知道类"：明/晓、照、通、达/洞；"邀请类"：召、呼/唤。这一考察有利于揭示词义演变发生的动因，有利于梳理词义系统的来源。

（3）根据词语演变路径和演变方式的不同，对表达某一概念所有词语形式进行分类，并比较其间的区别。蒋绍愚先生关于"第二次分类"论述，指导我们要想弄清某一概念系统在汉语不同时期的表达，我们必须考察这一义位（概念）与什么样的其他义位（概念）结合在一个词语范畴之内。通过我们的考察可以发现，例如："感谢"概念的表达，有两种方式，一是"恩"、"德"：感谢义与恩德、恩惠义同在一词语中；一是"惭"、"愧"：感谢义与羞耻义同在一个词语中，这两种表达方式的存在反映了汉语特有的文化心理。"遮蔽"概念的表达，有三种不同的方式，一是"遮"、"当"类：遮蔽义与作用力义同在一个词语中；一是"障"、"翳"等：遮蔽义与障碍物义同在一个词语中；三是"影"、"映"：遮蔽义与光影义在一个词语中，这反映出汉语使用者对"遮蔽"概念的认识同时延伸到不同的认知领域。

二 词义演变的认知分析

认知语言学把语义（概念）的认知和表达放在人类认知能力的大背景下进行研究，通过突出人类认知模式的作用来解释语义（概念）形成和发展中出现的现象。根据莱考夫的论述，人类认知模式有以下四种普遍类型：（1）命题模式；（2）意象图式模式；（3）隐喻模式；（4）转喻模式。① 汉语词义演变过程同样受到人类普遍认知模式的影响和制约，以下我们结合变文词例，试做分析。

（1）命题模式：人类部分知识以命题形式存在，它表明概念之间的内在联系。如我们对"病愈"类动词的考察，其动词的来源大体上可分为两组，其概念内容有两个方面，即"病愈"一方面意味着身体的康复，另一方面意味着疾病的减轻。这两组概念其实来源于人们对"病愈"这一事件两方面的认知，疾病侵害身体，因而"病愈"一方面在于身体脱出疾病危害的过程，一方面在于疾病被消灭的过程，它们之间的关系可以表达为一种命题形式。

（2）意象图式模式：按照认知语言学的解释，与"意象图式"关涉最为密切的是有关事物形状、移动和空间的知识。人类从这些具体的意象中获得认识，并用以组织和关涉人类抽象认知领域。例如我们对"偿还"类动词"还、当、填"的解释，对"消"的解释，都可以看到，在它们的词义发展过程中仍然部分地遵循着其来源图式中的具体联系。

（3）隐喻模式：隐喻模式用来解释抽象事物概念内容的

---

① 赵艳芳：《认知语言学概论》，上海外语教育出版社 2001 年版，第 72 页。

形成，它能够把较为具体的命题内容和意象图式由一个认知域投射到另一个认知域，其投射的一般规律是"人 > 物 > 事 > 空间 > 时间 > 性质"。[①] 我们在变文词例的考察中可以看到，"知道类"动词中，"明"、"晓"等本来用于指称外在世界光亮状态的词，"通"、"达"等本来用于指称道路通畅状态的词，被用来指称人得到认识的精神状态，因而都引申有"知道"义，它们用具体的状态，刻画和解释了抽象的人类认识，并且只有用这种具体的概念方式，人才能理解自己的认识行为。

（4）转喻模式：为了方便地指称某种现象，人们选取这一现象中最具代表性的特征来指称这一现象的整体。例如，我们对"穿衣类"动词的考察，"穿衣"义表达穿衣服这一动作，而这一动作可能具有多方面的显性特征，如衣服被穿上意味着衣服附着在身体上，所以"穿衣"义和"附着"义同在一个词语"着"中；衣服被穿上意味着手由袖子穿通而过，头由领口穿贯而出，因而"穿衣"义和"贯穿"义同在一个词语"穿"中，它们都是用"穿衣"这一现象的明显特征来指称"穿衣"这一动作的整体。

由上面的分析可知，人类认知特性与语言的运作和使用关系密切，认知语言学研究为我们解释词义现象提供了一个重要视角。

三　影响词义演变的其他语言因素

在我们的考察中还涉及一些较为特殊的词语演变现象，它们因为受到其他语言内部因素的制约，而显出较为特异之处。

---

① 赵艳芳：《认知语言学概论》，上海外语教育出版社 2001 年版，第 163 页。

（1）词语的使用频率和使用范围

新义的产生和确立，一方面体现在词语使用数量的增加，一方面体现在使用范围的扩大，相反，如果使用数量不多而使用范围有限，这一新义则只能是昙花一现。"降损"一词在佛典中可以用来指人病情减轻，如《撰集百缘经》："其母救患，设诸汤药，以自疗治，病无降损。"李维琦先生指出"降、损同义连文"①，其中"降损"指病情减轻应该没有什么异议，但在同时期的中土文献中"降损"只有减少、降低义，而无病情减轻义，如《三国志·吴志·吴主五子传·孙登》："后弟虑卒，权为之降损，登昼夜兼行，到赖乡，自闻，实时召见。……权纳其言，为之加膳。""降损"指减少饮食。并且在后代中土文献用例中"降"、"降损"似乎也没有发展出病情减轻义，可见，这一词语只在很有限的范围内被接受和使用，也就是说虽然有"损"的同化力量，但"降"始终难以被接受指病情减轻。究其原因应该与佛典翻译著作的特殊性有关。

（2）词语的内在语义特征

义同或义近的词语，在指称某一领域或事物时可能相同相近，但在其内在语义特征的作用下可以导致其词义引申方向的分化。词例分析部分我们看到"谈"和"说"虽然都有谈话、谈论义，但其引申义却有很大差别，前者引申出赞扬义而后者引申出责怪义。另外再试举一例，如"怪"和"异"。《说文·心部》："怪，异也。"《玉篇·异部》："异，怪也。"但是，它们在中古的引申义，其概念内容完全相反，"怪"引申有讨厌义，如《魏书·郭祚传》："自是积二十余年，位秩隆

---

① 李维琦：《佛经续释词》，岳麓书社1999年版，第198页。

重，而进趋之心更复不息。……及为征西、雍州，虽喜于外抚，尚以府号不优，心望加大，执政者颇怪之。"而"异"引申有喜爱义，如《三国志·魏志·燕王宇传》："明帝少与宇同止，常爱异之。"① 这种差别应该来自古人对这两个词的词义特点理解不同。《论衡·自纪》谓："物无类而妄生曰异，……诡于众而突出曰怪。""怪"和"异"的共同点在于与其他事物的不同，有自己的特点，但"怪"是"诡于众"，"诡"常常用来形容欺诈不实（《玄应音义》卷二十三："诡，谓变诈不实也。"），其突出是因为与众相违、与众相反（《后汉书·仲长统传》"何其诡邪"李贤注："诡，犹违也。"），因而"怪"所形成的个性特点常常不能为人所接受，不为人所喜爱；而"异"谓"物无类"，即不为一般类所归属，常常带有欣赏的意味，所谓"出类拔萃"（《孟子·公孙丑上》："圣人之于民，亦类也。出于其类，拔乎其萃，自生民以来，未有盛于孔子也。"），即因为人具有超出一般人的优点，为世人所欣赏。可见，"类同引申"之类之同，并不作用于所有近义同义词之上。

（3）语境作用

词义引申是词义内在因素作用的结果，也是词义外在因素作用的结果。其外在因素，即词义的使用环境，词义常常从其语境中吸收一部分语义特征，发生词义的变化，甚至根据语境的不同发生相对相反的变化。如"感"的词义结构，义位发生相反的变化，"感"因为吸纳消极的心理特征，有悔恨义，并由此形成"憾"，从原有的词义结构中分化出来成为新词，

---

① 例句和解释均引自方一新《东汉魏晋南北朝史书辞语笺释》，黄山书社1997年版，分见第50、166页。

而另一方面因为其对积极心理因素的吸纳，导致有感谢义（见 2.1 节"感"的分析）；"和"有答应义，又有欺骗义，其答应是对他人请求的真心实意的帮助，而欺骗则是对人虚假地应和，故意戏弄别人，这一反向过程的形成，最初应该与对该词使用时所适用的语境有关，进而形成相反的词义（见 2.6 节"和"的分析）。

结　语

汉语具有漫长的演化历史，但对这一历史过程的研究和阐释却刚刚开始，而对其间规律的揭示更是难上加难。

蒋绍愚先生（1994/2005）在谈到近代汉语词汇研究状况时，指出："近代汉语词语的考释是近代汉语词汇研究的基础工作，……到目前为止，关于近代汉语词汇的绝大部分专书和论文都是词语考释，也正反映了这样一种客观需要。"① 我们的研究正是建筑在前人这些研究成果的基础之上。大型词典的使用，大量中古、近代汉语词语考释著作以及考释文章，是我们研究必不可少的助力。我们对词义演变路径的拟测多数是依据和汇集已有考释成果来完成的。这些成果的取得并非一人之力、一日之功，因而这些成果成为后来研究者的牢固基础。我们想要做到的是希望通过这些事实的排比和对词语个案历史演变过程的追溯，找出历史演变的真相和得到相应的解释。

随着汉语研究的深入，越来越多的研究者感到对汉语存在的同类现象进行研究和解释的必要。在我们研究的过程中，接触到一些较新成果，他们共同的取向都在于通过同类事实的排比和分析，达到对词义演变事实的规律性认识。如李明

---

① 见蒋绍愚《近代汉语研究概要》，北京大学出版社 2005 年版，第 287 页。

（2003.2004）的研究，通过考察一些具有共同特征的演变现象，即"言语动词"向"认知动词"的引申和"言语动词"向"言语行为动词"的引申，试图揭示汉语动词词义演变过程中的某些必然性趋势；如董秀芳（2003）的研究，试图利用隐喻、转喻和诱使推理的相关理论解释汉语词义演变过程中带有规律性的问题。正是通过这类研究，她感到："目前汉语词汇史的研究急需突破这种一盘散沙式的零星考据，提高研究的系统性，因此加强对语义演变中的规律性的探讨是摆在汉语史研究者面前的一项重要工作，而以往研究所积累的丰富数据也为这一任务的完成打下了良好的基础。"我们的考察工作和研究方法的选取，既是对前辈研究方法的继承（如类同引申的考察和研究），也是得益于这些新成果的导向。

　　当我们深入到语义系统内部时，所感到的常常是处处纠结，难以完全割裂分析的"语义网络"。我们所选择的操作方法，只能从一个角度、一个侧面，观察到词义系统中某一方面的现象。我们把一小类词义从整个儿词义系统中割裂出来，观察到一些现象，但同时会忽略其他作用因素的存在，因而只能是"有所得必有所失"。我们也只能希望在以后的工作中继续努力。

　　我们的研究未必能够解决更多的问题，但希望能够昭示一些问题。我们不企望对词义演变过程解释得尽善尽美，但我们希望我们观察到的现象和使用到的材料能够为未来合理的解释提供一些帮助。

附　录
从俗谚看敦煌变文的民间文学
特色及其口语化特征

李　倩

摘要：本文从敦煌变文中辑得近百条俗谚，分析认为俗谚在变文中的使用从一个侧面展示了变文体裁的演进，越贴近民众的体裁和内容，其俗谚使用越多。变文中俗谚的思想内容展示了一个时代的民间思想风貌，同时为便于民众接受，俗谚的语言形式更加接近口语。有些俗谚成为后代通俗文学作品中俗谚的源头。

关键词：俗谚　敦煌变文　民间文学　口语化

俗谚作为一种语汇，是活跃在人们口头的语言形式，其内容与形式都是起自民间，影响民间，甚至其本身即被认为是"是民间文学的一宗宝贵的文学遗产"①。敦煌变文被认为是中国早期民间文学的典范，从语言形式到思想内容互相契合，成为一种新型文学样式的先行者。本文从敦煌变文中辑得近百条

---

① 马威：《谚语的文学性》，载《民间文学》1979 年第 12 期。转引自温端政、周荐《二十世纪的汉语俗语研究》，第 112 页。

俗谚，试图通过这一角度考察敦煌变文的民间文学特色及其口语化特征。

一 敦煌变文中俗谚使用情况分析

"敦煌变文"发现自敦煌遗书，被认为是我国唐五代时期一批说唱文学作品，后为学者收录为一编，供学界研究之用。这些作品"源于民间、记以口语"（姜亮夫），具有共同的口头性特点，因而对我国古代民间文学、俗文学研究具有重要的价值。

相比于传世文学作品，敦煌变文对俗谚使用较多，在一些篇章中使用极为密集，以下短短的一段话中即包含四条俗谚。

> 须达启言："丈人！一手可能独拍？两手相击始鸣。一言可以丧邦，差失在毫厘之内。古者一言许诺，重千金而不移；出言易于返（反）掌，收气难于拔山，岂有先言而不扶（符）于后语！太子出榜，自道卖园，及其折榜平章，即言不卖。"（《降魔变文》）

分析可知，第一条以反问语气强调，第二条直接摆明道理，后两条则抬出"古者"的大架子，四条俗谚排列在一起，试图以此阐明"言出必行"的道理。可见，俗谚使用的目的在于向人宣讲道理，这种道理通常是容易推知或前人总结得出的。早期民间文学作品的一个重要功能即是寓教于乐，变文作为此类讲唱文学作品，既需要向听众阐明道理，又能够引起听众足够的兴趣，俗谚因此成为变文作品经常使用的一种语言手段。

温端政（2005：71、162）把谚语定义为："非二二相承的表述语"和"以传授知识为目的的俗语"。参照这一定义，我们以《敦煌变文校注》为语料，不计重复；考察共得 88 条俗谚。所出篇目及分布如下：（1）《伍子胥变文》13 条；（2）《捉季布传文》3 条；（3）《李陵变文》6 条；（4）《王昭君变文》3 条；（5）《张淮深变文》1 条；（6）《韩朋赋》6 条；（7）《秋胡变文》4 条；（8）《前汉刘家太子传》1 条；（9）《庐山远公话》7 条；（10）《韩擒虎话本》2 条；（10）《晏子赋》1 条；（11）《燕子赋（一）》7 条；（12）《燕子赋（二）》7 条；（13）《茶酒论》2 条；（14）《悉达太子修道因缘》3 条；（15）《维摩诘经讲经文（四）》2 条；（16）《降魔变文》17 条；（17）《父母恩重经讲经文（一）》1 条；（18）《目莲缘起》1 条；（19）《解座文汇抄》1 条。

　　根据学界的研究，"敦煌变文"作为出土文献文学作品的一类统称，作为唐代民间文学作品的一种类型，其内部存在着不同类别。① 从内容来看，有些演绎佛经故事，有些演绎古代历史故事、民间传说和当代人物。这样，我们可以把变文分为两类，一类是非宗教性的民间创作作品，如篇目（1）—（13）；一类是宗教性的讲经文、故事等，如篇目（14）—（19）。从俗谚使用数量来看，前一类共计 63 条，后一类共计 25 条。可见，非宗教性民间创作更多的反映了民间创作特点，较多使用俗谚，从而贴近民间，贴近生活。

　　伏俊琏（1997）研究指出，变文的发展变化具有阶段性："二位先生（王重民、潘重规）都承认变文发展的三个阶段，在第一阶段上谓之讲经文，第二阶段即一般论者所说的变文，

---

　　① 可参看陈海涛《敦煌变文与唐代俗文学的关系》一文，见《社科纵横》1994 年第 4 期。

第三阶段的无唱只说的话本，已经脱离'变文'而别树一枝了。"并且，潘先生进一步认为："《变文集》中利用传、记、诗、赋、书、论、词、话等中国固有文体，以讲唱风格完成的作品，应该都可以叫做变文。"我们根据《敦煌变文校注》篇目对应变文的发展阶段，可以发现，以讲经文为题，出现俗谚的篇目仅有（15）和（17），可见变文的早期体裁因为演绎佛经故事的需要在语言使用上与成熟变文体裁存在差异。

从形式上看，变文作品有韵文、有散文，韵文可以进行演唱，散文则用于叙述，因而更多的作品则是韵散结合，便于说唱表演。因为句式、字数、用韵上的限制，俗谚更多只能出现在散文叙述当中。而一句俗谚如果在韵文中出现，则只能保留其内容，而会失去相对固定的语言形式。如：

> 十指虽然长与短，个个从头试咬看。（《金刚丑女因缘》）
>
> 人身不久如灯炎，世事浮空似云遮。（同上）

综合以上认识，我们有理由认为，俗谚使用从一个侧面展示了变文体裁的兴起演变，其内容越接近民众，越为民众所喜闻乐见，其语言形式也越通俗。民间文学本就是为一般平民准备的娱乐盛宴，其语言从内容到形式，自然要贴近民众，表现他们的思想、信仰、愿望、态度、风俗习惯与常识，俗谚正是这种语言最集中的代表。甚至民间文学作品中的俗谚本身即被民众视为至理名言，奉为金科玉律。民间文学作品也通过俗谚中的思想观念发挥重要影响。

二　敦煌变文中俗谚的思想内容

俗谚经常是一般民众得到的深刻思想认识，是人们生活经验、社会经验的总结和概括。俗谚中的思想内容与时代有着密切的关系，从俗谚提供的思想观念，使我们能够窥见一个时代的民间思想状态。

（一）从思想内容来看，变文中俗谚的使用，包括以下四类：

1. 由自然知识联想而来的社会经验

慈乌有返哺之报恩，羊羔有跪母之酬谢，牛怀舐犊之情，母子宁不眷恋！（《秋胡变文》）

失时不种，禾豆不滋。万物吐化，不违天时。久不相见，心中存思。（《韩朋赋》）

姜因地而生，不因地而辛；女因媒而嫁，不因媒而亲。（《前汉刘家太子传》）

2. 生产、生活经验总结

唇疏齿露，水涸船停。（《降魔变文》）
断弦犹可续，情去意实难留。（《伍子胥变文》）
久住人憎贱，希来见喜欢。（《燕子赋（二）》）

3. 社会经验总结

佞臣破六国，佞妇斗六亲。（《降魔变文》）
官不容针，私可容车。（《燕子赋（一）》）

千世时君，万世乡里，好即同荣，恶即同耻。（《李陵变文》）

4. 战争经验总结

败军之将，不可语勇；亡躯大夫，不可图存。（《李陵变文》）

蛇无头不行，鸟无翼不飏，军无将不战，兵无粮不存。（《李陵变文》）

从这些思想内容可以看出，人们积累了广泛的生活、社会经验，在没有科学思想和坚定信仰指导下，人们的生活多是依据民众间流传的一般道理来生活的。变文故事涉及了广泛的社会生活，因而从中反映出广泛的思想认识。

（二）从思想来源来看，敦煌变文中俗谚的思想内容具有双重性

1. 汉文化经典思想和民间思想

（1）植根于中国传统思想，很多条目语本传统思想经典。当然，经过长时间的反复使用，这些思想也已深入民间，成为民间思想的一个重要组成部分，以致不需要追寻这些思想内容的具体来源。

皮既不存，毛复何依？（《李陵变文》）

语本《左传·僖公十四年》："皮之不存，毛将安傅？"比喻事物失去了基础，必将难以生存。

> 爱之欲求生，恶之欲求死。（《王昭君变文》）

语本《论语·颜渊》："爱之欲其生，恶之欲其死，既欲其生，又欲其死，是惑也。"指对人爱憎的极端态度。

（2）这类内容不涉及人世的大是大非，并不需要深刻的思想论证，而由生活经验总结得到。

> 男儿十四五，莫共酒家亲。（《茶酒论》）
> 宁值十狼九虎，莫逢痴儿一怒。（《燕子赋（一）》）

2. 佛教思想

敦煌变文中带有宗教色彩的故事，更多体现了宗教文学的特征和思想观念，其中形成的一些俗谚反映了佛教的思想观念。

> 峻山却生毒药，淤泥之中乃生莲花。（《庐山远公话》）

本例意在强调恶劣环境虽同，但得到的结果却不同。其中"莲花"之喻常出现在佛经中，《中华佛教百科全书》"莲华"条："莲华出污泥而不染，清净微妙，因此诸经论中常以之为譬喻"《文殊师利净律经·道门品》云：'人心本净，纵处秽浊则无瑕疵，犹如日明不与冥合，亦如莲花不泥尘之所沾污。'"正用莲花为喻，阐明佛理。在佛经传播过程中，汉族信众也逐渐认识并喜欢上莲华，最为有名的周敦颐《爱莲说》中"莲出污泥而不染"之句正与佛教观念同。由此观念产生一些俗谚，正与佛教思想传播有关。

自作自受，非天与人。（《目莲缘起》）

自身作罪自身悲。（《悉达太子修道因缘》）

《俗语佛源》（1993：103）"自作自受"条："《妙法圣念处经》谓'业果善不善，所作受决定；自作自缠缚，如蚕等无异。'《楞严经》卷八亦谓：'自妄所招，还自来受。'这里表达了佛教的一个基本观点，即众生一切苦乐、违顺等果报，都是自己善恶业力所感招的，所谓'自因自果，自作自受'。佛教不承认外在的主宰（如造物主）能降祸赐福。由此衍为'自作自受'。"

陆永峰（2000：285）指出："变文具有着宗教文学和民间文学的双重身份，这种双重性决定了它精神内涵上民间思想和宗教观念常交融一处。"而同时种种宗教观念在佛教的传播过程中深入民间，（2000：286）"经过了有意无意的改造，融入了凡夫俗子的价值判断和心灵诉求，使之更为贴近百姓的生活和心灵。"无论是哪种思想只要能够给予人们生活信念，思想启迪，人们就会把这些思想纳入到民间思想体系中发挥作用，这是民间思想的一个特点。

当然，从俗谚数量来看，宗教故事和讲经文作品使用数量没有非宗教作品多，而与佛教思想有渊源的俗谚在数量上更是很少，这应该从一个侧面说明，敦煌变文俗谚仍然是根植于汉语和汉文化传统。虽然佛教思想已经深入民间，但佛源俗谚在产生和使用上带有很大的局限性。

而另一方面可以看到，佛经在传播过程中的改头换面，加入了许多"中国化"的内容，使得汉文化思想渗入佛教的传经布道。值得注意的一个例子是《降魔变文》，这篇作品所演绎的虽为佛经故事，宣扬佛教思想，却是使用俗谚最多的作品。我们认为这与其对佛经故事化、通俗化的再创作密切相关。从体裁和内容上看，《降魔变文》与佛教原典、讲经文等相去甚远，在情节上增加了中国化的故事内容，可以看作对佛经故事文学化的再创作。而其中俗谚的思想内容和形式，在前代和后代的文献中无不可以找出其汉语和汉文化的渊源。

（三）从俗谚的思想内容中，我们可以清楚感受到当时人们所持有的思想信念。这些信念成为一般民众所信奉的金科玉律，成为民间文学所着重宣扬的道德准则

1. 忠孝观念

　　屋无强梁，必当颓毁；墙无好土，不久即崩；国无忠臣，如何不坏？（《伍子胥变文》）
　　积谷防饥，养子备老。（《父母恩重经讲经文》）
　　家依长子，国伏忠臣。（《降魔变文》）

2. 报应观念

　　行善获福，行恶得殃。（《韩朋赋》）
　　人发善愿，天必从之；人发恶愿，天必除之。（《庐山远公话》）

3. 互助思想

　　四海尽为兄弟，何况更同臭味。（《燕子赋（一）》）
　　船水相依，邻舟共济。（《降魔变文》）

4. 重义思想

> 一言许诺重，千金而不移。（《降魔变文》）
> 钱财如粪土，人义重于山。（《燕子赋（二）》）
> 君子不欺暗室。（《庐山远公话》）

三　敦煌变文中俗谚的语言形式

变文中俗谚条目既有历史继承而来的，也有较早出现在变文作品中的。一些只出现在变文作品，或源头只可以追溯到变文作品的俗谚条目，更多带有当时口语化特征。

1. 用词用字

> 人急烧香，狗急驀墙。（《燕子赋（一）》）①

"驀"，《说文》："驀，上马也。"引申有跨越义，如《伍子胥变文》有"登山驀岭"（P3），《王昭君变文》有"驀水频过及敕戍"（P156），"狗急驀墙"义为狗在逼急之下可以跨越高墙。从敦煌变文来看，"驀"应为当时常语。此谚语后代多有语言变体，"人急悬梁，狗急缘墙"（《三宝太监西洋记》九七回），又"人急造反，狗急跳墙"（《红楼梦》二七回）其中"缘""跳"与"驀"同义。

> 高声定无理，不假觜头喧。（《燕子赋（二）》）

---

① 此条《中国俗语大辞典》引录有误。"人急烧香，狗急跳墙"《大辞典》（P693）引《敦煌变文集》卷三为例证，实应为"狗急驀墙"。《中国谚语大全》（P1905）同引误例。

"觜"本义专指鸟口，俗作"嘴"，唐代之后才可用来指人的口。敦煌变文《齖䶗新妇文》："阿婆嗔着，终不合觜。""合觜"指吵架。（P1216）又《王梵志诗》第37首"世间慵懒人"诗："出语觜头高，诈作达官子。"《燕子赋》中虽是燕雀鸟儿吵架，但以拟人的口气讲述，此处"觜头"应可理解为双关。"觜头"表口义，当为唐代口语词。[①]

一人判死，百人不敌，百若齐心，横行天下。（《伍子胥变文》）

"判死"实即"拼死"之义。张相《诗词曲语辞汇释》卷五："判，割舍之辞；亦甘愿之辞。自宋以后多用挤字或拚（后作拼）字，而唐人则多用判字……然其本字实本作拌。"据张相所论，在此一义上，"判"当为唐代常用字。

2. 语法

一虎虽然猛，不如众狗强。（《燕子赋二》）

"虽然"在这里为复合连词，是近代汉语新兴用法。上古汉语中，"虽"和"然"经常连用，但是两个词。杨伯峻、何乐士（2001：977）指出："到了近代汉语里，'然'的'如此'意逐步消失，'虽然'演变为只表'虽'义的复音连词。"

---

① 参看吕传峰《"嘴"的词义演变及其与"口"的历时更替》，《语言研究》2006 年第 1 期

本拟将身看，却被看人看。(《燕子赋（二）》)

根据杨伯峻、何乐士（2001：685—686）的研究，带"被"字标记的被动句虽起于战国末，汉代普遍使用，但"被·宾·动""这种被动句式起源在两晋，而盛行于唐，自唐以后逐渐成为被动句中的主要句式。"（P686）"却被看人看"句即为"被·宾·动"句式，此句语法反映了当时口语状态。

四　敦煌变文俗谚的溯源意义

朱庆之（1992：211）："敦煌俗文学作品……的汉语史价值……是巨大的。这同样表现在我们因此而了解到宋元以后通俗文学语言的一个直接来源，否则我们不会知道体现在话本、诸宫调、元曲、明清白话小说里的异常丰富的口语文学词汇是怎样来的。"变文中俗谚作为唐代民间文学语言的一个直接体现，有些条目具有始源意义。

前如"人急烧香，狗急蓦墙"等例，后代通俗文学作品中多有变体，如"人急上房，狗急跳墙""人急拼命，狗急跳墙"等，但总体不脱变文俗谚的最初形式。

官不容针，私可容车。《燕子赋（一）》

"官不容针，私通车马"条《中国俗语大辞典》、《中国谚语大全》皆例引《警世通言》卷三六，用例太晚，而《燕子赋》中用例更有溯源意义。

切（窃）闻狐死兔悲，恶伤其类。　（《燕子赋

（一）》）

《中国谚语大全》"兔死狐悲，物伤其类"（P2116）条："语出《敦煌变文集·燕子赋》：'叨念兔死狐悲，物伤其类；四海尽为兄弟，何况更同臭味！'"引例其实有误。"狐死兔悲"为更早形式，又如《宋史·李全传》："狐死兔泣，李氏灭，夏氏宁独存？"，后代才演变出"兔死狐悲"之说。"恶伤其类"本为唐代常语，如《太平广记》卷四三四"宁茵"条："寅怒，拂衣而起曰：'宁生何党此辈？自古即有班马之才，岂有斑牛之才？且我生三日，便欲噬人，此人况偷我姓氏！但未能共语者，盖恶伤其类耳。"后代演变为"物伤其类"。

得他一食，惭人一色；得人两食，为他着力。"（《伍子胥变文》）

与此句类似，敦煌本《搜神记》作"吃人一食，惭人一色；吃人两食，与人着力。"意为得到别人的馈赠，应该有相应的回报。而在后代的杂剧、小说中多有类似的变体。如：

吃人一碗，服人使唤。（元刘唐卿《白兔记》第十出）

单管黄猫黑尾，外合里差，只替人说话，吃人家碗半，被人家使唤。（明《金瓶梅词话》五八回）

真是吃他一碗，凭他使唤，敢怒而不敢言。（清张南庄《何典》六回）

可见，敦煌变文时代的俗谚在后代代有传承。

更有以下数例，不见于诸辞书收录。

> 我闻"别人不贱，别玉不贫"。（《伍子胥变文》）
> 鱼（渔）人答曰："吾闻麒麟得食，日行千里；凤凰得食，飞腾四海。"（《伍子胥变文》）
> 须达启言陛下："千钧之弩，不为鼷鼠发机；百尺炎炉，不为毫毛蓺焰。不假我大圣天师，最小弟子，亦能祇敌。"（《降魔变文》）

当然，由于语词演变，古人今人常见事物有所不同，因而用以触发理解的事物、情景自然不同，俗谚变得不常用或者因此消失也是必然的。

参考文献

［1］温端政、周荐：《二十世纪的汉语俗语研究》，太原书海出版社 2000 年版。

［2］温端政：《汉语语汇学》，商务印书馆 2005 年版。

［3］黄征、张涌泉：《敦煌变文校注》，中华书局 1997 年版。

［4］伏俊琏：《关于变文体裁的一点探索》，载《海峡两岸敦煌文学论集》，四川人民出版社 1997 年版。

［5］中国佛教文化研究所编：《俗语佛源》，上海人民出版社 1993 年版。

［6］陆永峰：《敦煌变文研究》，巴蜀书社 2000 年版。

［7］温端政主编：《中国俗语大辞典》，上海辞书出版社 1989 年版。

［8］杨伯峻、何乐士：《古汉语语语法及其发展》（修订本），语文出版社 2001 年版。

［9］朱庆之:《佛典与中古汉语词汇研究》，台北：文津出版社1992年版。

［10］温端政等主编:《中国谚语大全》，上海辞书出版社2004年版。

参考文献

论文：

曾良：《敦煌变文字词考》，载《中国语文》2006 年第 5 期。

陈明娥：《敦煌变文双音新词全面透视》，载《敦煌研究》2001 年第 3 期。

陈明娥：《20 世纪的敦煌变文语言研究》，载《敦煌学辑刊》2002 年第 1 期。

陈明娥：《从双音新词的存亡看敦煌变文在汉语史上的地位》，载《中南民族大学学报》2002 年第 5 期。

陈明娥：《从敦煌变文看中近古汉语词缀的新变代》，载《宁夏大学学报》2003 年第 4 期。

陈平：《描写与解释：论西方现代语言学研究的目的与方法》，载《外语教学与研究》1987 年第 1 期。

陈卫兰：《试论敦煌变文词汇复音化的三个趋势》，载《北方论丛》1997 年第 5 期。

陈治文：《敦煌变文词语校释拾遗》，载《中国语文》1982 年第 2 期。

程湘清：《变文复音词研究》，载《隋唐五代汉语研究》，山东教育出版社 1992 年版；又《汉语史专书复音词研究》，商务印书馆 2003 年版。

董希谦、马国强：《敦煌变文词义商榷》，载《中国语文》
　　1991年第6期。

董秀芳：《语义演变的规律性及语义演变中保留义素的选择》，
　　载《汉语史学报》第五辑，上海教育出版社2005年版。

傅义春：《〈敦煌变文〉中的"举""擎"义常用动词初探》，
　　载《盐城工学院学报》2004年第2期。

傅义春：《〈敦煌变文〉中的"采拾"义动词》，载《南京航
　　空航天大学学报》2005年第1期。

傅义春：《〈敦煌变文〉中的"抚擦"义动词》，载《重庆工
　　商大学学报》2007年第1期。

傅义春：《〈敦煌变文〉中的"抛弃"义动词》，载《宜宾学
　　院学报》2008年第2期。

高守纲：《词义引申的根据和方式》，载《天津师范学院学报》
　　1981年第2期。

高守纲：《试论词义引申的两种相反趋势》，载《天津师范学
　　院学报》1984年第5期。

葛本仪、杨振兰：《词义演变规律述略》，载《文史哲》1990
　　年第6期。

胡敕瑞：《"去"之"往/至"义的产生过程》，载《中国语
　　文》2006年第6期。

黄大祥：《结合现代河西方言训释敦煌变文的几个词语》，载
　　《方言》2011年第4期。

江蓝生：《变文词语考释录》，载《敦煌语言文学论文集》，浙
　　江古籍出版社1988年。

蒋礼鸿：《敦煌变文集校记录略》，《杭州大学学报》1962年
　　第1期。

蒋绍愚：《敦煌变文集》（上册）校补，载《敦煌语言文学论

文集》，浙江古籍出版社 1988 年版。

蒋绍愚：《关于汉语词汇系统及其发展变化的几点想法》，《中国语文》1989 年第 1 期。

蒋绍愚：《论词的"相因生义"》，载《语言文字学术论文集——庆祝王力先生学术活动五十周年》，知识出版社 1989 年版。

蒋绍愚：《白居易诗中与"口"有关的动词》，载《语言研究》1993 年第 2 期。

蒋绍愚：《两次分类——再谈词汇系统及其变化》，载《中国语文》1999 年第 5 期。

蒋宗福：《释敦煌变文"炾"字》，载《中国语文》2005 年第 3 期。

解海江、张志毅：《汉语面部语义场历史演变——兼论汉语词汇史研究方法论的转折》，《古汉语研究》1993 年第 4 期。

金艳艳：《汉语语义单位的新成员——意味》，载《辞书研究》2003 年第 3 期。

李明：试谈言说动词向认知动词的引申，吴福祥等编《语法化与语法研究》（一），商务印书馆 2003 年版。

李明：《从言语到言语行为——试谈一类词义演变》，载《中国语文》2004 年第 5 期。

李宗江：《"进"对"入"的历时替换》，载《中国语文》1997 年第 3 期。

李佐丰：《试谈汉语历史词义的系统分析法》，载《语言学论丛》（第二十八辑），商务印书馆 2003 年。

廖名春：《吐鲁番出土文书语词管窥》，《古汉语研究》1990 年第 1 期。

刘传鸿：《读〈敦煌变文校注〉札记三则》，载《中国语文》

2006 年第 2 期。

刘宁生：《动词的组合特征与义项的确立》，载《词典和词典的编纂的学问》，上海辞书出版社 1985 年版。

刘瑞明：《〈敦煌变文字义通释〉补正五则》，载《古汉语研究》1990 年第 1 期。

刘叔新：《论词语的意味》，《语言教学与研究》1993 年第 1 期。

刘永耕：《义位演变的阶段性和词典确定义项的原则》，《中国语言学报》2001 年第 11 期。

马清华：　《词义变化的动因》，载《松辽学刊》2000 年第 5 期。

梅祖麟：《〈三朝北盟会编〉里的白话资料》，载《梅祖麟语言学论文集》，商务印书馆 2000 年版。

邵文利：《古汉语词义引申方式新论》，载《山东大学学报》2003 年第 2 期。

沈家煊：《词义与认知——〈从词源学到语用学〉评介》，《外语教学与研究》1997 年第 3 期。

沈家煊：《语言的"主观性"和"主观化"》，载《外语教学与研究》2001 年第 4 期。

沈家煊：《语用原则语用推理和语义演变》，载《外语教学与研究》2004 年第 4 期。

时建国：《敦煌变文字义拾零》，载《古汉语研究》2000 年第 1 期。

苏宝荣：《汉语词义演变规律新探》，载《山西师范学院学报》1984 年第 2 期。

孙雍长：《古汉语的词义渗透》，载《中国语文》，1985 年第 3 期。

孙雍长：《论词义变化的社会因素》，载《湖南师范大学学报》1987 年第 4 期。

孙雍长：《论词义变化的语言因素》，载《湖南师范大学学报》1989 年第 5 期。

汪维辉：《汉语"说类词"的历时演变与共时分布》，载《中国语文》2003 年第 4 期。

汪维辉：《〈敦煌变文校注〉商补二则》，载《合肥师范学院学报》2010 年第 4 期。

王国栓：《"去"从离义到往义的变化试析》，载《语言学论丛》（第二十七辑），商务印书馆 2003 年版。

王惠：《从组合特征看现代汉语名词词义单位划分》，载《语言学论丛》（第二十七辑），商务印书馆 2003 年版。

王锳：《敦煌变文词义补笺（一）》，载《贵州民族学院学报》1988 年第 1 期。

王锳：《敦煌变文词义补笺（二）》，载《贵州民族学院学报》1990 年第 3 期。

王云路：《百年中古汉语词汇研究述略》，载《浙江大学学报》2001 年第 4 期。

魏慧萍：《汉语词义发展的重要背景——主导文体及其嬗变》，载《吉林师范大学学报》第 3 期。

伍铁平：《词义的感染》，载《语文研究》1984 年第 3 期。

项楚：《敦煌变文校勘商榷》，载《中国语文》1982 年第 4 期。

项楚：《敦煌变文字义析疑》，载《中华文史论丛》1983 年 1 辑。

项楚：《变文字义零拾》，载《中华文史论丛》1984 年第 2 辑。

项楚：《敦煌变文语词校释商兑》，载《中国语文》1985 年第
　　4 期。

项楚：《敦煌变文字义续拾》，《敦煌语言文学研究》，北京大
　　学出版社 1988 年版。

徐复：　《敦煌变文词语研究》，载《中国语文》1981 年第
　　8 期。

徐震堮：《敦煌变文集校记补正》，载《华东师范大学学报》
　　1958 年第 1 期。

徐震堮：《敦煌变文集校记再补》，载《华东师范大学学报》
　　1958 年第 2 期。

许嘉璐：《论同步引申》，载《中国语文》1987 年第 1 期。

杨小平：　《敦煌变文疑难俗语词考释》，载《宗教学研究》
　　2010 年第 1 期。

姚美玲：《敦煌变文词语例释》，载《敦煌学辑刊》2004 年第
　　1 期。

俞理明、谭代龙：《共时材料中的历时分析——从〈根本说一
　　切有部毗奈耶破僧事〉看汉语词汇的发展》，载《四川大
　　学学报》2004 年第 5 期。

俞晓红、詹绪左：《〈降魔变文〉校注商补》，载《安徽师范大
　　学学报》2010 年第 1 期。

俞晓红、詹绪左：《〈破魔变〉校注商补》，载《扬州大学学
　　报》2012 年第 1 期。

袁宾：《敦煌变文集词语拾零》，载《语文研究》1985 年第
　　3 期。

袁宾：《变文词语考释录》，载《敦煌语言文学论文集》，浙江
　　古籍出版社 1988 年版。

詹绪左、俞晓红：《〈王昭君变文〉校注商补》，载《合肥师范

学院学报》2011 年第 1 期。

张博：《组合同化：词义衍生的一种途径》，载《中国语文》
　　1999 年第 2 期。

张美兰：《敦煌变文词语拾零》，载《南京师大学报》1992 年
　　第 2 期。

张生汉：《敦煌变文语词杂释》，载《语言研究》1996 年第
　　1 期。

张小艳：《敦煌变文疑难词语考辨三则》，载《中国语文》
　　2011 年第 5 期。

张秀清：《〈敦煌变文校注〉补注（一）（二）》，载《陕西师
　　范大学学报》2006 年第 4 期。

赵家栋、付义琴：《〈敦煌变文校注〉识读语词散记》，载《中
　　国语文》2008 年第 3 期。

赵应铎：《从词与词的组合上划分多义词的义项》，《辞书研
　　究》1994 年第 5 期。

周光庆：《汉语词义引申中的文化心理》，载《华中师范大学
　　学报》1992 年第 5 期。

周掌胜、吴盼：《试论敦煌变文同义复词的研究价值》，载
　　《江西社会科学》2012 年第 12 期。

朱庆之：《从魏晋佛典看中古"消息"词义的演变》，载《四
　　川大学学报》1989 年第 2 期。

祝敏彻、尚春生：《敦煌变文中几个行为动词——穿、走、行
　　李、去》，载《语文研究》1984 年第 1 期。

［日］太田辰一：《近代汉语"无心"的动词的形成过程》，
　　陈文彬节译，载《中国语文》1953 年十月号。

著作：

蔡镜浩：《魏晋南北朝词语例释》，江苏古籍出版社 1990
　年版。

陈秀兰：《敦煌变文词汇研究》，四川民族出版社 2002 年版。

董为光：《汉语词义发展基本类型》，华中科技大学出版社
　2004 年版。

董秀芳：《词汇化：汉语双音词的衍生和发展》，四川民族出
　版社 2002 年版。

董志翘：《〈入唐求法巡礼行记〉词汇研究》，中国社会科学出
　版社 2000 年版。

董志翘：《中古文献语言论集》，巴蜀书社 2000 年版。

方一新：《东汉魏晋南北朝史书辞语笺释》，黄山书社 1997
　年版。

符淮青：《汉语词汇学史》，安徽教育出版社 1993 年版。

符淮青：《词义的分析和描写》，语文出版社 1996 年版。

符淮青：《词典学词汇学语义学文集》，商务印书馆 2004
　年版。

高守纲：《古代汉语词义通论》，语文出版社 1994 年版。

郭在贻：《郭在贻文集》（1—4 册），商务印书馆 2002 年版。

洪成玉：《古汉语词义分析》，天津人民出版社 1985 年版。

胡敕瑞：《〈论衡〉与东汉佛典词语比较研究》，巴蜀书社
　2002 年版。

黄金贵：《古汉语同义词辨释论》，上海古籍出版社 2002
　年版。

黄征、张涌泉：《敦煌变文校注》，中华书局 1997 年版。

贾彦德：《汉语语义学》，北京大学出版社 1999 年版。

江蓝生：《魏晋南北朝小说词语汇释》，语文出版社 1988
　　年版。

江蓝生：《相关语词的类同引申》，载《近代汉语探源》，商务
　　印书馆 2000 年版（英文稿原载游顺钊主编《语汇丛刊·汉
　　语十论》巴黎 1993 年）

江蓝生、曹广顺编著：《唐五代语言词典》，上海教育出版社
　　1997 年版。

蒋冀骋：《敦煌变文校读研究》，台北：文津出版社 1993
　　年版。

蒋礼鸿：《敦煌变文字义通释》（增补定本），上海古籍出版社
　　1997 年版。

蒋绍愚：《古汉语词汇纲要》，北京大学出版社 1989 年版。

蒋绍愚：《近代汉语研究概况》，北京大学出版社 1994 年版。

蒋绍愚：《蒋绍愚自选集》，河南教育出版社 1994 年版。

蒋绍愚：《汉语词汇语法史论文集》，商务印书馆 2000 年版。

李维琦：《佛经释词》，岳麓书社 1993 年版。

李维琦：《佛经续释词》，岳麓书社 1999 年版。

李宗江：《汉语常用词演变研究》，汉语大词典出版社 1999
　　年版。

李佐丰：《先秦汉语实词》，北京广播学院出版社 2003 年版。

林杏光、菲白编：《简明汉语义类词典》，商务印书馆 1987
　　年版。

刘叔新：《汉语描写词汇学》，商务印书馆 1990 年版。

陆宗达、王宁：《训诂方法论》，中国社会科学出版社 1983
　　年版。

罗维明：《中古墓志词语研究》，暨南大学出版社 2003 年版。

罗正坚：《汉语词义引申导论》，南京大学出版社 1996 年版。

吕叔湘:《中国文法要略》,商务印书馆 1982 年版。

吕叔湘:《汉语语法论文集》(增订本),商务印书馆 1984
　年版。

梅家驹等编:《同义词词林》,上海辞书出版社 1983 年版。

潘重规:《敦煌变文集新书》,中国文化大学中文研究所 1983
　年版。

沈家煊:《著名中年语言学家自选集:沈家煊卷》,安徽教育
　出版社 2002 年版。

束定芳主编:《语言的认知研究——认知语言学论文精选》,
　上海外语教育出版社 2004 年版。

宋永培:《〈说文〉与上古汉语词义研究》,巴蜀书社 2001
　年版。

苏宝荣:《词义研究与辞书释义》,商务印书馆 2000 年版。

苏宝荣、宋永培:《古汉语词义简论》,河北教育出版社 1987
　年版。

孙雍长:《训诂原理》,语文出版社 1997 年版。

汪维辉:《东汉—隋常用词演变研究》,南京大学出版社 2000
　年版。

王凤阳:《古辞辨》,吉林文史出版社 1993 年版。

王力:《汉语史稿》,中华书局 1980 年版。

王力主编:《王力古汉语词典》,中华书局 2000 年版。

王宁:《训诂学原理》,中国国际广播出版社 1996 年版。

王锳:《诗词曲语辞例释》(修订本),中华书局 1986 年版。

王锳:《唐宋笔记语辞汇释》(修订本),中华书局 2001 年版。

王云路、方一新:《中古汉语语词例释》,吉林教育出版社
　1992 年版。

王云路、方一新编:《中古汉语研究》,商务印书馆 2000

年版。

王云路：《六朝诗歌语词研究》，黑龙江教育出版社 1999
年版。

王云路：《词汇训诂论稿》，北京语言文化大学出版社 2002
年版。

王政白：《古汉语同义词辨析》，黄山书社 1992 年版。

王重民等：《敦煌变文集》，人民文学出版社 1957 年版。

向熹：《简明汉语史》，高等教育出版社 1993 年版。

向熹：《诗经词典》（修订本），四川人民出版社 1997 年第
2 版。

项楚：《敦煌变文选注》（增订本），中华书局 2006 年版。

项楚：《王梵志诗校注》，上海古籍出版社 1991 年版。

项楚：《寒山诗注》，中华书局 2000 年版。

项楚：《著名中年语言学家自选集：项楚卷》，安徽教育出版
社 2002 年版。

谢之君：《隐喻认知功能探索》，复旦大学出版社 2007 年版。

徐朝华：《上古汉语词汇史》，商务印书馆 2003 年版。

徐时仪：《古白话词汇研究论稿》，上海教育出版社 2000
年版。

徐通锵：《语言论——语义型语言的结构原理和研究方法》，
东北师范大学出版社 2000 年版。

许嘉璐：《未辍集：许嘉璐古代汉语论文集》，中国社会科学
出版社 2000 年版。

俞理明：《佛教文献语言》，巴蜀书社 1993 年版。

张联荣：《古汉语词义论》，北京大学出版社 2000 年版。

张敏：《认知语言学与汉语名词短语》，中国社会科学出版社
1998 年版。

张相：《诗词曲语辞汇释》，中华书局 1979 年版。

张永言：《词汇学简论》，华中工学院出版社 1982 年版。

张永言：《世说新语辞典》，四川人民出版社 1992 年版。

张永言：《语文学论集》（增补本），语文出版社 1999 年版。

张永言等主编：《简明古汉语词典》，四川人民出版社 1986 年版。

张志毅、张庆云：《词汇语义学》，商务印书馆 2001 年版。

赵克勤：《古汉语词汇概要》，浙江教育出版社 1987 年版。

赵艳芳：《认知语言学概论》，上海外语教育出版社 2000 年版。

赵振铎：《中国语言学史》，河北教育出版社 2000 年版。

周光庆：《古汉语词汇学简论》，华中师范大学出版社 1989 年版。

周绍良：《敦煌变文汇录》，上海出版公司 1954 年版。

周绍良、白化文：《敦煌变文集补编》，北京大学出版社 1989 年版。

朱庆之：《佛典与中古汉语词汇研究》，文津出版社 1992 年版。

宗福邦、陈世饶、萧海波主编：《故训汇纂》，商务印书馆 2003 年版。

［美］布龙菲尔德：《语言论》，袁家骅等译，商务印书馆 1980 年版。

［日］太田辰夫：《关于汉儿言语——试论白话发展史》，《汉语史通考》，江蓝生译，重庆出版社 1991 年版。

［瑞士］索绪尔：《普通语言学教程》，高名凯译，商务印书馆 1980 年版。

［英］利奇：《语义学》，李瑞华等译，上海外语教育出版社

1987 年版。

Saeed，J. I. ，"Semantics（语义学）"，Foreign Language Teaching and Research Press & Blackwell Publishers Ltd2000（外语教学与研究出版社 & 布莱克韦尔出版社 2000）。

Sweetser，Eve. From Etymology to Pragmatics：Metaphorical and cultural aspects of semantic structure（从语源学到语用学：语义结构的隐喻和文化内涵），Peking University Press & Cambride University Press 2002（剑桥大学出版社 & 北京大学出版 2002 年版）。

引用文献：

《十三经注疏》，中华书局 1980 年版。

《国语》，三国韦昭注，上海古籍出版社 1982 年版。

《战国策》，汉刘向整理、汉高诱注，上海古籍出版社 1985 年版。

《老子校释》，朱谦之撰，中华书局 1984 年版。

《庄子》，晋郭象注、清王先谦集解，诸子集成本，中华书局 1986 年版。

《韩非子集解》，清王先慎集解，诸子集成本，中华书局 1986 年版。

《荀子集解》，清王先谦集解，诸子集成本，中华书局 1986 年版。

《墨子间诂》，清孙诒让，诸子集成本，中华书局 1986 年版。

《管子校正》，戴望，诸子集成本，中华书局 1986 年版。

《吕氏春秋》，汉高诱注，诸子集成本，中华书局 1986 年版。

《晏子春秋校注》，张纯一，诸子集成本，中华书局 1986 年版。

《商君书》，清严可均校，诸子集成本，中华书局 1986 年版。

《文子》，钱熙祚校，诸子集成本，中华书局 1986 年版。

《列子》，晋张湛注，诸子集成本，中华书局 1986 年版。

《逸周书汇校集注》，黄怀信，上海古籍出版社 1995 年版。

《楚辞补注》，宋洪兴祖，中华书局 1983 年版。

《吴越春秋辑校汇考》，周生春，上海古籍出版社 1997 年版。

《素问》，人民卫生出版社 1982 年版。

《春秋繁露》，西汉董仲舒，中华书局 1975 年版。

《史记》，汉司马迁著、刘宋裴骃集解、唐张守节正义，中华
　　书局 1959 年版。

《汉书》，汉班固著、唐颜师古注，中华书局 1962 年版。

《三国志》，晋陈寿，南朝宋裴松之注，中华书局 1959 年版。

《后汉书》，刘宋范晔，中华书局 1965 年版。

《魏书》，北齐魏收，中华书局 1974 年版。

《宋书》，梁沈约，中华书局 1974 年版。

《南齐书》，梁萧子显，中华书局 1972 年版。

《北齐书》，唐李百药，中华书局 1972 年版。

《北史》，唐李延寿，中华书局 1972 年版。

《晋书》，唐房玄龄等，中华书局 1974 年版。

《隋书》，唐魏征，中华书局 1973 年版。

《旧唐书》，五代刘昫等，中华书局 1975 年版。

《淮南鸿烈集解》，汉刘安著、刘文典集解，中华书局 1989
　　年版。

《论衡校释》，东汉王充著，黄晖校释，中华书局 1990 年版。

《潜夫论笺校正》，东汉王符著、清王继培笺、彭铎校正，中
　　华书局 1985 年版。

《风俗通义校注》，东汉应劭著，王利器校注，中华书局 1981

年版。

《太平经正读》，俞理明正读，巴蜀书社 2001 年版。

《全上古三代秦汉三国六朝文》，清严可均校辑，中华书局 1958 年版。

《先秦汉魏晋南北朝诗》，逯钦立辑校，中华书局 1983 年版。

《文选》，梁萧统编、唐李善注，中华书局 1977 年版。

《抱朴子》，晋葛洪，诸子集成本，中华书局 1986 年版。

《法显传校注》，晋法显，章巽校注，上海古籍出版社 1985 年版。

《搜神记》，晋干宝，汪绍楹校注，中华书局 1985 年版。

《〈观世音应验记三种〉译注》，刘宋傅亮、张演，齐陆杲，董志翘译注，江苏古籍出版社 2002 年版。

《世说新语笺疏》（修订本），刘宋刘义庆著，梁刘孝标注、余嘉锡笺疏，上海古籍出版社 1993 年版。

《水经注校释》，北魏郦道元注，陈桥驿校释，杭州大学出版社 1999 年版。

《齐民要术》（第二版），缪启愉校释，中国农业出版社 1998 年版。

《洛阳伽蓝记》，北魏杨衒之，范祥雍校注，上海古籍出版社 1978 年版。

《颜氏家训集解》，北齐颜之推著，王利器集解，中华书局 1993 年版。

《高僧传》，梁释慧皎，汤用彤校注，中华书局 1992 年版。

《王梵志诗校注》，唐王梵志，项楚校注，上海古籍出版社 1991 年版。

《匡谬正俗》，唐颜师古，天津古籍出版社 1999 年版。

《唐律疏议笺解》，唐长孙无忌等，刘俊文笺解，中华书局

1996 年版。

《全唐诗》，清彭定求等编，中华书局 1960 年版。

《敦煌变文校注》，黄征、张涌泉校注，中华书局 1997 年版。

《祖堂集》，南唐静、筠禅僧编，上海古籍出版社 1994 年版。

《北梦琐言》，五代孙光宪，中华书局 2002 年版。

《太平广记》，宋李昉等编，中华书局 1981 年版。

《朱子语类》（全 8 册），南宋黎靖德编，王星贤点校，中华书
　　局 1986 年版。

《刘知远诸宫调校注》，廖珣英校注，中华书局 1993 年版。

《大宋宣和遗事》，商务印书馆 1915 年版。

《新校元刊杂剧三十种》，徐沁君校点，中华书局 1980 年版。

《广雅疏证》，魏张揖，清王念孙疏证，中华书局 1983 年版。

《读书杂志》，清王念孙著，江苏古籍出版社 2000 年版。

《经义述闻》，清王引之撰，江苏古籍出片社 2000 年版。

《汉小学四种》，（包括《说文解字注》、《尔雅义疏》、《方言
　　笺疏》、《释名疏证补》），巴蜀书社 2001 年版。

电子版语料：

四库全书（单机版），迪志文化出版有限公司及书同文计算机
　　技术开发有限公司承办制作。

中国基本古籍库 V5.0（网络版），北京爱如生数字化技术研
　　究中心开发制作。

后　记

　　本书是以博士论文为基础修改完成的。首先，修改了之前论文中存在的诸多不当之处。其次，根据近年来学界的研究进展，补充了新的研究资料，特别是研究背景资料。当然，因为本身研究视点的转移，对变文文献的最新进展缺乏持续的关注，可能多有忽略。再次，扩展了原论文中论述不够充分的部分，并加入了一些新的章节。扩展部分主要是毕业后几年里从论文中发掘出的值得深入研究的论题，集中反映在本书第二章第四节的内容，可以说从材料到方法对原有章节进行了重写。最后，《从俗谚看敦煌变文的民间文学特色及其口语化特征》一文，是参加第三届语汇学会议的成果，因与变文语言研究关系密切，特意作为本书附录。

　　本书是一份迟迟无法上交的作业，时时挂在心头，却始终无法克尽全功。博士毕业已近十年，岁月匆匆之感不禁油然而生。为事业忙忙碌碌，为生活一路奔波。

　　博士毕业，受方一新师提携，进入浙江大学汉语史研究中心从事博士后研究，研究内容主要延续博士论文方向，特别是加强了认知语言学理论的学习。之后，以博士论文为基础申请获批了后期资助项目，顺理成章本书本应早日成稿出版。无奈事与愿违，为了解决夫妻分居问题，曾赴新疆支教一年有余。

回校后，正遇学校转型发展，无奈学校小，教师少，一学期四、五门新课，每周十五、六节，在疲惫中坚持了两年。当真正拿起笔来想要重新修改旧文时，似乎已经忘记了当初预谋的初衷。迫不得已，只能依循旧章，稍加修饰，权作应对。由此也认识到，人生之事不可拖延，错过了可能再难重新拾起。

本书修改结稿之际，又让我回忆起了三年的川大生活，触物生情，历历在目。

川大求学，我第一次离开了自小生活的河北老家，来到了"天府之国"的四川。三年的生活说长不长，说短不短。在这里我感受了到南方的细雨绵绵，品尝到了地道正宗的麻辣火锅，体验到了虽偏处西南却人文鼎盛的蜀都名城。更为重要的是在这里得以聆听前辈师长的教诲，结识了相知莫逆的诸位朋友。

三年求学，有幸师从项楚先生，正是先生带领下的原卷研读使我认识到敦煌文献的博大精深，正是聆听先生讲授课程的过程中逐渐形成了自己的选题方向，正是经过项师对论文的精心审阅和细心订补使我最终能够拿出一份尚算完整的答卷。川大求学期间，还要感谢俞理明教授、蒋宗福教授的授课和帮助，没有他们的关心和指导，论文将难以完成。虽然远隔南北，我硕士期间的导师李索教授仍然关心着我，在我的学业和生活上多所帮助。诸位师长勉励后学，感激之情终生铭记。

博士求学本应是一段尝尽苦累的生活，但因为有了朋友，反而成为精彩的留念。同门师兄——肖玉峰、张富春、杨同军、罗凌、张秉国，同专业兄弟姐妹——刘晓然、杜晓莉、彭小琴、李娟，同住的伙伴——郭赫男、罗义华、刘亚斌……这一个个名字浮现在脑海里的时候，与之联系在一起的是感激、是幸运、是欢乐。每每忆起那些生活的片断，使我不禁想起鲁迅《社戏》里那段饱含深情的回忆，"真的，一直到现在，我实在再没有吃到那夜似的好豆，——也不再看到那夜似的好戏了。"所思所忆恰同我心，人生不可能重复同样的求学和生活经历了。

　　本书的完成，还要特别感谢我的父亲、母亲和妻子，是亲人和家庭一直默默支持着我的工作。父亲一直热爱文字工作，退休后即撰写了自传，回顾了自己的半生。看到我的书稿迟迟不动，曾反复催促。在书稿接近完成之时，特意为我校读了全书，改正了其中的一些错误。年近古稀仍不忘为儿操劳，感念之情无以言表。因为知道我有做事拖沓的不良习惯，妻子也时时督促我的写作。没有他们，可能到现在书稿仍然无法顺利完成。

李　倩

2015 年 4 月于小和山翰墨香林苑